기회와 위험이 공존하는 미래 이야기

기회와 위험이 공존하는 미래 이야기

글 | 하만복

초판 1쇄 펴냄 | 2017년 1월 15일

펴낸곳 | 도서출판 도솔
펴낸이 | 최정환
등록번호 | 제1-867호
등록일자 | 1989년 1월 17일
주소 | 04029 서울시 마포구 양화로7길 84 4층(서교동)
전화 | 02-335-5755   팩스 | 02-335-6069
이메일 | dosolbooks@naver.com

저작권자 ⓒ 2017, 하만복
ISBN 978-89-7220-748-1 03300

기회와
위험이
공존하는
미래
이야기

하만복 지음

기회와 위기가 공존하는 사회

　과학기술이 발달하여 산업화시대가 되면서 인간이 해오던 육체 노동은 대부분 기계가 대신하고 있다. 더 나아가 이제는 인공지능에 딥러닝 기술이 접목되면서 인간만이 할 수 있었던 두뇌를 사용한 지적인 노동마저도 인공지능이 인간을 대신할 것으로 보인다. 그렇다면 과연 인간이 설 자리는 남아있는 것일까? 혹자는 편안하게 즐기면서 살면 되지 않느냐고 하지만 현재 사회 구조로는 놀면서 소득을 얻을 수 있는 방법은 없다.

　특히 인공지능은 3D프린트, 사물인터넷, 전기자동차, 드론처럼 그냥 단순한 기술뿐만 아니라 새로운 산업혁명이라 불릴 만큼 사회 전반을 송두리째 바꿀 수 있을 정도로 막강한 힘을 가지고 있어 양날의 칼이라 할 만큼 기회와 위험이 공존하고 있다.

19세기 1차산업을 시작으로 3차산업이 눈부시게 발전할 때까지만 해도 인력을 바탕으로 발전에 발전을 거듭해왔다. 하지만 최첨단 과학기술의 발달은 새로운 산업이 생겨나게 했지만 한편으로는 인간이 할 수 있는 많은 일자리를 빼앗고 있다.

일본의 경우, 1990년대 초반부터 불어닥친 잃어버린 20년의 시작은, 물론 여러 가지 원인이 있겠지만, 전자산업의 몰락이 상황을 더욱 악화시켰다고 해도 과언이 아니다. 대표적 예로 필름, 카메라와 비디오, MP3, 워커맨 등이 스마트폰 기능에 내장되는 등 전자산업이 반도체 산업에게 맥을 못 추고 주저앉아 버렸기 때문이다.

21세기는 4차산업시대로 농촌에서도 자동화와 로봇 기술이 도입되고 있고, 공장은 스마트팩토리로 인공지능과 로봇이 이미 자리매김하고 있으며, 건설현장은 3D프린트와 첨단 장비가 인간의 일자리를 대신하고 있다. 자동차도 지금처럼 매연과 소음이 심한 복잡한 엔진은 역사 속으로 사라질 날이 머지않았다. 그 이유는 바로 수소자동차와 전기자동차의 등장이다. 모터와 배터리가 전부인 전기자동차는 엔진이 있던 공간을 트렁크로 사용하도록 설계되었으며 이미 상용화 단계에 접어들어 판매중이다. 이러한 현상은 무엇을 의미할까? 자동차 엔진에 관련된 부품공장과 정비공장, 카센터, 부속가게 등이 문을 닫아야 한다는 것이다. 이뿐만 아니라 애완견 관련 업종, 교통신호기 업종, 보안 경비업체 등도 로봇의 등장으로 업종에 따라 일자리가 줄거나 사라질 위기에 처해 있다.

결국 거의 모든 업종이 로봇과 인공지능이 결합된 기술의 발달로 일자리를 위협 받고 있다. 특히 사물인터넷의 발달로 스마트폰과 개인용 컴퓨터도 앞으로는 거의 불필요한 존재가 될 수 있다. 미래 직업의 변화 실상을 파헤친 제레미 리프킨의《노동의 종말》결론부에 보면 "향후 30년 이내에 현재 노동력의 98%는 필요 없어질 것이다."는 충격적인 발언을 하고 있다. 또한 다빈치연구소 토마스 프레이(Thomas Frey) 소장은 다른 학자와 연구소 등이 함께 연구한 결과를 인용해 "2030년이면 많은 일자리가 사라질 것"이라고 경고했으며, "오늘날 대표적인 일자리 700개 중 47%가 기계로 대체될 것"이라고 예견했다. 어느 누구도 안정된 일자리를 가지고 있다고 안심할 때가 아니다. 수십 년 내에 컴퓨터와 인터넷, 인공지능 로봇 등이 일자리를 빼앗아 갈 수밖에 없는 시스템이다. 가장 큰 문제는 인간이 할 일은 줄어들어 일자리는 사라지지만 의료기술과 유전자 기술의 발달로 인간의 수명은 늘어나 인구는 계속 증가하는 악순환이 지속된다는 것이다.

우리나라 인구밀도는 방글라데시 다음인 세계 2위이다. 중국이 인구가 많다고들 하지만 우리나라에 비하면 인구밀도는 훨씬 낮다. 인구수 세계 1위와 3위인 중국과 미국은 한국보다 약 100배

정도 큰 나라이다. 따라서 한국 인구 '5천만 명×100배=50억 명'
이지만 중국은 인구가 14억 명 정도이고, 미국은 인구가 3억 천
명 정도이므로 인구밀도로 계산해보면 국토면적은 한국보다 100
배 크지만 인구는 6배 많은 정도이다. 21세기 인구 문제가 가장
심각한 나라는 대한민국이 될 것이다.

　엎친 데 덮친 격으로 북한이라는 암적인 존재까지 버티고 있다.
통일이 되어도 걱정, 안 되어도 걱정인 것이 통일이 되면 대박이
날지, 쪽박이 기다리고 있을지 모르기 때문이다. 서독이 동독과
통일할 때 3배 정도의 경제적 우위에 있었음에도 불구하고 엄청
난 혼란을 겪었는데, 남한과 북한의 경제 수준이 약 30배 차이인
현실에서 통일이 된다면 많은 예산과 오랜 공사기간이 필요한 발
전소 등의 사회기반 시설이 전무한 북한에 산업시설을 바로 유치
할 수조차 없다. 만약 미국 정도의 경제 수준으로 북한 전 지역에
동시에 자본을 투입하여 개발한다고 가정하더라도 우리나라 절반
수준으로 끌어올리는데 최소 20~30년 이상은 소요될 것이며, 우
리나라 경제실정에 맞춰 예산을 투입하여 개발한다면 50년이 걸
릴지, 100년이 걸릴지 기약할 수 없다.

　이렇게 된다면 북한 사람들 중 돈 많은 사람들은 외국으로 갈
것이고, 가난한 사람들은 남쪽으로 밀고 내려올 것이 불을 보듯
뻔한 일이다. 결국 북한은 공동화 현상이 나타나게 될 것이고, 남
한은 포화 상태에 이르러 일자리는 턱없이 부족하고 이로 인해 수

많은 사람들이 범죄와 약탈을 일삼을 우려가 크다.

  지금까지의 인생 여정을 살펴보면, 우리나라의 보통 사람들은 평균 30세에 취업하여 60세에 퇴직해 30년 동안 일해 모은 돈으로 20년 정도 더 살아갈 노년을 준비했다. 하지만 평균수명이 100~120세로 늘어난다면 60세에 퇴직해서 40~60년을 더 살아야 한다. 일본 동경 노인종합연구소의 노인건강 조사 결과를 따르면, 1977년의 70세는 30년이 지난 2007년 87세의 신체적 나이와 비슷하다고 한다. 이 추세가 이어져 지난 10년 동안 약 5세씩 늘어나고 있다. 지난 150년 동안 인간의 수명은 매년 한 달씩 늘어났다. 과거 60세는 지금의 80세와 비슷하므로 생산가능 연령도 15세~65세에서 75세, 또는 80세로 점차 올린다면 생산가능 인구도 자연 증가할 것이다. 1960년대부터 2000년대까지 강력한 산아제한정책을 지속적으로 펼쳐왔음에도 불구하고 인구가 계속 늘어나고 있는 것은 고령화 때문이다.

  고령화와 유전자 기술의 발달은 폭발적인 인구 증가로 이어질 수밖에 없다. 그리고 지금처럼 평균수명이 빠르게 올라간다면 미래에는 연기금은 물론이고 국가 재정도 바닥이 날 수 있다. 따라서 65세 이상에게 노령 기초연금 20만 원을 지급하는 것보다 국가적 차원에서 생산가능 연령을 조정하여 그들에게 필요한 일자리를 만들어주는 장기적인 대책이 절실하다. 따라서 인구를 조절하지 않으면 21세기 미래는 어떤 재앙이 닥칠지 모른다. 역사적으로 살펴보면 20세기 이후 2차산업에서 3차산업에 인력이 많이 필요했던 시절에도 국토면적에 비하여 인구가 많은 나라가 잘사는 경우는 몇 안 되었지만, 특히 21세기 이후 앞으로는 인구가 많을수록 경제적으로 궁핍한 후진국이 될 수밖에 없을 것이다. 선진 유럽 복지국가들은 국토면적에 비해 인구가 상대적으로 적다. 현재 우리에게 가장 시급한 과제인 고령화 문제와 노인부양 문제, 연기금 고갈문제 등을 해결하기 위해서는 이들 나라처럼 인구를 조절하고 생산가능 연령을 조정해야 할 것이라고 본다.

2부 세계경제의 향방

3부 고령화가 불러올 문제점

13

4부 생존의 길 찾기

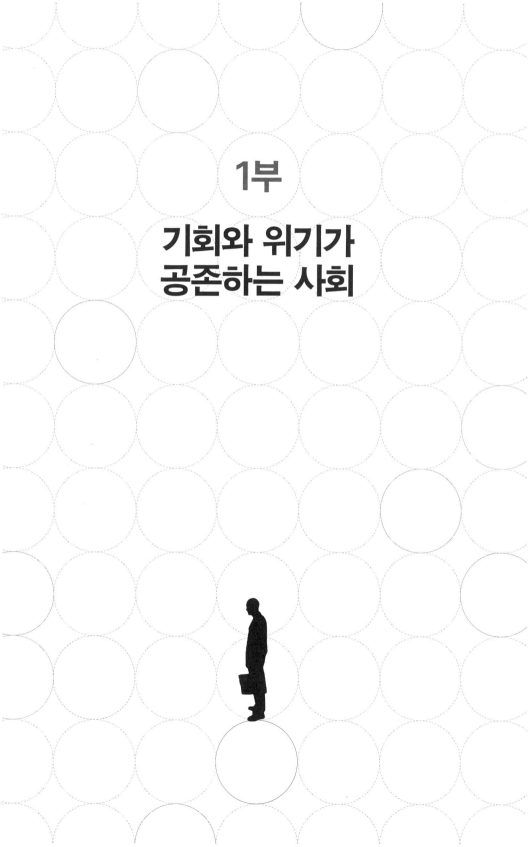

1부

기회와 위기가 공존하는 사회

1. 21세기는 융합의 시대다

20세기 후반 경제사회의 화두가 앨빈 토플러의 '정보화시대'였다면 21세기의 화두는 바로 '융합'이다. 단순한 통합이나 혼합이 아니라 유기적인 결합을 통하여 새로운 가치를 창출해내어야만 살아남을 수 있다는 얘기이다.

지난 세기를 거쳐 오는 동안 우리 경제는 인력(사람)과 불가분의 관계였다. 인구수가 곧 나라의 경제력이나 다름없었다. 농업과 제품생산 등이 원활하게 이뤄지기 위해서는 반드시 사람이 필요했기 때문이다. 그러나 인구가 경제의 바로미터로 인식되는 시대는 저물어가고 있다.

기계가 사람의 일을 대신하는 첨단산업시대가 급속도로 전개되면서 우리 경제 환경을 상상을 초월할 정도로 바꿔놓고 있다. 묵묵히 맡겨진 일만 하면 성공을 거두는 그런 시대는 옛말이 됐다. 에디슨이 말한 것처럼 1%의 영감과 99%의 노력을 통해 얻어낸 원천 기술만 가지고는 세계경제 속에 우위를 점하기가 버거워졌다. 21세기에는 다양한 원천기술을 유기적으로 결합해 새로운 가치를 창조(융합)해내야 살아남을 수 있다. '한 가지만 잘하면 먹고 산다'라는 표현은 이제 '한 가지만 잘하면 겨우 먹고산다'로 바꾸어야 할 판이다. 사정이 이렇다보니 21세기 융합의 시대에는 '한 우물만 파라'는 말 대신 '한 우물만 파다가 물이 안 나오면 죽는다'라는 표현까지 등장하고 있다. 살벌한 표현 같지만 이게 글로벌시대의 현실이다. 따라서 우리나라도 이러한 변화에 부응하여 국가 차원에서 융합시대에 대한 계획을 시급히 수립해야 한다. 범정부적으로 융합기술 연구개발 및 산업화에 대한 지원과 전략 수립이 절실히 필요한 때이다.

2015년 이후 대한민국은 여러 측면에서 상황이 썩 좋지 않다. 1929년 발발한 세계 대공황 이후 최대의 경제 위기였던 2008년 세계금융위기의 여진이 계속되고 있으며 테러를 비롯한 청년실업, 자원고갈 등 경제 위기 변수들이 곳곳에 그대로 산재해 있다.

더욱 큰 문제는 현재의 암울한 상황이 자칫하면 앞으로 다가올 '활력 없는 사회'의 가벼운 전조에 불과할 수도 있다는 것이다. 미래학회에서 발행하는 잡지인 〈퓨처리스트(The Futurist)〉에도 세계 산업의 전망을 낙관적으로만 보고 있지 않다. 이 잡지는 미래에 사라질 직종으로 전통적인 제조업뿐만 아니라 현존하는 직업의 약 50%가 사라질 것이라고 말한다. 대한민국은 스마트팩토리

(Smart Factory) 등으로 일자리가 가장 많이 사라지고 있는 제조업 중심의 수출주도형 경제모델을 가지고 있다. 미래에 뜨는 직종으로 나노, 생명공학, 바이오산업, 정보산업과 더불어 건설산업을 들고 있다. 첨단도시, 지능형 교통시스템, 친환경 에너지플랜트, 우주정거장 등의 사회기반시설을 건설하는 산업이 기후 변화, 통일, 청년 실업, 안전 등 사회적 핵심 이슈를 다루는 미래산업이라는 귀결은 굳이 미래학자들의 지혜를 빌지 않아도 쉽게 이해되는 부분이다.

농업 분야는 농기계와 항공 등이 결합하고, 중공업 분야는 로봇과 생산라인 자동화를 통해 인력을 최소화하게 될 것이다. 물류는 이미 자동시스템으로 이루어지고 있으며, 인력과 지게차로 하던 것이 로봇과 정보화 기술이 접목되어 이미 상용화 단계에 있다. 서비스산업에서도 정보화기술과 IT기술이 접목하여 로봇과 드론 (Drone)을 이용한 서비스가 각 분야에서 시행 중이다. 은행은 정보화와 ATM기계 등을 이용한 서비스가 이미 시작되어 국내만 하여도 2015년 기준, 1년에 약 300개 정도의 은행 점포가 사라졌다. 백화점과 대형마트들도 정보화와 ATM 그리고 CCTV 등을 이용한 무인서비스가 시작되었다. 현재 인공지능을 결합한 로봇과 모바일 파워는 물류산업뿐만 아니라 다양한 분야에서 지각 변동을 일으키고 있다.

특히 젊은 층의 구매패턴은 바뀐 지 오래다. 혁신적인 IT기술이 가져다준 컴퓨터와 모바일폰의 발달로 방문 구매보다 인터넷이나 TV홈쇼핑 등을 통해 타 회사와 가격과 디자인 등을 비교한 후 사이버로 구매하고 있다. 의료산업에도 로봇과 IT기술을 접목한 검사와 수술이 진행되고 있으며, 컴퓨터와 모바일폰을 통한 인터넷망 연결로 언론계에도 찬바람이 불고 있다. 과거에 철밥통처럼 독점하던 KBS, MBC, SBS는 종합채널 편성으로 시청률이 분산되어 위기에 몰리고 있으며, 신문기자는 인터넷과 스마트폰의 등장으로 미래 최악의 직업 중 하나로 떠오르고 있다.

도시는 창의성과 혁신을 가속화할 것이다. 그래서 미래에는 더 많은 사람들이 도시에서 살게 될 것이다. 경쟁력 있는 분야를 파악하고 잘 계산된 결정을 내리고 도시들을 잘 활용할 수 있는 국가는 미래의 변화가 빠른 삶에 잘 준비할 수 있을 것이다. 21세기는 세계 각국 간의 상호의존도가 매우 심화되고 있다. 그리고 사회적 갈등에서부터 전염병, 환경오염 등도 국경을 활발하게 넘나들고 있는 시대에 살고 있다.

바야흐로 세계는 급변하고 있다. 효율적인 생산과 유통을 통해 경제 활동의 세계화가 가속화되고 있다. 이제는 비용 경쟁, 품질 경쟁을 넘어 무한 경쟁, 시간 경쟁으로 바뀌고 있다. 앞으로는 지금까지의 산업사회, 정보사회가 더욱 고도화된 사회가 아니라 전혀 새로운 문명의 시대가 올 것이라고 미래전문가들이 입을 모아 말한다.

우리는 불확실한 미래에 대비하여 무엇을 어떻게 해야 할까? 우선, 대한민국은 경제 전반의 체질을 바꾸어야 한다. 미래의 정부가, 미래의 기업이 잠재적 기회와 혁신을 위한 모델을 찾고 있다면, 빠르고 명확하게 또 과감하게 판단하고 다양한 위험 요소를 철저히 계산해 리스크를 조정하고 준비해야 한다.

21세기는 모든 분야에서 발 빠르게 대응하는 전략이 필요하다. 세계 각국이 주변 환경을 활용해서 그들의 목표인 먹잇감을 얻기 위해 돌진하고 목표를 쟁취하고 있다. 이미 국경은 해체되었다. 국경을 넘어 상호간에 공유하며 살아가는 세계화를 과감히 추진해야 한다.

2. 첨단기계가 일자리를 빼앗아간다

세계는 일자리 전쟁 중

세계는 지금 일자리 전쟁 중이다. 2008년 세계금융위기 이후 일자리 문제가 심각해졌다. 그러나 대다수 경제지표가 위기 이전 수준으로 회복했는데 유독 고용 관련 지표만 회복이 더딘 이유는 무엇일까?

미국 온라인 업체인 아마존은 2014년 블랙프라이데이 기간 동안 키바(Kiva)라고 불리는 운송로봇 1만5천 대를 물류창고에 배치했다. 키바는 한번에 340kg의 화물을 운반하는데 사람보다 실수가 적으면서도 24시간 작업이 가능하다. 2013년 아마존은 크리스마스 당시 8만 명의 운송 인력을 투입하고도 최악의 배송 대란을 겪었다.

폭스콘(미국 애플의 아이폰을 위탁 생산하는 대만 홍하이 정밀공업으로 전 세계 100만 명의 종업원을 가지고 있다.)은 2014년 7월부터 아이폰6 조립라인에 폭스봇(Foxbot) 1만 대를 투입했다. 아이폰6 생산에 사용하는 로봇 가격은 대당 2만5천 달러였다. 아직까지는 배터리 공정의 일부를 담당하는 데 그치고 있지만, 폭스봇을 100만 대까지 늘리겠다고 공언한 바 있다.

세계금융위기 이후 기업들이 로봇을 직원으로 채용하는 사례가 급격히 늘고 있다. 만일 모든 사업장에서 키바와 폭스봇 같은 로봇을 채용한다면 우리의 일자리는 어떻게 될까? 아마존과 폭스콘 사례는 일자리 부족이 단지 경기 침체 때문만은 아니라는 것을 보여준다.

'기계가 일자리를 빼앗아간다'는 생각은 200년 전부터 존재했다. 방직기 도입으로 위협을 느낀 수공업자들이 집단적으로 기계를 파괴했던 러다이트 운동(Luddite Movement. 1811~1817년 영국의 중부·북부의 직물공업지대에서 일어났던 기계 파괴 운동)이 대표적이다. 일자리 공포는 정보화 기술과 인공지능시대가 도래하면서 다시 증폭되고 있다.

1995년 제러미 리프킨은《노동의 종말》에서 소프트웨어 기술 고도화로 문명사회는 더 이상 일자리가 필요 없는 세상이 될 것이라고 내다보았다. 그러나 대다수 경제학자는 '노동의 종말'에 동의하지 않았다. 이는 다음 두 가지 믿음에 기반하고 있었다. 첫째, 기술혁신으로 사라지는 일자리도 많지만, 더 많은 일자리가 창출된다는 것이다. 둘째, 아무리 기술이 발전해도 기계가 할 수 있는 일은 한계가 있다는 것이다.

하지만 최근 몇 년 사이 이러한 믿음을 뒤흔드는 강한 징후가 여기저기에서 나타나고 있다. 대표적인 첫 번째 사례가 '무인자동차'이다. 2000년대 초반만 해도 '트럭 운전사는 컴퓨터가 대체할 수 없다'고 했으나, 구글이 무인자동차 주행에 성공했다. 두 번째 사례는 IBM의 인공지능 컴퓨터 '왓슨'과 일본에서 첫선을 보인 '로봇호텔' 등이다. 왓슨은 퀴즈쇼 '제퍼디'에 출연해 역사상 최고 성적을 거둔 2명과 겨뤄 압도적인 점수 차이로 승리했다. 세 번째 사례는 '로봇 기자'의 등장이다. 현재 LA타임스는 로봇이 고정 코너로 지진 보도기사를 쓰고 있다. 〈포브스〉지는 로봇 퀼(Quill)이 기업 전망과 분석, 주가 동향 등의 경제기사를 작성하고 있다. 네 번째 사례는 인공지능 알파고가 이세돌 9단을 4대 1로 이겼는데, 전 세계가 이 사건에 놀라움과 경악을 금치 못했다.

21세기 기술의 고도화로 사라지는 일자리가 많을지, 신규 일자리 창출이 많을지는 확실하지 않다. 휴대폰의 등장으로 MP3플레이어, 내비게이션, 포터블게임기, 핸디캠코더, 디지털 카메라, 녹음기 등 수십 개의 산업이 붕괴해 일본의 전자산업이 초토화되었다. 하지만 애플리케이션 회사, 케이스 및 액세서리 업체, 모바일게임회사 등 새로운 일자리가 창출된 것도 사실이다. 그러나 새로운 일자리가 생겨도 노동인력의 수는 많이 줄어들어 격차가 커질 것은 분명해보인다.

《제2의 기계시대》의 저자 브린욜프슨과 맥아피는 기술이 발달할수록 고숙련 근로자와 저숙련 근로자, 자본가와 근로자 간의 격차가 커질 것으로 예측했다. 저숙련 노동이 기계에 대체될 가능성이 크고, 그 기계의 소유자는 바로 자본가이기 때문이다. 이는 세계적으로 양극화가 점점 심해지고 있다는 피케티의 《21세기 자본론》과도 맥을 같이한다. 다빈치연구소의 토마스 프레이(Thomas Frey) 소장은 다양한 연구 결과를 인용해, '2030년이면 많은 일자리가 사라질 것'이며 '오늘날 대표적인 일자리 700개 중 47%가 기계로 대체될 것'이라고 예견했다. 프레이 소장이 예상한 2030년은 '센서'에 둘러싸인 세계인데, 한 사람당 평균 1만 개가 넘는 센서에 둘러싸인다고 한다.

이 센서들은 상호작용으로 엄청난 데이터를 생산하고 분석한다. 통신과 교통은 지금보다 더 비약적인 발전하며, 기업의 근로자는 프리랜서들이 대체한다. 프레이 소장은 "지금 우리는 알 수 없는 기회의 시대에 살고 있으며 앞으로 20년간은 역사상 가장 큰 변화를 겪을 것"이라고 했다.

기술에 의한 고용의 변화

기술의 발전과 경영 환경의 변화는 노동에 있어서 인간의 지식이 가진 중요성을 강조하는 동시에, 지식에 기반을 둔 의미 있는 의사결정을 내리는 노동자의 비중을 줄이는 방향으로 흘러가고 있다. 이는 결국 기술에 의한 인간 노동력의 대체가 더 손쉽게 일어날 수 있다는 의미와 일맥상통한다. 기술에 의한 고용 대체 가능성, 즉 스마트한 기술발전에 가장 많은 영향을 받을 것으로 예상되는 직종은 의료, 운수, 교육, 상담 등 서비스 분야이다.

주요 서비스산업에서 발생할 고용 대체는 스마트 기술을 통해 기술의 지능화가 진행된다. 따라서 사람의 지식과 의사 판단이 필요한 직무·직종에 대한 기술 대체가 부각될 것으로 보이며, 상대적으로 단순한 정보와 지식을 전달하는 분야이거나, 복잡하지만 어느 정도 일정한 규칙을 적용할 수 있는 분야로 전망한다. 대표적인 직종으로 간호조무사, 약사, 트럭운전수, 콜센터 상담원 등을 들 수 있다. 이러한 직종들은 과거 정보화 기술 혹은 자동화 기술로는 고용 대체가 쉽지 않은, 복잡한 작업을 수행하는 분야였다.

기술에 의한 고용의 대체는 교육 부문에서도 발생할 것으로 예측된다. 현재로서는 학생과 지도교사 간의 감정적 공감대 형성과 같은 분야에서는 스마트 기술의 활용성이 낮은 것은 사실이다. 하지만 교사 직무의 상당 부분이 스마트 기술에 의해 수행될 수 있다는 점은 미래교육 부문에서 기술에 의한 고용 대체가 발생할 가능성이 있음을 보여준다.

기술혁신은 지난 세기 동안 사람들을 일자리에서 밀어냈지만 결과적으로는 파괴보다는 더 많은 일자리와 더 많은 부를 만들어냈다. 하지만 이번에는 다를 것이라고 대다수 전문가들은 전망한다. 유명한 소프트웨어 학자들은 "컴퓨터가 진출할 수 있는 분야는 사실상 끝이 없으며, 궁극적으로 소프트웨어는 의사와 변호사, 그리고 다른 전문 직종들도 위협하게 될 것"이라고 말한다. 또한 캘리포니아대학 경제학자인 피터 린데르트 교수는 "컴퓨터는 산업혁명 시기처럼 혁신적이라기보다는 파괴적이며, 사람들이 이에 적응하기 어려운 속도로 진행되기 때문"이라고 말한다.

최근 한국고용정보원의 자료를 보면, 향후 10년 동안 취업자 수가 감소하는 직업은 137개 직업 중 60개로 분석되었고, 제조업, 서비스업, 농림업 등의 단순직이 주를 이루고 있다. 경제성장과 사회적 안정에 있어서 일자리 문제가 가진 중요성은 지대하다. 기술발전의 고도화에 의한 고용과 소득의 양극화, 혁신 역량을 갖춘 소수에 의한 글로벌 영향력 확대라는 전망은 미래 변화의 단면만을 포착한 것일 수도 있다. 하지만 이러한 전망에 대한 대응 방향을 탐색하는 것은 미래 충격에 대한 적응력이라는 측면에서 반드시 이루어져야 하는 작업이다.

변화가 더 긍정적인 방향에서 이루어지고 사회 경제 체제가 유연하게 적응하기 위해서는 기술이 가진 의미와 그 영향력에 대한 지속적인 논의와 미래 비전 수립을 위한 노력이 필요하다. 특히 물류 관련 기술 자체의 R&D(Research and Development) 전략, 기업과 산업 혁신전략, 인재 양성, 일자리 감소 등 주요 정책 부문에서 신중히 고민하면서 대비할 필요가 있다.

풍요의 시대에 일자리가 사라지고 있다

인류는 일을 통해 가족을 부양하고 사회적인 관계를 유지해왔다. 그런 의미에서 일은 인간의 본능이다. 일이 있어야 인간은 더 인간답게 살 수 있다. 인류는 역사상 가장 풍요로운 시대를 살고 있지만 일자리는 사라지고 있다. 경제는 성장하지만 인간의 일자리는 점점 줄어들어 전 세계적으로 고학력 실업자가 늘어나고 있다. 우리나라의 경우도 좋은 일자리를 위해 좋은 대학에 들어갔고 교육에 투자해왔지만, 최근 20년간을 살펴보면 양질의 일자리는 제자리걸음이거나 줄어드는 데 비해, 양질의 노동력은 계속 더 늘어나고 있는 추세이다.

첨단기술과 엄청난 자본이 모여 있는 이 IT산업이야말로 새로운 일자리 창출을 기대할 수 있는 핵심 분야이다. 왜냐하면 IT산업은 혁신적인 아이디어와 뛰어난 기술력만 있으면 얼마든지 세계적인 기업이 될 수 있으며 많은 인력과 자본이 필요하지 않기 때문이다.

미국의 실리콘밸리에는 전 세계에서 뛰어난 인재들이 모여들고 있다. 특히 혁신적인 아이디어로 스타트업(초기 벤처기업)에 도전하겠다는 젊은이들의 열기가 대단하다. 그중에서도 스타트업의 사관학교라 불리는 투자육성기관을 갖추고 있는 지역이라 이곳에는 세계 각국에서 200대 1의 경쟁률을 뚫고 선발된 30여 개 스타트업들이 함께 일하는 공동사무실 '500스타트업'이 있다. 이것은 유망 스타트업이 성장하도록 투자·보육하는 멘토링과 집중 교육을 4개월간 지원한다. 여기서는 어떻게 자금을 모아야 하는지, 판매는 어떻게 하는지 등 신생 스타트업에게 꼭 필요한 주제들을 강연도 하고 워크숍도 개최한다. IT기술을 이용해 다양한 기술을 제공하는 것이 이들의 사업 아이템인데, 인공지능 일정 관리, 실시간 영작 교정, 영상 제작 플랫폼 등이 있다. 여기서 성공할 확률은 굉장히 낮지만 성공했을 때 돌아오는 가치는 다른 일을 했을 때보다 훨씬 크기 때문에 도전하는 이들이 많다.

IT기술이 만들어내는 새로운 일자리, 그 기회를 잡으려는 젊은 이들이 점점 늘어나고 있다. 대표적 예로 차량공유서비스인 우버(Uber)는 스마트폰으로 우버앱을 실행시키면 우버택시를 불러 원하는 지역까지 갈 수 있다. 미국에서 우버는 이미 대중적인 서비스가 됐는데 모바일 기술이 기존의 택시 시장을 바꾸고 있다. 우버 사장 트래비스 칼라닉은 39세로 두 명으로 회사를 시작했는데, 4년 만에 기업가치 54조 원의 기업으로 키워냈다. 이것은 연간 500만 대의 차를 판매하고 15만 명의 직원을 둔 현대자동차와 맞먹는 수준이다. 우버는 차 한 대도 없이 현대자동차의 기업 가치를 따라잡은 것이다. 미처 숙소를 구하지 못한 여행자에게 남은 방을 연결해주는 숙박공유서비스 역시 브라이언 체스키가 아이디어를 내어 기업 가치 22조 5천억 원의 주인이 되었다. 2014년 기준으로 실리콘밸리는 억만장자 23명을 탄생시켰는데, 대표적인 예로 애플, 유튜브, 페이스북, 트위트, 구글, 우버 등이다.

21세기의 부는 IT산업으로 빠르게 이동하고 있다. 실리콘밸리에 있는 기업들의 고용 규모를 보면, 1인 기업이 80.3%이고, 10명 이하가 15.6%이다. 한 IT기업은 이용자가 10만 명이고 기업 가치가 1400억 원으로 성장했지만 직원 수는 불과 20명이다. 기업의 성장에 비해 놀랄 만큼 적은 직원이다. IT기술은 전통 산업을 대체하기도 했다. 1890년에 세워져 125년 역사의 코닥필름은 1990년대까지 미국 필름 시장의 90%를 점유했으나 2000년 이후 아날로그에서 디지털 기술로 이동하면서 급속히 쇠락해 2008년까지 44개 생산시설을 철거했고 2012년 결국 파산을 선언했다. 전성기 시절 코닥의 종업원 수는 14만 명이나 되었지만 행운의 여신이 IT산업인 인스타그램(Instagram)에게 고개를 돌리면서 반전의 시기를 맞이하게 되었다. 코닥이 파산하는 해에 인스타그램이 온라인으로 사진을 공유하고 검색하는 소셜네트워킹 서비스로 1조 원이라는 엄청난 돈을 받고 페이스북에 인수되었다. 당시 인스타그램의 직원 수는 고작 13명이었다. 코닥의 직원 수와는 무려 만 배가 넘는 차이가 난다. IT산업이 새로운 부가가치를 창출하고 간접적으로 일자리를 만들어내기도 하지만 성장세만큼 충분한 일자리는 만들어내지 못하고 있다.

전 세계적으로 21세기의 가장 큰 고민거리는 일자리 문제이다. 일자리는 인권, 안보, 환경보다 중요하다. 미국 통계에 의하면 실업률이 1% 상승할 때 자살이 9,920건, 살인이 650건, 심장병 사망이 500명, 강도 강간이 300건 늘어난다고 한다. 이것은 사회가 치러야 하는 엄청난 대가이기도 하다.

일자리는 한 개인이 잘살고 못사는 문제만이 아니라 사회의 존속이 걸린 중대한 사회적 문제이다. 경제는 계속 발전하고, 신기술도 끊임없이 개발되고 있으며, 혁신적인 기업들도 점점 늘어나고 있다. 그러나 여기서 생겨나는 일자리가 많은 사람들에게 돌아가지 않는다면, 소수의 일자리를 놓고 끊임없는 생존경쟁을 해야만 할 것이다. 이러한 사회가 계속된다면 얼마나 오랫동안 유지될 수 있을까? 모든 인간은 노동을 해야만 삶을 이끌어갈 수 있는 존재들이다. 역사상 유례없는 풍요로운 시대에 살고 있지만 일자리가 사라지고 있다는 것은 두려운 미래를 암시한다. 가혹한 경제 상황을 우리 후손들에게 물려주게 될지도 모른다.

3. 일자리 위협, 어디까지인가?

일자리 문제는 극복할 수 있을까?

저유가와 저금리 그리고 저성장시대에 불확실한 한국 경제의 미래 상황을 어떻게 대비해나갈 것인가? 미국은 경기가 회복되면서 금리를 올리고 있다. 금리를 올린다는 것은 국제금융시장이 흔들린다는 뜻으로 계속되는 유가하락은 세계경제 둔화의 신호탄이다. 2013년 이후 중국 경기는 미국과 반대로 연착륙하고 있다. 특히 2016년 6월 23일 영국의 브렉시트(Britain+Exit=Brexit=영국의 유럽연합 탈퇴를 줄인 말) 찬반 여부를 결정하는 국민투표에서 유로 탈퇴가 결정되면서 전세계경제가 또 한 번 휘청거렸다. 두 가지 큰 축인 금융시장 불안과 실물경기의 하락이 한국 경제에 위협을 가하고 있다. 여기에 우리나라 전체 주택시장이 흔들리면서 가계부채와 일자리 문제에 대한 불안감, 위기감이 점점 팽배해지고 있다. 이런 상황이 장기화될 수 있는 미래시대를 대비해 우리는 생존을 고민해야 한다.

2016년 이후 우리나라 경제의 핫이슈인 노동개혁이 무엇보다 절실히 필요한 시점이다. 이탈리아의 경우, 오랜 기간을 해고를 할 수 없는 노동계약을 한 결과 기업은 신규사원을 채용하지 않아 실업률이 15~20%나 되었다. 여기에 청년실업률은 40%가 넘는 수준이었다. 결국 이러한 폐단을 막기 위해 최근 노동시장 개혁을 단행하여 어려움이 있는 회사에 규제를 풀어주었다. 또 미국의 경우는 기업이 어려움에 처하면 바로 해고할 수 있는 법안을 마련했는데 이 또한 문제가 많아 중도의 해법이 필요한 상황이다. 따라서 해고보다는 일자리 유지를 위한 정책이 우선되어야 하는데 그러기 위해서는 기업과 근로자 간의 타협과 상호존중 그리고 조금씩 양보하는 자세가 무엇보다 필요하다.

과거 세계금융위기 이후 수출이 곧 성장이라는 공식은 깨졌다. 오히려 내수시장을 안정적으로 유지해온 국가들이 수출 주도국보다 경제성장에 우위를 차지하고 있다. 일자리 통계기준을 보면 1980년대는 10억 수출로 발생하는 일자리가 185.4명이었지만, 2011년 기준으로 보면 7.3명으로 감소했다. 즉 1/26이 감소한 것이다.

과거에는 비용을 줄여서 수입을 극대화하는 것이 기업의 궁극적인 목표라 믿었던 기업들이 일자리를 위해 경제적인 이익을 뒤로하고 일자리를 만들지 않으면 살아남을 수 없다는 절박한 깨달음으로 변화하고 있다.

한국인의 일자리 구조를 보면(생산가능인구 15~65세 기준) 우리나라의 총 경제활동인구는 100명 중 62명이다. 그중 3명은 일할 의사는 있지만 일자리가 없어 실업자이고, 15명은 자영업을 하고 있는데, 3명을 제외한 12명은 자본금 1억 미만의 영세한 생계형 자영업자(80%)이다. 회사에 고용되어 월급을 받는 사람들은 100명 중 44명이다. 이중에서 30명은 정규직이고 14명은 비정규직이다. 이중에서 대기업에 다니는 사람은(500대 상장기업 종사자 기준) 3명인데, 최상급인 30대 기업에 다니는 정규직은 1명으로 대기업 정규직 종사자는 단 1%밖에 안 된다. 일자리의 99%는 영세 자영업자, 비정규직, 중소기업 근로자로 나누어져 있다. 따라서 우리나라의 기업 구조는 소수의 대기업과 다수의 영세업자로 나뉜다고 볼 수 있다.

그동안 규제 등의 이유를 들어 정부가 미흡하게 대처하면서 대기업들은 일자리를 지키기보다는 경영의 편리함만을 지속적으로 추구해왔다. 우리 사회에서 대기업에 들어갈 수 있는 사람은 1%이니 나머지 사람들이 다른 일을 해야 한다면 기본적인 생활이 보장되는 일자리가 보장되어야 하고 다양한 일자리를 상상할 수 있는 사회가 되어야 한다. 전문적 기술을 배우려는 사람이 줄어드는데 이제는 청년들이 중소기업에도 눈길을 돌려야 한다. 우리는 일자리 전쟁이라는 생존의 패러다임을 넘어 풍요와 일자리가 공존하는 미래가 오길 기대하며, 이것이 우리 후손에게 반드시 물려줘야 할 유산이고 중요한 가치임을 명심해야 할 것이다.

우리 교육에도 많은 문제점이 있다. 초등교육부터 '공부 못하면 몸은 고달픈데, 임금도 적게 받는다'는 일자리에 대한 편견을 심어주고 있다. 본인이 하고 싶은 일을 할 수 있으려면 진정한 노동의 가치를 가르치는 교육이 필요하다. 미국이나 유럽, 일본처럼 '나는 가치 있는 일을 하고 있다'는 인식을 심어주어야 한다.

실업률 증가와 근로시간 단축

2014년 11월 12일 통계청이 발표한 실업률인 3.2%의 3배가 넘게 늘어나자 한 통계청 관계자는 "그동안 감춰졌던 실업자 201만 명은 대부분 일자리를 구하지 못한 청년층"이라고 말해 충격을 주었다. 대학 진학률은 높아 취업 눈높이가 높아지고, 바늘귀보다 뚫기 어려운 대기업 입사에 매달리다 보니 청년 실업이 갈수록 심각해지고 있다. 2014년 11월 한국의 15~29세 청년층의 경제활동 참가율은 43%로, 경제협력개발기구(OECD) 평균인 59%보다 훨씬 낮았다.

전문가들은 고용보조지표도 잡아내지 못하는 취업 희망자가 있을 가능성을 지적했는데, 경제활동을 할 능력이 있지만, 지레 취업을 포기해버린 청년층과 여성을 뽑아내기엔 역부족이다. 따라서 취업 준비생이나 주부와 같은 잠재적 경제활동인구를 더 세밀하게 조사해 정책에 반영해야 한다.

청년실업률이 높은 가장 큰 이유는 대졸자들이 많아지면서 취업준비생들이 기업을 바라보는 눈이 높아져서 맘에 들지 않는 일자리는 아예 하지 않으려는 추세 때문이다. 따라서 청년들이 눈높이를 낮추어야만 청년실업률이 감소할 수 있다. 지금 중소기업지원청 홈페이지를 보면 많은 중소기업들이 사원모집을 꾸준히 하고 있으며 인재를 찾고 있지만 결국 부족한 인력은 동남아 등의 외국 인력으로 채우고 있다. '대기업에 들어가야만 성공'이라는 잘못된 사회통념과 자식이 힘들어하는 것을 안타까워하는 일부 부모들의 잘못된 교육관에서 비롯된 과잉보호의 결과이다.

실업률은 만 15세 이상이면서 일할 능력과 취업 의사를 갖고 있는 사람(경제활동인구) 중에서 실업자의 비율을 말한다. 실업자는 ① 현재 일을 하지 않고 있고, ② 일이 주어지면 할 수 있으며, ③ 최근 4주 동안 적극적으로 구직 활동을 하는 사람을 말한다. 돈을 벌기 위한 목적으로 일주일에 한 시간이라도 일을 하면 실업자가 아닌 '취업자'로 분류한다.

경제활동인구는 만 15세 이상 인구 중에서 근로 의사와 능력이 있는 사람들을 말한다. 경제활동인구는 취업자와 실업자로 나눈다. 군인·주부·수험생·학생·장애인 등은 당장 노동을 할 의사가 없는 사람으로 여겨 비경제활동인구로 분류한다.

근로시간 단축은 어디까지이며 인간에게 가장 행복한 근로시간은 몇 시간일까? 아예 놀고먹는 것이 최고라고 생각할지 모르겠지만 꼭 그런 것도 아니다. 사회 통념은 하루 8시간이지만 이마저도 토요 휴무, 휴가 연장 등으로 점점 줄어드는 추세이다.

자연 속에 살면서 단순한 생활을 실천하는 사람들은 하루 4시간만 일하는 것을 원칙으로 삼기도 한다. 가장 큰 이유는 더 많은 자유를 얻기 위해서인데 노동을 최소화하고, 나머지 시간은 하고 싶은 독서나 글쓰기, 가족을 위해 투자한다. 단, 여기에는 몇 가지 조건이 따른다. 컴퓨터도 휴대폰도 심지어 전기 사용도 최대한 억제한다. 의식주도 마찬가지이다. 풍성한 식탁이나 한겨울에도 난방이 충분한 안락하고 포근한 집과 비싼 옷을 탐내서도 안 된다. 아무리 높은 수익이 보장된 분야라고 해도 돈을 위해 일을 더해서는 안 된다. 자녀 교육방식도 바꾸어야 하는데 절대 남과 비교해서는 안 된다. 결국 삶의 가치나 목표 자체가 달라지지 않고서는 불가능한 얘기이다.

우리는 1960~70년대에 '한번 잘 살아보자'며 죽기 살기로 일주일에 60시간씩 예사로 일해왔다. 강제에 의한 것은 절대 아니었다. 첨단문명, 안락한 주거, 풍성한 식탁, 자녀교육을 위해서 스스로 노동의 노예가 된 것이다. 하지만 이러한 상황은 이미 달라지고 있다. 청년실업문제가 커지면서 일자리 창출을 위해 정부가 근로시간 줄이기에 나섰다. 자동차업계의 근무를 주간 2교대로 바꾸고, 휴일근무도 법으로 제한하겠다는 것이다. 근로자의 삶의 질 향상을 앞세우지만, 그렇게 해서라도 일자리를 늘리려는 것이다.

근로시간 단축은 외환위기인 1998년에도 같은 목적으로 시도했지만 효과를 거두지 못했다. 이유는 뻔하다. 기업의 희생도 희생이지만 줄어든 시간만큼 임금을 적게 받거나, 생산성을 늘리려는 근로자들 간의 양보와 노력과 나눔의 자세가 없었기 때문이다. 정부와 보건사회연구원 등에서는 고령화와 저출산으로 생산가능인구가 줄어 출산율을 높여야 한다고 한목소리를 내고 있지만, 기업에서는 자동화와 로봇 도입 등으로 인력을 줄이고 있는 시점에서 과연 생산가능인구가 모자랄지 의문이다. 만약 생산가능인구가 모자란다면 100세 시대에 걸맞은 생산가능연령을 조정해야 하지 않을까?

새로운 유망직종

떠오르는 새로운 직업군들이 있다. 재취업에 필요한 기술을 습득해볼 만하다.

○온라인평판관리자

인터넷상에 퍼진 '내 정보'를 검색해주고, 평판도 우선순위에 따라 꼭 필요한 평판게시글과 지워야 할 게시글을 삭제해준다.

○ **정보보안전문가**

해커의 침입에 대비를 하거나 각종 바이러스에 대비 및 보안에
힘써 전산상 유지&보안에 대한 담당자를 말한다. 대기업, 중소기
업, 국가기관, 게임업체 등에서 개인정보 누출 등을 막고 해킹, 바
이러스 예방 프로그램 제작 및 유포 등 각종 컴퓨터 범죄를 미리
예방하고 보호하는 일을 담당한다.

다음은 정보보안자격증 자격사항이다.

SIS(Specialist for Information Security): 정보보호전문가
CEH(Certified Ethical Hacker): 국제공인 윤리적 해커. 해킹 공격
　　을 알기 위한 실전자격증
CISA(Certified Information Systems Auditor): 국제공인정보시스템
　　감사 전문가
CISSP(Certified Information Systems Security Professional): 국제공인
　　정보시스템 보안전문가.

이들이 진출할 수 있는 분야에는 국가기관(국정원, 사이버수사
대), 대기업 및 중소기업(통신사, 유통, 쇼핑몰), 금융기관(은행, 증권)
등이 있다. 그 외 서버, 네트워크, 프로그램 관련한 다수의 자격
증도 있다.

1인 기업시대의 도래

직장의 해체와 새로운 차원의 부의 이동을 가능케 한 원동력은 무엇일까? 마이크로소프트사의 대표 빌게이츠는 자신의 저서《생각의 속도》를 통해 현재 몰아치고 있는 변화를 주도하는 새로운 물결의 정체에 대해 이야기했다. 그 정체는 바로 '컴퓨터'이며, 컴퓨터보다도 더 파격적인 생활혁명을 가져오게 한 주역이 바로 '인터넷'이라고 했다. 최근에는 모바일폰의 성장세로 1인 1폰 시대가 열려 서비스산업을 재개편하고 있는데 한마디로 모바일혁명을 일으키고 있는 것이다.

정보화기술과 IT기술 발달로 이제는 혼자서 작은 기업을 운영할 수 있다. 스마트폰과 인터넷만 있으면 팩스와 복사기는 물론, 종이문서는 그다지 필요가 없다. 따로 직원을 두지 않고 1명이 사장이자 직원의 역할을 하며 '나홀로' 운영하는 업체를 1인 기업이라고 한다. 여기에 정부가 2014년 10월부터 '1인 창조기업 육성에 관한 법률'을 시행하며 지원에 나서 찾는 이들이 더 늘어날 것으로 보인다. 1인 기업 전용 오피스는 이들 1인 창조기업뿐 아니라 IT업종, 여행사, 택배사, 쇼핑몰, 무역업 등 다양한 분야의 1~2인 기업을 대상으로 하는 초소형 오피스인데 대개 6.6m^2(1인실) 기준으로 조성되며 10인실도 만든다. 복사기나 정수기 등의 부대시설은 공동으로 사용한다.

3D프린트의 등장

3D프린터는 3차원으로 특정 물건을 찍어내는 입체 프린터를 말한다. 입체적으로 만들어진 설계도만 있으면 종이에 인쇄하듯 3차원 공간에서 실제 사물을 만들어낼 수 있다. 재료에 따라 고체 기반(FDM), 액체 기반(폴리젯), 파우더 기반(SLS)방식으로 나뉜다. 이 기술은 1984년 미국인 찰스 헐(Charles W. Hull)이 발명했고, 3D 시스템즈라는 회사를 설립해 1987년 FDM 방식 3D프린터를 상용화했다. 지금까지 흔히 프린트 하면 평면인 종이(x, y축)에 글이나 그림을 쓰거나 그리는 것이 전부였지만, 3D프린터는 입체적(x, y, z축)인 출력, 즉 인형이나 컵, 사람 손 모양 등을 출력하는 프린터를 말한다. 실제로 자동차, 완구, 의료 등 전 분야에서 3D프린터를 개발 중인데, 특히 의료분야에서는 사람의 손이나 발을 출력하여 의수, 의족으로 사용하고 있다.

그동안은 3D프린터나 그 재료가 너무 비싸 극히 제한된 용도로만 사용되어왔다. 개발 초기에는 플라스틱 소재에 국한되었지만, 현재는 미국 등에서 수백만 원대의 보급형 제품이 나오고 부피도 줄어들어 일반인에게 확산되는 추세이며, 나일론, 금속 등으로 범위가 확장되고 있다. 또 산업용 샘플을 찍어내던 것에서 발전해 시계, 신발, 휴대전화 케이스, 자동차 부속품까지 출력한다. 3D기술을 활용하면 비용과 효율성을 높일 수 있기 때문에 변화가 빠른 제조업 분야에 활용도가 매우 높다.

일본, 미국 등에서는 3D프린팅 기술을 본격적으로 상용화하고 있다. 따라서 미래학자들은 앞으로 3D프린터가 생산비용을 낮춰 전 세계 제조업 지도를 완전히 바꿔놓을 것으로 예견하고 있다.

새로운 형태의 제조업, 메이커운동

전 세계에는 약 1,106개(2015년 기준)의 메이커스페이스(해커스페이스)가 있다. 해커스페이스는 창의적인 표현과 공동체를 멋지게 결합하는 곳으로 사람들이 함께 모여서 꿈을 실현하는 곳이다. 모든 해커스페이스 운동의 원동력은 공동체를 이루고 싶은 사람들이 모여 정말 좋아하는 일을 추구하도록 서로 돕는 데 있다.

해커스페이스에는 엉뚱한 상상력으로 무언가를 만들기를 좋아하는 사람들로 넘쳐나고 있다. 메이커와 해커는 동의어로서 메이커 하면 보통 제조업체의 브랜드를 지칭하는 말로 이해하지만, 여기서 말하는 메이커는 전혀 다른 뜻이다. 여기서 메이커(maker)는 '만드는 사람'을 뜻한다. 컴퓨터 프로그램, 전자제품, 로봇부터 액세서리나 가구, 요리까지 직접 자신의 손과 머리로 각종 물건을 만드는 이들을 통칭하는 말이다. 메이커 문화의 핵심에 있다고 평가받는 기술인 3D프린터는 궁극적으로 제조업을 붕괴시키고 생산과정이 대기업이나 중소기업에서 개인에게 돌아가고 있다.

해커스페이스에는 사고방식이 아주 다른 다양한 사람이 모여

취미활동을 하다가 창업을 하기도 한다. 나라와 전공분야가 다른 사람들이 모여서 무언가를 만들어내는 가내수공업 공장 같은 분위기이다. 이들은 도구를 사용해서 뭔가를 만드는 기술뿐만 아니라 예술, 음악, 과학 등 관심 있는 모든 것을 함께한다. 제조기술의 민주화 덕분에 오픈소스를 이용하는 해커들은 자신들이 만든 설계도를 온라인에 공개하여 모든 사람들이 설계도를 다운받아 무언가를 만들거나 개조하거나 배우는 데 사용할 수 있도록 허용한다. 오픈소스를 이용하는 사람들은 제작과정을 공개함으로서 개방과 공유의 선순환을 만든다. 배타적 관리와 경쟁을 통해 이윤을 남기는 자본주의 시장경제와는 전혀 다른 방식이다. 이러한 오픈소스의 힘으로 메이커들의 기술력은 기존 산업을 위협할 정도로 높아졌다. 미국정부는 메이커와 메이커 운동을 차세대 경제성장 동력으로 키우고 있다.

2020년에는 전 세계 약 500억 개 사물이 인터넷으로 연결될 것이라고 한다. 즉 모든 사물에 센서와 컴퓨터가 장착되고 인터넷으로 연결되는 사물인터넷(IOT, Internet of Things) 시대가 오고 있다. 2015년부터 사물인터넷을 이용한 제품들이 폭발적으로 등장하고 있다. 특히 웨어러블 기술(Wearable Technology, 착용기술) 시장은 한 해 두 배 이상 성장 중이다. 사물인터넷시대, IT와 제조 융합의 시대에는 가벼운 조직, 빠른 의사 결정 구조를 가진 벤처기업이 유리하다. 과거에는 벤처기업이 IT 소프트웨어 중심에서 소프트웨어, 하드웨어 융합형 제조업으로 접근하기가 쉽지 않았다. 그러나 최근에는 3D프린터 등 사물인터넷, 여러 가지 기법이 발달하면서 1인 창업이 가능해졌다. 사물인터넷 메이커들의 벤처 창업은 전통 제조업체와 비교해 성장속도가 빠르다. 미국의 벤처산업은 소프트웨어에서 제조 창업으로 빠르게 옮겨가고 있다.

과거에는 기업만이 가능했던 것인데, 지금은 개인이 소비자가 원하는 제품을 즉석에서 만드는 시대이다. 그리고 소품종, 소량 생산의 시대, 이런 것들이 개인의 레벨 또는 작은 기업에서 가능해졌다는 점 때문에 제조업의 새로운 부활이 시작되고 있다. 세계적으로 확산하고 있는 메이커운동 바람이 하루 빨리 우리나라에도 태풍처럼 다가와 불어주기를 기대해본다.

또한 미국의 신산업 경쟁력, 중국의 가격 경쟁력, 일본과 독일의 품질 경쟁력, 이 세 가지 파도를 한꺼번에 맞다보니 한국 제조업이 설자리가 없어지고 있다. 과거의 혁신에 안주하던 한국의 주력산업은 이제 벼랑 끝으로 몰리고 있다. 한국 제조업은 중국을 필두로 한 개발도상국의 추격과 미국과 독일로 대표되는 선진국의 첨단기술 사이에 끼어 '신샌드위치' 신세로 전락하고 있다. 과거의 영광을 미래의 성장으로 이어가기 위한 생존전략은 혁신에 있다. 거대한 변화의 물결 속에서 어떻게 살아남을 것인가? 스마트한 공장의 핵심은 스마트한 사람들이다. 최소의 비용으로 최대의 생산성을 자랑하는 똑똑한 공장 '스마트팩토리'는 4차산업혁명 시대의 선택이 아니라 필수이다.

단기간의 맞춤교육, 마이크로칼리지

미래에는 대체 학사증인 마이크로 디그리의 시대가 온다. 4년제 대학은 너무 길어 1학년에 배운 것이 2학년 때는 아무 쓸모가 없어지는 기술이 된다. 그래서 대거 부상하는 것이 바로 3개월, 1년 과정 대학이다. 이를 마이크로칼리지(micro college)라고 하며 마이크로 디그리, 즉 마이크로 학사증을 발급하고 있다.

세계 최초로 마이크로 학사증을 수여할 수 있게 주정부로부터 승인을 받은 곳은 콜로라도주 덴버의 다빈치연구소이다. 일자리와 미래 산업이 빠르게 바뀌고 있기 때문에 우리는 미래 세대를 새롭게 준비시켜야 한다. 단기간 첨단지식과 기술을 집중적으로 가르쳐 곧바로 일자리와 연결하는 고등교육 형태로 2030년이 되면 일반 근로자들이 평생 동안 평균 6번 정도 재취업해야 할지도 모른다. 그렇기 때문에 유연한 환경과 교육 제도로 새로운 수요를 창출해야 한다.

세계가 주목하는 미래학자 토마스 프레이(하버드대학교 경영대학원 교수)는 다음과 같이 말한다.

–학생들에게 현재 존재하지 않는 일자리를 준비시켜라.

-아직 발명되지 않은 기술을 사용하게 하라.

-아직 알지 못하는 문제에 대한 해답을 제시하라.

2020년 이후엔 초등학교에서 고등학교까지 12년간의 수업 중 절반은 온라인 강의가 될 것이다. 또 2030년에는 기존의 전통적인 대학의 절반이 사라질 것이다. 그 절반을 마이크로칼리지(디지털캠퍼스)가 채울 것으로 예상된다.

온라인에서 듣는 수업은 모두가 모여서 하는 수업이 아니다. 각자 수업을 듣고 관심사가 같은 사람끼리 그룹을 지으며, 온라인상에서 즉석 모임이 만들어지기도 한다. 하지만 디지털교육은 모두를 위한 교육이 아니므로 외로운 공부가 될 수 있다. 이는 새로운 도전과 기회를 만들기 위한 교육이기 때문이다. 따라서 우리는 새로운 출발선이 필요하다. 핵심은 누가 가장 빨리 움직이고 결정하며 현명하고 민첩하게 나아가느냐에 달려 있다.

그래야 여러 분야에서 글로벌 리더가 될 수 있다. 세상에 영향력을 미치려면 그에 따르는 위험을 감수할 용의가 있어야 한다. 우리의 미래는 아무도 모른다. 하지만 미래를 위해 준비하지 않으면 뒤처지게 된다는 사실 만큼은 분명하다.

○ **마이크로칼리지의 사례**

1. 3D프린팅 디자이너 센터

2. 크라우드펀딩 인증 아카데미

3. 개 사육 전문가 학교

4. 양조 마스터 학교

5. 드론 파일럿 학교

6. 데이터 시각화, 빅데이터 분석 학교

7. 아쿠아포닉 농민연구소

8. 도시농업 아카데미

앞으로는 젊은이들은 성공에 대한 개념을 바꾸는 것이 필요하다. 젊은이들은 더 많은 성과를 요구받아 압박을 느끼고 있다. 때문에 인생의 어떤 시점에서도 성공했다는 느낌이 들지 않을 수도 있다. 실제로 작은 이정표라 하더라도 인생에서는 큰 성공일 수도 있다. 따라서 성공에 대한 관점을 바꾼다면 많은 부분이 바뀔 것이다.

4. 두 얼굴을 가진 과학기술

물질문명의 발달은 행복과 비례할까?

조선조 말기, 우리 선조들은 봄기운이 무르익으면 함께 모여 뒷동산으로 천렵을 가곤 했다. 조촐한 술상을 준비하고 가재 등을 잡아 술안주 삼아 시조를 곁들여 친목하며 즐겼다. 하지만 지금 우리는 자가용을 몰고 명승지에 가서 맥주와 양주를 들이키며 음악을 틀어놓고 팝송 등을 부른다. 기술적으로는 천양지차(天壤之差)지만 즐거움의 강도도 천지차이(天地差異)일까(天壤之差=天地差異. 하늘과 땅 사이와 같은 엄청난 차이)? 필자는 큰 차이가 없다고 생각한다.

기술문명의 발달이 인간들의 욕구 불만족을 해소하는 데는 일정 부분 공헌했겠지만 행복지수를 크게 향상시켰다고 할 수는 없다. 과학기술은 그 자체가 행복이나 이상을 실현시켜주는 도구가 아니다. 그 자체가 양면성을 가진 칼이어서 이로움을 주는 반면 해로움도 야기한다. 그 대표적 예로 실업자의 양산, 대량 살상무기의 발달과 핵무기의 등장 등을 들 수 있다.

인간의 지능은 생존을 위해 세계를 이해하고 적응하는 가장 효율적이고 명료한 수단이다. 그러나 지적인 이해만으로 세상을 살아갈 수 있는 것은 아니다. 인간이 생활을 영위하기 위해서는 환경과 정세에 적응하지 않으면 안 된다. 지적 능력으로 번개처럼 재빠르게 이해할 수 있다 하더라도 이에 적응하기 위해서는 상당히 빈번한 접촉과 시간이 필요하다.

그런데 기술문명의 발달 속도는 인간의 적응 시간을 능가하고 있다. 두뇌, 즉 지능으로 이해 가능한 현상임에도 본능적, 의식적 적응이 미처 따르지 못하는 현상이 빚어지고 있다. 자연 속에서 살던 옛날에도 세상의 변화가 없었던 것은 아니다. 그러나 적응 가능한 정도의 속도로 변화하였기 때문에 오히려 약간의 긴장감을 유발시켜주고 삶의 활력소가 되었다고 할 수 있다. 그러나 현 문명의 발달 속도는 적응하기가 매우 어려운 지경에 이르렀다. 어떤 화학물질이 생태계에 독이 되는 이유는 자체의 독소 때문이기도 하지만 생체가 그것에 적응할 수 있는 기간이 거의 없기 때문이기도 하다. 따라서 그러한 물질에 적응하기 위해서는 수만 년에서 수십만 년이 필요할지도 모른다.

로봇이 노동자를 불행하게 할까?

그동안 로봇 기술은 자동차나 전자, 반도체 등 산업용에 많이 사용되어왔다. 그러나 2015년 이후로 로봇 기술은 방위산업, 서비스산업, 실버케어, 가사, 교육용으로 확산되고 있는 추세이다. 과거의 로봇처럼 단순히 공장에서 용접이나 페인팅만 하는 기계로 보면 안 된다. 국방 분야에서는 인공지능이 첨가되어 사람이 탐지하기 어려운 지역을 탐색하는 데 로봇이 쓰이고 있고, 의료영역도 마찬가지다. 심지어 혼자서 운전을 하는 자동차 로봇(무인자동차)까지 개발되고 있다.

독거노인을 보살피는 실버케어 로봇이나 가사·교육용 로봇도 점차 정교해지고 있다. 인공지능과 로봇 기술이 결합된다면 인간이 직접 노동하지 않아도 되는 시기가 온다는 주장도 있다. 하지만 노동과 자본과의 관계가 어떻게 설정되느냐에 따라 로봇은 축복이 될 수도, 재앙이 될 수도 있다. 로봇은 사람이 하는 말을 알아듣고 인터넷과 빅데이터를 활용해 가장 효율적인 해결책을 제시하는 경지에까지 이르고 있다. 폴 크루그먼 등 경제학자들도 로봇화가 생산성을 크게 향상시킬 것이라고 전망한다. 또 기술발전을 시장경제에만 맡겨둔다면 생산성 향상에 따른 이익은 공장 소유주가 모두 차지하고 노동자들의 삶은 황폐해질 수도 있다. 그러나 노동과 자본의 관계에 따라 기술발전의 혜택으로 모든 사람이 적은 노동으로 살아갈 가능성도 있다.

우리 후손들은 미래에 행복할까?

과학기술발달로 세상은 점점 풍요로운 생활을 하고 있지만 미래 세대의 일자리에 대한 불안은 점점 커지고 있다. 절박한 미래 이슈로 떠오르고 있는 일자리는 앞으로 20년 후면 절반으로 줄어든다고 하니 경제가 성장할수록 일자리가 사라지는 것이다. 기술 발전이 가져오는 일자리의 위협은 어디까지 갈 것인가? 일자리를 둘러싼 인류 최초의 전쟁은 이미 시작되었다.

일본에서 초밥을 만드는 요리사가 장인의 반열에 오르려면 어마어마한 노력이 필요하다고 한다. 그런데 이 초밥에서도 일자리를 위협하는 자동화기계가 도입되었다. 도쿄에 있는 한 초밥집의 모든 초밥이 100엔(한화 약1,000원)이다. 하루 약 700명 정도의 손님이 찾는 꽤 넓은 가게이지만 이 식당의 종업원은 거의 없다. 모든 주문은 컴퓨터 화면을 통해 이루어진다. 먹고 싶은 음식을 고객이 직접 터치하면 간단히 주문 처리되고 그 이후 초밥이 나오는데 2분 정도 걸린다. 저렴하고 맛도 좋은 초밥을 초밥 기계(Szumo)가 만들어내고 있다. 한 시간에 무려 3,600개, 즉 1초에 초밥 한 개를 만들어내는데, 사람보다 5배 빠르다고 한다. 맛 또한 요리사가 만든 것과 크게 다르지 않다고 한다. 2015년 기준으로 일본 내에 기계로 초밥을 만드는 체인점만 350개로 늘어났으며, 수천 년 동안 이어온 초밥 요리사란 직업이 위협받고 있다.

뿐만 아니라 우리 주변에는 이미 사라졌거나 사라져가는 일자리가 늘어나고 있다. 버스안내양은 이미 옛날 얘기가 돼버렸다. 선불카드와 후불카드 등장으로 2009년 지하철 매표원과 검표원이 사라졌고, 하이패스가 등장하여 톨게이트 징수원도 대거 사라지고 있다.

미국의 5개 주(캘리포니아, 네바다, 플로리다, 미시간, 워싱턴DC)는 이미 무인자동차 합법지역이고, 나머지 주도 허가 중이거나 준비 중이다. 이 상태대로 2025년에 무인자동차가 상용화되면 자동차 부품 제조, 딜러, AS, 사고처리 및 수리, 택시·트럭·버스의 기사, 보험, 주차, 운전학원 등 기술직, 전문직의 어떤 직업도 일자리 문제에서 자유롭지 못하게 된다. 또 캘리포니아주 대학병원을 포함하여 5개 대학병원의 조제실에서는 약사 대신 로봇이 약을 조제하여 포장까지 한다. 약사라는 일자리가 사라지는 것 또한 시간문제이다. 경제가 어려워서가 아니라 경제가 성장하기 때문에 일자리가 감소되고 사라지는 것이다.

과거에는 거의 모든 일을 수공업으로 했던 터라 경제가 성장하면 일자리도 비례하여 늘어났지만 정보화기술과 IT기술이 발달하면서 성장률과 고용율의 격차는 갈수록 커지고 있다. 과학기술이 발달할수록 일자리는 사라지고 일자리가 없을수록 IT관련 창업이 늘어나면서 새로운 기술을 개발하게 되는 악순환이 반복된다. 세계시장을 선도하기 위해서는 기술개발이 이루어져야 하니 필요악이라 할 수밖에 없는 현실이다.

세계 역사상 전례 없는 초고속성장을 한 중국도 일자리 딜레마에 빠져있다. 전 세계의 일자리를 블랙홀처럼 빨아들여 전 세계의 공장이 밀집해 있는 중국이 왜 일자리 고민에 빠졌을까? 그동안 수많은 공장이 들어서고 많은 일자리가 생기자 노동자들이 도시로 몰려들었다. 그러나 일주일에 6일, 하루에 14시간 넘게 일해도 노동자들이 버는 돈은 겨우 월 35만 원 정도의 저임금에 열악한 노동환경이 수면 위로 떠올랐다. 이러다 보니 노사문제가 커졌고, 회사가 내놓은 노동자들에 대한 대처방법은 바로 로봇이었다.

애플의 아이패드 등을 생산하는 중국의 폭스콘사는 3년 내에 로봇을 100만 대로 늘리기로 했다. 직원들이 대규모로 해고당하지 않을까 긴장감에 휩싸여 있는 가운데 공장을 폐쇄하는 기업이 속출하고 있으며, 해마다 15%식 오르는 인건비 등을 감당 못해 베트남으로 공장을 이전하고 있는 실정이다.

자동화시대의 큰 흐름 속에서 자기개발에 투자해야만 회사와 사회에서 도태되지 않고 살아남을 수 있는 시대가 되었다. 일인당 국민소득을 두 배로 늘리는데 미국, 일본, 영국은 30년이 걸렸는데, 중국은 10배나 빠른 3년 만에 이뤄냈다. 하지만 지금 중국의 노동자들은 언제 일자리를 잃을지 몰라 불안해하고 있다. 이것이 세계경제를 쥐락펴락하던 중국의 어려운 현실이다. 중국에서도 경제가 성장할수록 일자리는 사라지고 있다. 중국 기업들의 치열한 생존경쟁으로 이 속도는 더욱 가속화될 전망이다.

요즘 무엇보다 특수를 누리는 분야가 있다면 로봇생산 공장이다. 현재 플라스틱제품, 완구제품, 전자업계 공장의 대부분은 로봇을 이용해 생산하고 있다. 로봇은 24시간 일할 수 있고, 빠르고 정교하며 노사문제 걱정도 없다. 즉 인건비는 상승하는 반면에 직원들의 능력이 기계만큼 뛰어나지 못하다는 것이다. 기업의 효율성과 생산성 극대화가 만들어낸 일자리 자동화에 따라 사람이 할 수 있는 일은 점점 사라지고 있다. 지난 30년 동안 중국은 연평균 약 8% 정도의 놀라운 경제성장을 이루었지만 고용율은 단 1% 성장에도 미치지 못했다. 이것이 바로 세계 최대 경제대국 중국의 딜레마이다. 중국의 한 해 대학 졸업자가 749만 명 정도나 되다보니 10명 중 3명만이 취업이 가능한 실정이다.

우리나라도 중국만큼은 아니지만 눈부신 경제성장을 이룬 나라이다. 그런 우리나라의 상위 200대 기업의 지난 10년간(2004년 ~2014년 기준) 경제성장률은 두 배가 넘었으나 고용율은 단 2.8% 증가에 그쳤다. 기업이 잘되고 경제가 성장하면 일자리가 늘어난다는 말은 시대 흐름을 파악하지 못하고 미래 준비가 안 된 사람들이 하는 옛이야기가 되어버렸다. 효율성을 최우선적 가치로 삼아 달려왔고 효율성만 있으면 잘살게 될 것이라고 믿었지만 그 효율성이 일자리를 빼앗고 있다.

주식시장을 지배했던 펀드매니저나 자산관리사들이 초고속 컴퓨터와 트레이딩 알고리즘에 밀려나고 있다. 지금 미국 월가는 알고리즘이 지배한다. 알고리즘은 오늘 시장에서 어떤 일이 일어날지 광범위한 범위에서 살펴보고 현재 거래되는 수치 중 기록적인 수치가 무엇인지 살피면서 자동주문을 해준다.

일본의 소프트뱅크에서 개발한 페퍼로봇(Pepper Robot)은 사람의 감정을 인식할 수 있고, 식당이나 판매점에서 안내도 할 수 있다.

5. 20년 안에 사라질 직업

정보화기술과 기계자동화, 그리고 인공지능로봇산업의 발달로 인력이 많이 필요 없게 되어 20년 내에 사라질 수 있는 직업을 나열해보았다.

○ **펀드매니저**

이미 미국 월스트리트에서는 펀드매니저의 70%가 펀드알고리즘 프로그램으로 되어있다. 1초에 1500번의 거래를 하는 등 속도, 시장 파악, 자료수집 등에서 사람보다 훨씬 뛰어나 국내 금융권에서도 2015년 한 해에만 5만여 명이 일자리를 잃었다.

○ **약사**

의사의 처방전을 컴퓨터에 입력하면 그 처방전대로 약을 조제해주는 로봇시스템이 미국의 대형 대학병원에는 이미 상용화 단계에 있다. 일반 의약품도 환자의 증상들을 입력하면 그에 맞는 추천 약이 나올 수 있다. 지금까지 수십만 건을 조제했는데 잘못 나온 적이 단 한 번도 없었다고 한다.

○ 전기자동차와 무인자동차 시스템 상용화로 사라질 일자리

이미 자동차 조립을 대부분 로봇이 하고 있다. 전통식 엔진에서 전기차로 바뀌면 자동차산업의 일자리(엔진 부품 생산공장, 카센터, 정비공장 등)는 거대한 태풍을 몰고 올 것이다.

이미 구글에서 시험용으로 나온 무인자동차는 운전석이 아예 없다. 1초에 1~2기가바이트의 정보를 처리하므로 사람이 보거나 판단하는 속도보다 빠르게 반응하여 사고가 전혀 없게 된다. 무인 자동차가 상용화 단계에 이르게 된다면 여기에 종사하는 인력은 일부를 제외하고는 불필요하게 돼 실업자가 되거나 빨리 다른 일 자리를 찾아나서야 한다. 자동차 보험회사 역시 무인자동차 사고 율이 0%에 가깝기 때문에 사라지게 된다.

○ 비행기 조종사

현재 여객기 조종의 경우, 전체 운항시간의 90%가 자동운항으 로 이루어지고 있다. 기장이 필요한 이유는 오직 이륙, 착륙, 돌발 상황이나 기상악화 때문이다. 미래에는 모든 게 자동화되어 기장 이나 스튜어디스는 역사책에서 보는 직종이 될 것이다. 지금이야

여성들 사이에서 각광받는 직종이지만 엄밀히 말하면 비행기 스튜어디스도 버스안내양과 다를 바 없는 평범한 서비스 직종이다. 60~70년대는 조종석에 항법사 등 5~6명이 탔지만 현재는 2 명만으로 충분하고, 이 두 명도 이륙과 착륙 외에는 자동비행장치가 대신하고 있다. 이 추세라면 20년 이후에는 완전 무인시스템화가 될 가능성이 높다. 미국의 무인 스텔스기의 항공모함 이착륙 시험은 이미 성공했다. 미국에서는 이미 사람 대신 ATM 기계가 발권 수속을 해준다.

○ **변호사**

변호사의 가장 큰 업무가 법률, 판례 등의 자료수급과 전략수립이지만, 앞으로 알고리즘 프로그램을 사용하면 훨씬 뛰어난 법률 대리가 가능하기 때문에 이 프로그램대로 하면 자기 스스로 변호를 할 수 있다.

○ **물류·운송업종**

2012년 3월 18일, 세계 2위 물류기업인 UPS는 세계 물류시장의 지각 변동을 알리는 M&A(인수합병) 소식을 발표했다. 세계 4위 규모이자 유럽시장 점유율 1위 물류업체인 네덜란드의 TNT를 인수하였다. 바로 그 다음 날 메가톤급 소식으로, 세계적인 온라인 유통업체인 아마존이 물류센터 운영의 무인자동화 장비를 생산하는 키바시스템즈(KIVA SYSTEMS)를 7억 8백만 달러에 인수했다. 지금 아마존의 물류창고에는 로봇들이 사람보다 5배 정도 빠르고 정교하게 일하고 있다. 사람은 로봇이 가져다주는 제품을 포장만 하고 있다.

○ 신문기자(현장, 취재기자 제외)

이미 미국에서 스포츠 기사를 쓰는 알고리즘이 활약 중이다. 경기 결과와 내용을 취합하여 질 높은 기사를 수백 건씩 뽑아낸다. 캘리포니아의 지진 기사를 가장 빠르고 정확히 쓴 것도 사람이 아니라 프로그램이었다.

○ 번역가

지금도 대략적인 내용은 번역을 하지만, 앞으로 사투리나 속어 등도 충분히 번역 알고리즘이 매끄럽게 번역할 수 있다. 속도도 사람과 비교할 수 없을 정도로 빠르다.

○ 그 밖에 단순 작업, 자료 취급 등

지게차 기사, 트럭 운전수 등 단순노동 일자리부터 잠식하면서 전화상담원, 보험관리사, 세무사, 영업직군, 서비스 직종도 20년 전후로 존폐의 위기에 놓일 것이며, 이미 사라지고 있는 직업도 많기 때문에 전 세계적으로 고용율이 높아지지 않고 있다.

예상과 달리 블루컬러가 아닌 화이트컬러부터 사라질 것으로 보아 세계 각국이 당황해서 교육시스템을 개편하고 있다. 독일은 "위키피디아(Wikipedia. 전 세계 사람들 누구나 자유롭게 쓸 수 있고 함께 만들어 가는 웹을 기반으로 한 백과사전. 2001년 1월 15일에 지미 웨일스와 래리 생어가 공동으로 세운 비영리단체인 위키미디어 재단에서 운영하고 있다.)에 나오는 것들은 가르칠 필요는 없다. 창의력과 기계가 못하는 일을 가르쳐야 한다"며 교육 시스템 개편을 논의하고 있다. 많은 학자들과 경영자들이 현재의 교육시스템은 100년 전에나 필요했던 시스템이라고 주장한다.

앤드루 맥아피 MIT 디지털비즈니스센터 수석연구원은 "기술은 중산층을 사라지게 하고 양극화를 극대화할 것이라며 1%가 부의 대부분을 가질지도 모른다"고 말했다.

6. 인공지능시대의 미래

인공지능 로봇

앞으로는 모든 분야가 인간이 만들어 놓은 인공지능(AI, Artificial Intelligence)과 경쟁하는 시대에서 살아야 한다. 상상이 현실로 실현되는 인간을 닮은 인공지능시대가 다가오고 있어 반복적인 일을 하는 직업은 이제 끝났다. 인류의 적이 될지 편리성을 갖게 될지 모르는 두 얼굴을 가진 인공지능은 어떻게 진화할까? 하지만 이미 인공지능은 우리 가까이에 와있다. 세계적인 IT기업인 애플, 구글, 페이스북, IBM 등의 공통적인 화두는 인공지능 사업에 투자하고 있는 분야이다.

최근 3년 간 구글은 인공지능 관련 기업 17곳을 인수했다. 페이스북은 2015년 1분기에만 약 1조 2000억 원을 인공지능 연구에 투자했다. 이 금액은 페이스북 수익의 30%이다. 이들은 미래 산업의 중심으로 떠오른 인공지능 사업을 선점하기 위해서 치열한 경쟁을 벌이고 있다.

많은 과학자들은 인공지능이야말로 사람 가까이에서 일상에 가장 큰 영향을 끼칠 기술이라고들 말한다. 그렇다면 현재 인공지능의 기술 수준은 어디까지 와 있을까? 사람처럼 두 발로 걷고 양손을 자유자재로 움직이는 휴먼노이드 로봇과 군사작전을 수행하는 군사용 로봇, 동물의 형태를 모방한 빠르게 움직이는 반려 로봇, 사람의 감정을 이해하는 소셜 로봇까지 인공지능 로봇은 이미 다양한 분야에서 사람들과 함께하고 있다.

최근 미국의 한 벤처기업에서는 가정용 소셜 로봇(인간과 상호 의사소통하는 로봇)을 개발했다. 이 로봇은 가족들의 얼굴과 목소리를 인식하고 가족의 일원으로 사람들과 소통한다. 음악이 필요하면 음악을 들려주고 춤도 춰준다. 뿐만 아니라 메일을 대신 보내주기도 하고 받은 것은 로봇 화면을 통해서 보여준다. 그리고 요리 방법, 시간, 일정, 알람 등을 관리해주고 심심하지 않게 친구가 되어주기도 한다. 이 로봇은 일상생활에서 사용할 수 있는 무한한 잠재성이 있다. 2016년 초에 출시한 지보로봇의 가격은 약 80만 원이며, 2015년에 6,500대가 사전 예약되었다. 우리는 인간을 점점 닮아가는 이러한 인공지능 로봇과 일상을 함께하게 되었다.

로봇 덕분에 생활이 편리해진 것은 물론이고 전 분야에서 업무 효율을 향상시킬 수 있게 되었다. 이처럼 로봇의 사용영역이 넓어지다 보니 세계 인공지능 시장이 빠르게 성장하고 있다. 인공지능 로봇 시장 규모는 2013년 8억 달러에서 불과 2년 사이에 370억 달러(2015년)로 껑충 뛰었다. 전문가들은 2025년쯤에 인공지능 로봇의 시장 규모가 약 7조 원이 될 것으로 예상하고 있다. 사람처럼 생각하고 문제를 해결할 수 있다면 바로 그것이 인공지능이다. 하드웨어뿐만 아니라 형체가 없는 컴퓨터 프로그램 소프트웨어도 인공지능인 것이다. 인공지능은 창의적이고 고도로 숙련된 업무에까지 파고들어 활약하고 있다.

인공지능 기술로 앞으로 6개월 후에 유명해질 수 있는 스타가 누구인지, 누가 더 호감을 주는 배우인지, 어느 지역 출신을 더 선호하고 있는지 확인할 수 있다. 그리고 마케팅은 어떻게 할 수 있는지까지 복합적으로 데이터를 보여주고 캐스팅에 응용할 수 있고 미디어 영상에 응용할 수 있게 된다. 인공지능은 음악에서도 도전장을 냈다. 사이버가수로 인기를 모았던 일본의 한 악기 회사에서는 가사 입력만으로 노래를 작곡하는 인공지능 프로그램을 공개했다. 빠르기라든지 음계가 장조인지 단조인지 하는 옵션을 입력해야 노래를 만드는 것도 아니다. 완전히 새로운 곡도 만들 수 있다. 작곡에 대한 전문 지식이 없어도 된다. 가사를 입력하고 분위기만 입력하면 1분도 안 되어 작곡을 한다. 예술이라고 생각했던 것을 인공지능화해서 또 다른 창작을 준비하게 된다. 인공지능은 자연어를 완벽하게 이해해낼 수 있다. 1초에 책 백만 권 분량의 데이터를 학습하고 처리하는 능력을 가지고 있다.

그동안 외로움 등을 달래기 위해 반려동물을 많이 길러왔지만 이 또한 미래에는 가정용 인공지능 로봇으로 대체될 가능성이 크다. 반려동물은 인간과 대화가 안 되지만 가정용 인공지능 로봇은 대화도 가능하고 인간이 도달할 수 없는 영역까지도 대신해줄 수 있다. 청소는 물론이고 전화, 인터넷 검색, 일기예보, 요리를 원하면 레시피도 알려주며 노래방 기능은 기본이고 노래도 불러주고 춤도 출 수 있다. 심지어 센서감지로 밤낮으로 도둑도 지켜준다. 독거노인 가정에서는 위급상황이 발생하면 가족에게 실시간으로 동영상을 보내주고 119에 신고도 해준다. 이러한 생활형 로봇의 가격이 100만 원대 내외지만 이 또한 2020년쯤이면 저렴한 가격으로 각 가정의 필수품으로 자리매김할 것이다. 이렇게 된다면 아마도 반려동물 대신 가정용 로봇으로 구입하는 사람들이 많을 것으로 본다. 가정용 로봇은 반려동물처럼 밥도 안 챙겨줘도 되고 털도 날리지 않으며 대소변을 치울 필요가 없다. 가정용 로봇은 집을 며칠 비워도 관리해줄 필요가 없으며 인간을 즐겁고 행복하게 해줄 수 있는 것도 장점이다. 여기서도 반려동물 관련업종과 보안경비업체 등의 일자리가 줄어들 게 될 것임을 예상할 수 있다.

인공지능은 이제 요리와 의료, 금융, 스포츠, 디자인 등 전문 분야에까지 투입되어 인간의 업무를 대신한다. 옷을 코디해주기도 한다. 러시아에서는 인공지능이 쓴 소설이 베스트셀러가 되었다. 사람이 만들어낸 기계가 사람을 능가할 수 있을까? 미래에는 거의 모든 분야에서 인공지능이 사용될 것이다.

인공지능의 본질

인공지능이 인간의 일자리를 위협하는데, 과연 똑똑한 인공지능시대가 장미 빛 미래만 될 수 있을까? 일본의 나가사키에 2015년 7월 인공지능을 이용한 호텔이 세계 최초로 문을 열었다. 이 호텔은 70여 개가 넘는 방을 인간 대신 인공지능 로봇이 체크인과 체크아웃을 하고 있고 벨 보이 대신 로봇이 짐을 옮겨주고 방 안에 들어가면 작은 로봇이 손님들을 반겨준다. 방 안에는 작은 인형처럼 생긴 인공지능 로봇이 룸서비스와 날씨, 관광 명소 등을 안내해 준다.

인공지능은 인간의 생활에 깊숙이 관여할 수 있고, 따라서 인간과 함께 살아가야 하는 관계로 유지될 것 같다. 인공지능 로봇 호텔에는 경비와 청소를 제외한 대부분의 업무를 로봇이 담당하고 있다. 따라서 숙박비는 인근의 절반 수준이다. 일반적인 호텔의 경우는 인건비가 많은 비중을 차지하고 있다. 이에 따라 고심하던 차에 인건비를 절감할 수 있는 방법을 고민하다가 로봇호텔을 개업하게 되었다고 한다. 실제로 인건비는 약 절반 수준까지 줄일 수 있었으며 고객들에게 인기도 높다.

이처럼 인공지능이 인간의 일자리를 대신하고 있다. 로봇은 휴가를 가지 않아도 되고 잠을 잘 필요도 없으며 24시간 계속 일할 수 있다. 어떤 인간도 로봇처럼 일할 수 없다. 어린이 장난감을 만드는 로봇은 가격이 한화로 약 3천만 원이다. 이는 미국 노동자들의 평균 연봉보다 낮은 수준이며, 다양한 업무를 실수 없이 처리해낸다.

농업용 로봇도 이미 사용되고 있다. 씨를 뿌리고, 추수하고, 식물을 심는 등 모든 일을 하고 있다. 딸기농장에서는 디지털 시력을 통해 잘 익은 딸기만 따는 로봇이 있다. 눈비가 내리거나 강추위에도 일하는 데 아무 어려움이 없다. 이처럼 반복적인 일을 하는 분야에는 로봇이 대세가 되고 있다. 역설적이게도 점점 진화하는 인공지능은 육체적 노동뿐만 아니라 현존하는 거의 모든 일자리를 위협하고 있다.

이에 따라 가파르게 증가하는 미국의 산업용 로봇 수는 2000년 9만 대에서 2014년 25만 대로 약 3배로 증가했다. 이와 반대로 미국의 제조업 노동자 수는 정반대로 줄어들고 있다. 세계에서 가장 많이 노동력을 로봇으로 대체하는 나라는 대한민국이다. 2015년 기준으로 제조업 노동자 1만 명당 로봇 수는 약 400대이다. 그 다음은 일본으로 330대, 독일은 273대, 미국은 140대 정도이다. 이 숫자를 보면 로봇 강국인 일본과 제조업 강국 독일, 그리고 경제대국 미국보다 우리가 훨씬 높은 수치임을 알 수 있다.

사람과 인공지능 사이에서 단순히 일자리 경쟁만 시작된 것일까? 전 세계 유명인들은 강한 메시지를 던지고 있다. 빌 게이츠는 "인공지능의 힘이 세지면 인류에 위협이 될 수 있다"고 했고, 스티븐 호킹 박사는 "완벽한 인공지능의 개발은 인류의 종말을 불러올 수 있다"고 했으며, 엘 머스크는 "인공지능은 악마를 소환하는 일이다"고 말했다. 그러면 미래에 인공지능이 진화되면 인간과 전쟁을 벌이게 될까? 만약 컴퓨터가 스스로 생각하게 되는 순간, 그들은 인류를 멸망시킬 것이다. 두 얼굴을 가진 인공지능의 진짜 얼굴은 무엇일까?

일본 소니에서 로봇 강아지 장난감을 만들어 판매를 했는데 1999년 세계 최초 감성 지능형 강아지 로봇 '아이보'가 2014년 AS가 중단되자 이용자들이 로봇의 합동 장례식을 치렀다. 하지만 반대로 인공지능은 로봇을 가지고 놀던 인간이 죽으면 슬픈 감정을 느낄 수 있을까? 인간이 입력을 해두면 가능하겠지만 스스로의 감정은 나올 수 없을 것이다. 인공지능이 음악을 만들 수는 있지만, 예술의 아름다움에 대해서는 알지 못할 것이다. 아직까지 인공지능은 사람처럼 마음이 없고 자의식이 없기 때문이다. 단지 인간의 흉내를 내는 정도이다.

우리는 이미 인공지능 기술과 공유하는 시대를 살고 있으며 앞으로도 인공지능과 함께 살아가야 할 것이다. 변화를 두려워하거나 거스르는 것은 현명한 방법이 아니다. 그 변화에 대비하고 인공지능을 제대로 사용하여야 한다. 과거의 주판의 빈자리를 컴퓨터가 대신하고 있지만, 컴퓨터 발명으로 IT, 반도체, 게임 등 수많은 고부가가치의 산업이 등장했다. 이로 인해 우리 인류는 한 단계 더 도약할 수 있었다. 컴퓨터의 등장으로 일자리가 사라지지는 않았다. 수평 이동한 것으로 볼 수 있다. 하지만 미래의 인공지능 시대에 일자리가 수평 이동할 수 있을까?

인공지능은 중국의 스모그 해결을 위해 실시간 입체관측 자료, 기상위성 등의 빅데이터를 통합하고, 인공지능 기술을 결합해 정밀·장기예측·예보시스템을 개발 중에 있다. 지난 2011년 엄청난 희생자를 낸 후쿠시마 원전사고의 재난 상황에서 인공지능 로봇을 이용할 수 있었다면 큰 역할을 하여 피해를 최소화할 수 있었을 것이다. 하지만 인공지능, 그 기술의 중심에는 사람이 있다는 걸 잊지 말아야 한다.

인공지능을 경계하라

미래학자 레이 커즈와일은 '수확 가속의 법칙(Law of Accelerating Returns)'에 의하여 인류의 21세기의 발전은 20세기 발전의 천 배가 될 것이라고 한다.

"2050년의 세계가 상상도 못할 만큼 달라질 것이다"는 말을 사람들은 우습게 생각할지 모르지만 분명 이건 SF(공상과학영화)가 아니다. 역사적으로나 논리적으로 봤을 때 충분히 예상 가능한 부분이다. 2016년 3월 9일부터 5회에 걸친 인간 VS 인공지능의 바둑 대결에 전 세계의 이목이 집중되었다. 세계는 인공지능 알파고가 이세돌 9단을 4대 1로 이김으로써 놀라움과 경악을 금치 못했다. 알파고는 스스로 학습하며 지능을 키우는 딥러닝(deep learning. 사물이나 데이터를 분류하거나 군집하는 데 사용하는 기술을 말한다. 사람의 뇌가 사물을 구분하는 것처럼 컴퓨터가 사물을 분류하도록 훈련시키는 기계학습의 일종이다.)을 통해서 '세계 인공지능 대표주자'라는 입지를 구축한 셈이다. 이 바둑대회 결과를 지켜본 사람들은 당장 알파고 같은 인공지능이 우리 인간에게 어떤 영향을 미칠 것인지, 어떤 모습으로 얼마나 빨리 발전할 것인지, 또 인공지능과 인간이 공존하는 미래는 과연 행복할 수 있을지에 대한 궁금증을 토로하고 있다. 심지어 인공지능이 인간을 지배하게 되는 날이 오게 될지도 모른다는 막연한 두려움을 느끼게 된 것도 사실이다.

미래학자들은 앞으로 30~40년 후에는 알파고와 같이 특정 영역에 한정된 인공지능뿐만 아니라 다방면으로 인간의 지능을 능가하는 인공지능이 개발될 것이라고 경고한다. 이 예언을 믿는다면 우리는 어떤 준비를 해야 할 것인가? 공상과학영화에서 볼 수 있는 것처럼 자유의지를 가진 인공지능이 인간 사회를 지배하는 디스토피아가 정말 오는 것은 아닐까?

인공지능이 인간에게 던지는 숙제

이론 물리학자 스티븐 호킹 박사는 지난 2015년 5월 12일 '자이트 가이스트 2015 런던 콘퍼런스'에 참석해 "컴퓨터는 인공지능을 가지고 100년 안에 인간을 넘어설 것"이라고 발언했다. 이어 "이런 일이 발생했을 때 컴퓨터가 우리와 같은 목표를 가지고 있다는 점을 분명히 할 필요가 있다"라고 충고했다. 이것은 인간과 동일한 가치 지향점을 지닌 방식으로 인공지능 설계를 통제해야 한다는 의미로 읽힌다.

이번 바둑대결에서 보았듯이 인공지능은 현실이다. 이미 인공지능은 인간의 언어와 음성, 이미지를 이해하고 있으며, 인간보다 더 빨리 분석해내고 있다. 인간의 언어로 글을 쓸 수도 있고 대화를 할 수도 있다. 인공지능이 인간의 지능을 넘어서는 역사적 기점이 언제 도래할 것이냐에 대해서는 조금씩 견해를 달리한다. 하지만 많은 학자들이 그 날이 올 것이라는 것에 대해서는 조금도 의심하지 않는다. 인간이 생각하는 로봇을 만든다면 인류의 역사가 아닌 신의 역사를 바꾼 셈이 된다.

베스트셀러 《사피엔스》에서 인류의 미래를 예언한 이스라엘 히브리대 사학과 교수 유발 하라리는 한 인터뷰에서 "2100년이 되면 현생하는 인류는 사라질 것이다"라고 경고했다. 인공지능 알파고가 인간이 우위를 지키는 절대 영역으로 여겼던 바둑에서 인간 최강 이세돌 9단을 이긴 것은 신호탄에 불과한 것이다. 이제 인간은 유일하게 타고난 두 능력, 즉 육체와 지능 면에서 모두 기계에 뒤처지게 되었으며, 2050년엔 인류는 밥만 축내는 쓸모없는 존재로 전락할 수도 있다는 것이다. 이미 기술은 무섭게 진화하는데 인간은 전혀 대비가 안 되어 있다. 가장 큰 위협은 인공지능 기술이 인간에게 적응할 시간을 주지 않고 너무 빨리 진보하고 있는 것이다. 하라리는 가장 먼저 구직시장에서 인공지능의 도전에 직면할 것이라며, "30년 안에 지금 존재하는 직업의 50%가 사라질 것"이라고 경고했다. 최근 빌 게이츠, 엘론 머스크, 스티븐 호킹 등 많은 유명인들이 왜 인공지능을 경계하라고 호소하는지 깊이 생각해보아야 할 것이다. 우리가 풀어야 할 과제는 이미 주어졌다.

  -딥러닝(deep learning, 심화학습) 시스템
  -인공지능 분야의 뒤지지 않을 기술력
  -교육환경과 교육방법의 개선 등을 통하여 인공지능을 리드할 수 있는 경쟁력 있는 인재 양성

  앞으로 인공지능은 무한히 발전할 것이다. 만약 그렇게 되면 미래의 기차는 인간의 역에 정차하지 않고 갈 수도 있다(Train does not stop at the human station). 구글 딥 마인드의 데미스 허사비스가 설명했듯이 알파고의 기반 기술은 수십 년의 인공지능 기초 연구

의 결실이다. 최근에야 활성화된 소프트웨어 교육도 더 강화할 필요가 있다. 다음 세대부터는 인공지능의 원리와 알고리즘을 잘 이해하고 적절히 사용해 인공지능을 다스릴 수 있는 인재가 양성되어야 다양한 분야의 리더로 활약할 수 있다.

동물 중에 지능이 비교적 높다는 반려견은 어디까지나 인간의 통제 하에 주는 대로 먹고 잔다. 초인공지능이 존재하게 된다면 인류의 운명도 초인공지능에 의해 좌우된다고 경고한다. 초인공지능에게 명령하여 "인간을 웃게 만들어라"라고 한다면, 초인공지능은 어떻게 할까? 극단적으로 가정해본다면 전극을 사람 얼굴에 붙이고 계속 웃게 할 수도 있을 것이다. 상상만 해도 무서운 일이다.

따라서 인간이 인공지능에 대한 통제 기능을 마련하지 않고 급진적인 기술발전만 해나간다면 알파고와 같은 인공지능에게 인간이 당하고 만다는 강력한 경고 메시지를 명심해야 할 것이다. 우리가 초인공지능을 통제하고 있다고 자만해서는 절대 안 된다. 이를 해결하기 위한 정답 역시 개발자인 인간에게 달려 있다. 기본적으로 인공지능은 인간의 편이 되어야 하며 인간의 가치를 공유해야 한다. 따라서 '인공지능을 어떻게 만드느냐'가 가장 중요한 쟁점이자 핵심 가치이다. 결론적으로 초인공지능을 연구하는 개발자들에게 공학 윤리가 올바르게 심어져 있어야 하고, 그들의 윤리가 초인공지능에 반영되어야 할 것이다.

인간을 닮은 인공지능시대

2015년 1월에 개봉한 영화 〈엑스 마키나〉는 인간에게 묻는다. 만약 인공지능이 인간의 지능을 넘어선다면 인공지능 로봇을 인간으로 받아들일 것인가? 인공지능은 인간처럼 감정을 가지고 윤리적일 수 있을까? 그리고 양심을 가질 수 있을까? 인간의 지능을 넘어선 인공지능을 인간은 구분할 수 있을까? 이번에 알파고를 경험한 사람들은 인공지능이 보여준 현실에 적잖이 당황해하고 있다. 그건 영화 〈엑스 마키나〉 속 상황과 그리 달라 보이지 않기 때문이다.

결국 인공지능이 인간 사회에 녹아들어간다는 건 어떻게 이루어질까? 터미네이터처럼 인간을 물리적으로 억압하고 지배할까? 블레이드 러너나 에일리언처럼 인간들과 동등하게 섞여 살게 될까? 하라리는 "단도직입적으로 말하자면 2100년 이전에 현생 인류는 사라지고 인공지능에 밀려 무용지물로 전락한 인간들이 약점을 보완하기 위해 기계와 결합을 선택할 것"이라고 예언했다. 하라리는, 21세기 후반의 신인류는 생명을 창조하고, 정신을 통해 가상·증강 현실에 접속하며, 신체를 계속 재생해 사실상 불멸에 이른다며, 아마 2100년에 가장 활발히 거래되는 상품은 다른 무엇도 아닌 건강한 뇌, 피, 신체기관이 될 것이란 전망까지 내놓았다.

소름끼치는 말이지만 그는 태고부터 인류의 긴 역사를 살펴보면 현 세대는 이미 사회성과 지각 능력 등 인간성의 주요 특징을 상당 부분 상실했다며 이런 전망을 자신 있게 피력했다.

인간은 탄생에서 죽음이라는 자연법칙에서 죽음이라는 생물학적 현상을 지우려고 노력할 것이다. 진시황제가 그토록 찾아 헤맸다는 불로초를 현대의학이 곧 실현할 수 있는 날이 눈앞의 현실이 될 수 있고, 어렸을 때 보았던 〈은하철도 999〉의 주인공 철이처럼 영원히 죽지 않는 인간이 될지도 모를 일이다.

그렇다면, 인간도 로봇도 아닌 호모 사이보그가 된다 해도 인간이 인간성을 잃지 않으려면 어떻게 해야 할까? 하라리는 지금부터 마음에 대한 연구를 강화해야 한다고 했다. 신체·인지능력이 초인간이 되더라도 마음을 유지한다면 기계와는 확연히 다른, 지금처럼 따뜻한 감성을 가진 존재가 될 것이기 때문이다. 우리 몸과 뇌 연구에 천문학적 비용을 투자하는 것처럼 마음의 연구에도 공을 들여야 한다는 주장이다. 인간이 끝까지 인간다움을 간직할 수 있는 가장 핵심이 되는 비결은 바로 '마음'에 있기 때문이다.

2부
세계경제의 향방

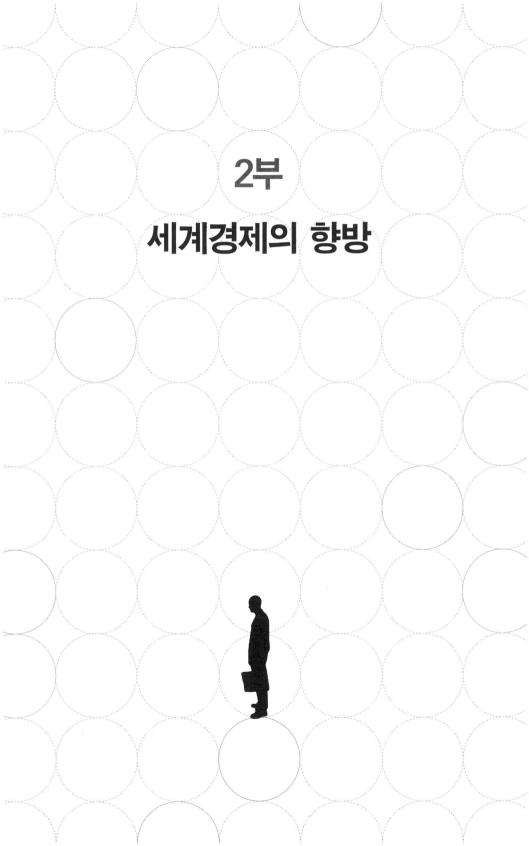

1. 4차산업혁명의 카운트다운이 시작되었다

대량생산에서 개인 맞춤형으로

세계는 지금 4차산업혁명을 준비하고 있다. 2016년 세계경제포럼(다보스포럼)의 화두는 "4차산업혁명이 쓰나미처럼 밀려올 것이며, 이는 생산에서부터 모든 경제 사회의 패러다임을 바꿀 새로운 산업혁명의 물결"이었다.

1차산업혁명은 증기기관 이용으로 대량생산의 기틀을 마련하였다. 2차산업혁명의 시작은 전기 동력의 대량생산으로 촉발되었다. 3차산업혁명은 컴퓨터 제어 자동화와 컴퓨터를 통한 제어시스템 고도화로 이루어졌다. 4차산업혁명은 모든 사물(제품, 설비, 인간 등)이 인터넷으로 연결되는 새로운 미래이다.

4차산업혁명의 패권을 두고 선진국들의 행보가 빨라지고 있다. 제조와 디지털이 핵융합을 일으키고 있는 미국은 4차산업혁명의 강력한 진원지가 되고 있다. 제조업과 ICT(정보통신기술. Information and Communications Technologies)의 결합은 열린 사고방식으로 바꿀 것을 요구한다. 기존의 판매 방식은 미리 똑같은 사양의 상품을 대량생산하여 판매했지만, 새로운 판매 전략은 고객의 요구에 맞추어 적합한 제품을 즉시 생산하게 된다.

바야흐로 대량생산 체제에서 개인 맞춤형 시대로 변화하고 있다. 그동안 고객 맞춤형 제품은 기업이 아닌 장인들만의 몫이었는데 소비자 욕구가 다양해지면서 기업들도 고객의 취향 변화에 맞추어 다양한 디자인과 첨단 기술로 대응하고 있다. 제조 방식과 디자인을 실시간으로 변경할 수 있기 때문에 아무리 적은 양이라도 생산이 가능하다.

미래의 제조업 공장에서는 인공지능과 자동화 속에서도 인간이 일부 보조 역할을 하는 사물인터넷이 출현한다. 그 결과 제조업과 컴퓨터 과학의 통합 가능성이 확연히 드러나게 된다.

사물인터넷시대와 스마트팩토리

무선호출기에 이어 스마트폰이 대략 2010년부터 상용화되기 시작했지만, 이미 스마트폰 관련 기술은 포화 상태에 이르렀다. 즉 스마트폰이 사물인터넷으로 넘어가고 있는 것이다. 그동안 무겁게 들고 다니고 주머니에 넣어 다니던 스마트폰을 필요 없게 만드는 것이 바로 사물인터넷이다. 그래서 구글, 애플, 아마존, 삼성 등 글로벌테크 기업들이 앞다퉈 진출하는 중요한 기술이 사물인터넷 기술이다.

사물인터넷이란 모든 물건이 컴퓨터가 되어서 인터넷에 연결되는 IT기술로서 2016년 이후 가장 뜨겁게 부상할 트렌드이다. 다가올 미래는 모든 공간과 사람이 인터넷으로 연결된 시대에서 살게 되어 사람이 공연장 옆으로만 걸어가도 필요한 공연정보를 알수 있다.

축적된 빅데이터를 기반으로 IT기술과 새로운 시너지효과를 내면서 사물인터넷은 더욱 진화할 것이고, 스마트폰 시장은 이제 서서히 막을 내릴 것이다. 사물인터넷 기술은 우리 일상의 변화를 바꾸게 될 것이다. 사물인터넷 생활밀착형 서비스들이 탄생하면서 그동안 스마트폰으로 불편했던 것들이 모두 사물인터넷으로 바뀌게 된다. 앞으로는 인터넷에 연결되지 않은 사물과 공간은 철저히 고립하게 되고 무너질 것이다.

제조와 정보통신의 기술 융합으로 탄생할 4차산업혁명은 기술 주도국에서는 이미 시작되고 있는 미래이다. 여기서 데이터는 4차산업혁명의 소중한 에너지가 되어 고객 한 명 한 명의 데이터로 원하는 제품을 파악하며, 생각하는 공장이 데이터를 통제하며 고객 맞춤형 생산을 하면 그 산업은 강력한 경쟁력을 갖게 된다. 그러면 고객은 자기에게 맞는 제품과 서비스를 제공받을 수 있다.

사물인터넷시대에 폭발적으로 성장하는 분야가 바로 센서이다. 센서는 감각이 없는 사물에 눈, 코, 귀, 피부와 같은 역할을 부여해 분별력을 갖게 한다. 그리하여 단순한 주변 상황 감지에서부터 신체 정보, 사용자 행동, 감정 인지 등 핵심 센서의 기능들을 수행하고 있는데 갈수록 정밀해지고 소형화되고 있다. 주요 선진국들의 센서 기술을 100으로 봤을 때 우리나라는 64 정도 수준으로 핵심 부품 소재 기술면에서 한참 뒤처져 있다. 센서는 사물인터넷의 핵심 요소로서 데이터 연결을 가능하게 한다. 사물인터넷시대가 다가오면서 센서 기술은 향후 몇 년간 눈부시게 성장할 것이다.

앞으로 4차산업혁명을 받아들이지 않고 지금까지 해오던 식으로 계속하는 기업들은 문제가 생길 것이고 몇 년 후에는 버텨내기 힘들어질 것이다. 제조업 강국인 일본과 독일은 2011년부터 4차산업혁명을 준비하기 시작했다. 일본은 산업용 로봇으로, 독일은 소프트웨어와 접목한 스마트팩토리를 계획하고 있다. 스마트팩토리는 공장 내 설비와 기계에 센서가 설치되어 데이터가 실시간으로 수집, 분석되어 공장 내 모든 상황들이 일목요연하게 보이고, 이를 분석해 목적한 바에 따라 스스로 제어되는 공장을 말한다.

미국은 가장 빠르게 4차산업혁명으로 진입하고 있는 나라이다. 세계적인 플랫폼 기업들, IT융합형 제조기업 GE를 앞세워 핵심 제조업에 패권을 노리고 있다. 전 세계 제조업 분야 CEO들은 2020년 미국이 중국을 제치고 제조업 경쟁력 순위에서 다시 1위를 되찾게 될 것으로 전망했다. 2015년 현재 제조업 경쟁력 순위는 중국, 미국, 독일, 일본, 한국, 영국, 대만 순이지만, 2020년 이후 제조업 경쟁력 순위는 미국, 중국, 독일, 일본, 인도, 한국, 멕시코 순으로 바뀔 것으로 예상하고 있다.

중국은 2012년부터 공장 자동화를 시작했는데, 눈에 띄는 것은 사람이 할 때보다 생산량이 훨씬 증가하고 불량품 발생률도 낮아졌다는 것이다. 이에 발맞추어 중국 정부는 '제조업 2025' 전략을 발표했다. 전국 공장을 로봇과 컴퓨터를 통해 단계적으로 자동화하는 방안을 모색하고 지원하는 것으로, 이는 스마트팩토리를 차차 진행시키겠다는 계획이다.

전통 제조업의 위기 속에서 세계의 기업들이 생산성을 높이기 위해 선택하는 것이 스마트팩토리이다. 그러므로 미래는 누가 혁신을 주도하는가에 따라서 승패가 결정된다. 사람과 기계가 협업하여 일하는 방식을 바꾸고 있는 것이 스마트팩토리이다. 첨단기술에 기반을 둔 혁신을 하지 못하면 영원히 뒤처질 수밖에 없는 게임이다. 제품의 혁신을 넘어 제조방식의 혁신으로 범위를 넓혀야 한다.

오늘날 대한민국의 성취는 혁신에서 비롯되었다. 화학섬유로 수출대국의 길을 열었고 세계가 시기상조라고 외치던 1973년 포항제철 준공으로 산업의 꽃을 피웠다. 이는 제조업 강국의 씨앗이 되었다. 이러한 철강산업의 바탕 위에 자동차산업을 비롯하여

1973년 울산조선소 완공과 거제조선소 등의 건설로 세계 선박시장을 제패했다. 1992년에는 세계최초 64MD램을 개발하며 세상을 놀라게 했다. 이는 IT 강국의 신호탄이 되었다. 그리고 지금까지 IT 강국의 반열에 올라있다.

전 세계 5위의 제조 강국이며 최고의 IT 인프라를 갖춘 한국, 하지만 아직도 미래 산업의 패러다임을 찾지 못해 우왕좌왕하고 있다. 4차산업혁명의 카운트다운이 시작된 지금, 선도 국가가 되기 위해서는 과감한 투자가 필요하다. 하지만 과거의 성공 모델이라는 타성에 빠져 안주하면 엄청난 대가를 치르게 될 것이다. 하루 빨리 4차산업혁명을 준비하고 동참해야 밝은 미래를 보장받을 수 있다.

2. 부활하는 미국 경제

2008년 세계금융위기

2008년 세계금융위기는 미국의 금융시장에서 시작되어 전 세계로 파급된 대규모의 금융 위기 사태를 통틀어 이르는 말이다. 1929년의 경제 대공황에 버금가는 세계적 수준의 경제적 혼란을 초래했다. 이로 인해 미국뿐만이 아니라 국제금융시장에 신용 경색을 불러왔다.

리먼 브라더스(1850년에 설립된 전통 있는 미국의 국제금융사)를 파산하게 하고 세계금융위기를 불러온 서브프라임모기지론(subprime mortgage loan)은 미국의 비우량주택담보대출이다. 이 대출은 신용도가 일정 기준 이하인 저소득층 사람들에게 제공되는 부동산 담보대출이다. 서브프라임은 미국의 신용등급 중 가장 낮다. 신용도가 낮아서 금리가 높고 부동산을 담보로 채권을 발행하게 된다(신용도에 따라 프라임(우량), 알트-A(중간), 서브프라임(비우량)으로 나뉜다).

2006년 당시 서브프라임모기지론은 전체 대출 규모의 20%를 차지할 정도로 큰 인기를 얻었지만, 문제는 대출을 받은 사람들이 대출금을 갚지 못하는 상황에서 발생했다. 2007년에 연체율이 13%에 달하게 되면서 미국 주택시장 침체로 큰 위기에 직면했다. 집값이 하락세로 돌아서고 기준금리가 오르면서 이자 부담이 커진 저소득층이 원리금을 제때 갚지 못하게 되었다. 이로 인해 세계적인 대형은행이 파산하면서 연계된 기업과 은행들도 연이어 부도를 맞기 시작했다. 이로 인해 서브프라임모기지론 피해 금액은 5,300억 원에 달했다.

미국은 2008년 최악의 세계금융위기와 경제 불황을 겪으며 기준금리를 7년 동안 0%에 가깝게 유지해왔지만, 경기회복으로 자신감을 다시 찾으면서 2015년 12월 7년 만에 처음으로 기준금리를 올렸다. 추락하던 경제가 다시 부활하기 시작했다. 그리고 그 부활의 중심에는 강한 경쟁력으로 다시 태어난 제조업이 있었다. 그동안 매년 14만 개의 일자리를 잃고 있다가 2015년부터는 약 1만~2만 개의 일자리가 창출되었고, 소비 증가로 이어졌다. 해외로 나갔던 공장들이 다시 미국으로 돌아왔고, 위기였던 자동차산업이 첨단산업으로 무장하면서 다시 살아났다.

여기에는 불황을 딛고 일어선 미국 경제의 저력이 숨어 있다.

혁신과 기업가 정신으로 무장한 미국의 첨단산업과 국제 에너지 시장에서 강력한 힘을 가지게 해준 셰일오일에 힘입어 세계의 주도권은 다시 미국으로 향하고 있다.

금융위기로 직격탄을 맞았던 주택 시장이 되살아나면서 부동산 열기도 뜨겁다. 금융위기 이후 망설이던 사람들이 너도나도 집을 구입하고 있다. 2015년 미국 주택시장은 2008년 보다 부동산 가격이 두 배 이상 계속 오르고 있다.

세계금융위기의 진원지였던 맨해튼 도심은 그 어느 때보다 화려하다. 일자리가 늘어나고 소득이 증가하면서 그동안 허리띠를 졸라매었던 시민들이 지갑을 열고 있다. 민간 소비 지출도 금융위기 이전 수준으로 회복되었다. 미국 경제는 2011년 이후 매년 약 3% 정도 꾸준히 성장하고 있다. 실업률도 5.1% 정도였지만 2015년에는 거의 완전고용 수준이었다.

Made in U.S.A.

요즘 미국 국민들은 자국민에게 일자리를 더 제공하기 위해 'Made in USA'라고 쓰인 상품을 많이 구입하고 있다. 사실 미국인들은 실용적이고 합리적인 소비를 하는 편인데 이런 소비자들이 변화하고 있는 것이다. 장기적으로 볼 때 미국에서 생산한 상품을 소비해야 가족, 지역사회, 나아가 국가의 미래가 밝아질 것이라고 인식하고 있다.

미국 전역으로 번지고 있는 Made in USA 열풍은 보스턴 컨설팅의 조사자료에 잘 나타난다. 자국 생산품 선호도 조사결과를 보면 미국이 1위인 80%이고 그 다음으로 독일 67%, 프랑스 63%, 중국 61% 순이었다. 그리고 Harris Interactive의 조사에 의하면 Made in USA를 선택하는 이유를 묻는 질문(복수응답)에서 미국 소비자들의 90%가 '미국 내 일자리 창출'이었고, 그 다음 순서로 '미국 기업에 대한 지지', '비미국산제품의 품질과 안정성 우려' (83%), 마지막으로 '애국심'(76%)의 순이었다.

이 결과를 보면 일자리를 지키는 것이 무엇보다도 중요하다는 사실에 모두가 공감하고 움직이기 시작한 것인데, 이 공감의 힘은 미국 사회의 크고 작은 일들을 만들어내고 있다. 뉴욕 맨하탄 인근의 브루클린 도심 한가운데 낡은 건물들이 방치돼 있다. 이곳은 한때 미국 의류의 95%를 생산했던 지역이지만, 현재는 3%만을 생산하고 있다. 그러나 뉴욕시의 노력으로 작은 변화가 일어나고 있다. 외국으로 떠났던 기업들을 불러들이고 자발적으로 돌아오고 해서 제조업 분야의 제2의 전성기를 맞고 있다.

2015년 월마트는 미국 내 제조업자들을 불러 모았는데, 이는 제품을 만드는 생산업체를 새로운 협력사로 선정하기 위해서였다. 월마트는 제조업은 중산층을 위한 좋은 일자리로 꼭 필요한 것이라고 밝혔다. 미국 유통업계 1위 기업인 월마트가 일자리 창출을 위해 Buy America 캠페인으로 2023년까지 미국산 제품을 구입하는 비용으로 2,500억 달러(290조 원) 투자를 약속했다. 월마트의 영향으로 미국의 작은 마을인 번햄에도 일자리가 생겨났다. 장난감 집을 만드는 한 기업이 낮은 인건비의 중국을 포기하고 60년 만에 미국으로 생산기지를 옮겨왔다.

리쇼어링(Reshoring) 현상, 즉 해외에서 자국으로 돌아오는 기업들이 많아졌다. 월마트는 자신들의 납품업체 40여 곳이 미국으로 돌아왔다고 한다. 기업이 아무리 많은 이윤을 남긴다 해도 일자리가 없다면 물건을 살 수 있는 소비자도 사라지기 때문에 결국 월마트는 자신들의 소비자를 지키기 위해 일자리에 투자한 것이다. 매뉴팩처링닷넷의 설문조사에 따르면 미국 기업들의 리쇼어링 이유를 물었더니, 1위가 품질관리, 2위는 미국 내 일자리 창출, 그다음으로 중국의 인건비 상승과 중국 회사와 협업의 어려움 등이었다.

2차 세계대전 이후 미국은 세계 제조업의 최강국이었다. 1990년대까지만 하여도 세계 제조업 시장에서 30% 이상을 차지했지만 1991년부터 2011년까지 약 20년 간 미국 제조업은 급격히 약화되었다. 제조업 대신 굴뚝 없는 산업인 금융업이 각광을 받았기 때문이었다.

금융산업이 미국 경제에 엄청난 부를 안겨주는 동안, 제조업은 한국과 중국 같은 신흥국에서 저렴하게 생산할 수 있으니 그다지 신경 쓰지 않았다. 하지만 2008년 세계금융위기 이후 미국인들은 금융업의 과도한 성장과 제조업의 약화가 경제를 위태롭게 하고 일자리를 줄어들게 한다는 사실을 깨달았다. 오바마 정부는 미국 경제의 새로운 엔진은 제조업이라고 제조업 강화 정책을 시행했다. 제조업을 일으켜서 일자리를 늘리자는 의미였다.

미국 역사적으로 보면 제조업은 특별한 교육을 받지 않고도 대거 중산층으로 편입하는 수단이 되어왔다. 이것을 다시 깨닫게 된 것은 그동안의 경제정책 실패를 인정하고 현 시대에 맞는 경제정책으로 빨리 전환할 수 있는 정부의 강력한 정책적인 뒷받침이 있었기 때문이다. 과감한 감세 정책을 기반으로 해외기업을 유치했기에 미국 남부는 제조업의 허브로 성장하고 있다. 하루에 500편의 화물기가 다닐 수 있는 세계 최초의 산업전용 공항도 연방정부의 지원으로 운영 중이다.

셰일가스

추락하던 미국 제조업이 다시 되살아난 비결은 무엇인가? 경제위기를 극복하고 강력해진 모습으로 떠오르는 미국의 부활 그 저변에는 100년 이상 공급 가능한 검은색 황금, 천연셰일가스와 석유가 있었다.

2014년만 하여도 미국인들은 기름값이 비싸 카풀 등으로 차량을 공유하기도 했다. 2015년 미국의 기름값은 1년 사이에 절반으로 하락하였다. 기름값이 하락하니 자동차 판매량이 증가했다. 미국 경제에 활력을 불어넣고 있는 에너지 붐은 셰일가스와 셰일석유에서 시작되었다. 셰일가스와 셰일석유는 침체되었던 미국 경제를 부활시킨 원동력이 되어 팍스 아메리카나(Pax Americana. 팍스 아메리카나는 로마 제국의 팍스 로마나, 영국 제국의 팍스 브리타니카와 같이 세계적 패권 국가로서의 미국을 비유하는 데 쓰인다.)로 부상하게 되었다. 셰일의 존재는 130여 년 전부터 알려져 왔지만 미국에서 개발 기술이 상용화된 것은 약 2007년부터였다.

그동안 석유 소비의 70% 이상을 수입에 의존해온 원유 최대 수입국 미국이 셰일가스와 석유를 생산하면서 70% 이상을 자국에서 생산하는 나라가 되었다. 2013년부터 국제유가가 폭락하기 시작했고, 2015년부터는 석유 수입이 1/3 이하로 떨어졌다. 미국 전 지역의 곳곳에 셰일가스전이 있으며 육지에서는 수직으로 약 2km와 수평으로 약 2km 뻗어서 생산하고 있다. 미국은 셰일석유 매장량이 세계 2위로 58조 큐빅비트이고, 셰일가스 매장량은 세계 4위로 665조 큐빅비트이다. 미국의 셰일 개발은 혁명이라는 말로 설명될 정도로 셰일가스 생산량이 2007년부터 매년 50%씩 성장했다. 2013년 미국은 러시아를 제치고 최대 에너지 생산국이 되었다.

이 모든 성과는 미국의 셰일시추법의 기술개발과 혁신이 있었기에 가능했다. 전통적인 원유 시추는 땅속에 시추해 퍼 올리면 되지만 셰일은 셰일 암석층에 원유와 가스가 넓게 퍼져있어 고도의 기술이 필요하다. 지하 수천 미터 아래에서 이루어지는 시추 작업에는 여러 새로운 첨단 기술이 필요한데, 이 기술을 미국만이 가지고 있는 덕분에 연관 산업이 매년 증가하고 있고 활기를 띠고 일자리가 늘고 있다. 셰일 개발로 새로운 도시가 생겨나고 이로 인해 건설과 서비스 등 모든 업종에서 일자리가 늘어나고 있다.

셰일석유 생산으로 에너지 가격이 떨어지면서 천연가스를 원료로 하는 기업들에게 큰 이익이 돌아가고 있다. 이것은 새로운 장비 때문에 효율성이 좋아진 측면도 있지만 석유가 플라스틱의 주원료로 쓰이기 때문에 유가 하락이 플라스틱 가격에 큰 영향을 끼쳐 생산 단가가 낮아진 것이다. 셰일혁명은 제조업 부활의 견인차 역할을 톡톡히 하고 있다. 셰일가스로 발전소도 달라지고 있다. 오래된 석탄 발전소를 철거하고 대신에 가스 발전소를 건설하고 있다. 현재처럼 유가가 낮아진다면 에너지 소비가 증가할 것이고 연관되는 모든 산업에 수요가 계속 증가하여 일자리와 경제 활성화에 큰 도움이 될 수 있기 때문이다. 셰일혁명은 고용을 늘렸고 부가가치를 창출했으며 설비 투자를 늘리면서 산업 경쟁력을 근본적으로 바꾸어 놓았다. 전문가들은 셰일혁명이 향후 20년 동안 6천억 달러의 경제적 이익을 가져다줄 것이라고 말한다. 추락하던 미국의 경제를 부활시킨 것은 셰일석유와 첨단기술이 제조업과 결합하여 가능하게 되었다. 금융위기 이후 제조업이 일자리를 만드는 데 얼마나 중요한지를 깨달은 미국은 달라진 제조업으로 미국 경제의 부활을 이끌며 다시 질주하기 시작했다.

중동 석유로부터의 해방

1973년 중동전쟁은 세계경제를 바꿔놓은 중요한 사건이었다. 이스라엘과 아랍 사이에서 일어난 제4차 중동전쟁에서 서방국가들이 이스라엘의 손을 들어주자, 오펙회의에서 아랍의 주요 수출국들은 원유 가격을 인상하겠다고 발표했다. 석유를 정치적인 무기로 사용하겠다는 의미가 담겨 있었다. 원유 가격은 1970년 3.18달러, 1974년 6.87달러, 1979년 오일쇼크 때 36달러, 이후 약 20년간 안정세를 보였다. 2002년(25달러)부터 급등하기 시작하여 2007년 97달러, 2011년 리비아 내전으로 110달러 이상까지 올랐다가 2013년부터 급락하기 시작했다. 2015년 12월 14일 34.53달러로 30달러가 무너질 위기에서 상승하여 2016년 10월 48달러대를 유지하고 있다. 석유를 중동에서 사왔던 석유 수입 국가들, 특히나 미국은 에너지 자원으로부터 자유롭지 못했고, 엄청난 경제적 타격을 받았다.

하지만 셰일은 미국에게 새로운 힘을 주었다. 2015년 OPEC은 석유 감산 합의에 실패했고, 국제유가는 OPEC 발표 이후 곤두박

질쳤다. 미국도 OPEC도 석유 감산을 하지 않는 치킨게임(누구 하나 죽을 때까지 가는 것)으로 국제유가는 30불까지 하락했다. 미국의 셰일가스 업계는 몸을 웅크리고 있지만 자본만 충분하다면 도리어 기회가 될 것이다. 미국의 셰일업계는 국제유가가 곧 회복될 것이라고 예상하고 있다. 또한 시추기 숫자는 반으로 감소했지만(2014년 6월 1931개에서 2015년 7월 875개로 감소) 기술력 향상으로 생산량은 오히려 늘어났다. 전문가들은 셰일산업이 자본 집중, 기술 진보, 업계 통폐합 등으로 더 강력해질 것이라고 내다봤다. 그렇다면 석유 생산 단가는 더욱 벌어지게 될 것이다.

중동석유가 30달러 대를 유지하면서 미국을 포함한 많은 산유국들이 고전하고 있지만, 전문가들은 셰일가스로 인해 2020년까지 미국에서 60만 개의 일자리를 만들어낼 것이라고 한다. 미국 안에서 생산되는 막대한 셰일가스와 셰일원유로 미국은 세계 에너지시장에서 가격 결정자가 되었다.

○쿠바와의 국교 정상화

2015년 7월 미국은 무려 24년 만에 쿠바와 국교를 정상화했다. 버락 오바마 미국 대통령이 2016년 3월 21일 쿠바를 방문했다. 미국 대통령이 오랜 적대국 쿠바를 방문한 것은 1928년 캘빈 쿨리지 대통령 이후 88년 만이자 양국이 수교를 재개 선언한 지 15개월 만에 이루어졌다. 그동안 쿠바가 미국에게 문을 걸어 잠글 수 있었던 것은 베네수엘라로부터 10년 가까이 석유를 원조 받아왔기에 가능했다. 하지만 셰일혁명으로 베네수엘라 경제가 흔들리자 미국과의 경제 교류가 절실해졌던 것이다. 미국과 쿠바는 세계의 더 나은 미래를 위해 과거 불편한 관계를 청산하기로 했다.

이란과의 핵 협상도 13년 만에 타결되었다. 핵 협상엔 주요 6개국이 참여했지만 이를 주도한 것은 미국이었다. 셰일혁명으로 인한 유가 하락이 이란을 협상에 나서게 했다.

○ 러시아의 경제 위기와 셰일가스

러시아는 그동안 풍부한 석유와 천연가스를 바탕으로 경제성장을 이룩했다. 그러나 미국 발 셰일혁명으로 러시아 경제는 직격탄을 맞았다. 러시아는 경제 위기와 루블화 불안으로 지하철 공사가 중단되고, 거리 곳곳에선 국가가 주도하는 시설들이 멈춰 있다.

러시아 국민들은 경제가 어려워지자 지갑부터 닫았고, 물가는 계속 오르면서 체감 경기가 계속 나빠지고 있으며 임금조차 많이 체불되고 있다. 러시아에 진출한 대기업들은 속속 철수를 결정하고 있다. 한때 2,000명이 일했던 펩시공장도 6개월 동안 공장 문을 닫았다. 주가 하락으로 러시아 경제가 하락하면서 더 이상 물건이 팔리지 않기 때문이다.

재정 수입의 절반 이상을 석유와 천연가스로부터 얻고 있는 러시아가 미국의 셰일 개발로 국제유가가 떨어지면서 경제가 흔들리고 있다. 러시아의 GDP는 국제유가 하락에 맞춰 2011년도부터 꾸준히 떨어지면서 2015에는 마이너스 GDP추이 마이너스(-3.8%) 성장을 기록했다. 총과 무력으로 제압하지 못했던 국가들을 미국의 셰일오일이 무릎을 꿇린 셈이다.

○브라질의 경제 위기와 셰일가스

자원의존도가 높은 브라질은 국제유가 하락으로 고전을 면치 못하고 있다. 유전 개발비가 가장 비싼 심해유전이 많기 때문이다. 브라질의 경제가 사회민주주의 정당인 노동자당 출신 대통령들을 거치면서 속절없이 추락하고 있다. 불과 몇 년 전만 해도 브라질은 세계 투자가들이 앞다퉈 달려오던 곳이었다. 중국 경제의 감속이 세계경제에 우려를 던진다면, 브라질 경제의 악화는 지구촌에 위협을 가한다. 브라질의 경제는 25년 만에 최악의 경제성장률(2015년 -3.8%)로 급격히 둔화되고 실업률이 8%로 증가했다.

경제가 호황이었던 2000년대에 당시 룰라 대통령은 재정을 투입해 수많은 사회적 지원 사업을 벌여 빈부 격차를 줄일 수 있었다. 'BRIC(브라질 · 러시아 · 인도 · 중국)'이라는 용어도 그때 생겼다. 이후 이 용어는 남아프리카공화국이 추가돼 BRICS로 확대되었다. 룰라와 호세프 치하에서 2000년대의 호황을 등에 업고 브라질은 지출과 차입을 계속했다. 쉽게 말해 브라질은 '복지후생의 덫'을 만들어 그 속에 스스로를 가두었다. 복지후생이 결정적으로 불리한 면은 그런 사업을 한번 시행하고 나면 되돌릴 수 없다는 것이다. 브라질의 경우 복지후생 사업이 국가예산의 75%를 잡아먹었다. 이 예산은 노동자당의 텃밭인 북부의 가난한 주들에 뿌려졌다. 여기에다 예산의 나머지 25% 가운데 상당 부분이 브라질의 불어난 부채에 대한 이자로 나갔다. 그러다 갑자기 유가 폭락이라는 복병이 산유국 브라질에 찾아왔다. 이와 거의 때를 같이 해 브라질의 최대 교역 상대국인 중국이 브라질 천연자원 수입을 줄이기 시작했다.

○베네수엘라의 경제 위기와 셰일가스

석유매장량 세계 1위로 축복 받은 자원부국 베네수엘라는 한때 1인당 구매력이 미국에 버금갔다. 그러던 이 나라가 극심한 경제난에 휩싸이게 된 데는 두 얼굴을 가진 석유가 있다. 어떤 나라에게는 석유가 부를 가져다주지만, 어떤 나라에는 빈곤을 가져다준다. 남미의 최대 산유국 베네수엘라에서 생필품을 구입하기란 너무 어려운 것이 현실이다. 이 때문에 암거래상이 판을 치고 있다. 생필품의 70%를 해외에서 수입하는 이곳은 그중 몇몇 품목은 국영상점에서만 구할 수 있다.

화폐 가치도 떨어져 베네수엘라 돈은 도둑도 안 훔쳐 간다는 말이 있을 정도이다. 7천 볼리바르는 15일 간의 봉급이지만 한국 돈 만원밖에 안 되는 돈이다. 닭 한 마리와 밀가루 한 봉지면 끝이다.

2015년 실업률은 14%에 빈곤층은 73%나 된다. 박봉에 그 돈으로 별로 쓸 것도 없지만 그런 일자리라도 구하기 위한 경쟁이 치열하다.

그동안 베네수엘라에는 석유가 있었기에 매 정권마다 미국에 대항하면서도 경제가 유지될 수 있었다. 베네수엘라에 낮게 매장된 원유는 초중질유로서(석유는 액체에 가까운 경질유와 끈적끈적한 초중질유가 있다.) 고체에 가까워 시추가 어렵기 때문에 석유 가격이 배럴당 70달러가 넘어야 경제성이 있다. 그동안 국제유가가 높았을 때는 상품성을 인정받았지만 셰일가스가 생산되면서 생산비가 높은 베네수엘라의 석유는 상품성이 떨어졌다. 그 전에는 미국에서 현금결제를 해가며 수입하던 것이 셰일가스 등장으로 수입을 하지 않게 되었다.

유가가 급락하면서 세계 5번째 산유국 베네수엘라 경제는 벼랑으로 내몰리고 있다. 그동안 석유생산 공장에서 일하던 직원들은 일자리를 잃었고 연관된 모든 직종들이 직격탄을 맞고 있다. 2014년부터 세계 최대 인플레이션 국가로 치닫고 있어 공장들은 외국에서 원료를 수입을 해와야 하지만 달러가 없어 수입을 못해 많은 공장들이 문을 닫고 있다. 자동차산업이나 의약산업, 식료품산업도 힘든 실정이다. 급여는 예전 수준이지만 급격한 물가상승에 불안한 치안으로 시민들은 이중으로 고통받고 있다. 한때 베네수엘라 경제의 축복이었던 원유가 이제는 독이 되고 있다.

테슬라 전기자동차

엔진이 없는 자동차, 테슬라는 모터와 배터리로 움직이는 순수 전기자동차이다. 자동차 내부에는 17인치 터치스크린에서 인터넷까지 갖춘 첨단 디지털 기기가 부착되어 있다. 1억 원이 넘는 고가의 차이지만, 혁신적인 기술로 단숨에 대중을 사로잡았다. 엔진소리도 들리지 않으며 시속 100km에 도달하는 시간이 3.5초, 최대시속은 230km로 기존 전기자동차의 한계를 뛰어넘었다.

2015년 9월 캘리포니아 프리몬트 테슬라 공장에서 생산된 신차에 세계 자동차업계는 이목을 집중했다. MODEL X는 세계 최초 SUV 전기자동차로 선주문만 1만 대를 육박했다. 누구도 테슬라 창립자인 엘런 머스크가 성공할 것이라고 생각하지 않았다. 그러나 지금은 모든 자동차 업체가 테슬라를 주목한다. 전기자동차뿐만 아니라 미국의 고급차 시장에서도 벤츠나 BMW를 제치고 자동차업계 1위를 차지했다.

테슬라는 완전히 새로운 개념의 전기자동차이다. 전자기술, 통신기술, 모터기술 등 많은 핵심적인 신기술을 융합해 만들었다. 사람들은 다른 전기자동차들과 차별화된 테슬라만의 아이디어를 사랑한다. 기존 전기자동차는 최대치로 충전해도 주행거리가 130km 정도이지만, 테슬라는 30분만 충전해도 300km 이상을 갈 수 있다. 테슬라는 어디를 가든지 자주 충전할 필요가 없으며 차량 유지비도 거의 들지 않는다. 시내 곳곳에 있는 테슬라 전용 고속충전소의 충전비용은 무료이다.

이 자동차는 차에 타서 시동버튼을 누르거나 차키를 꽂을 필요가 없다. 단순히 기어를 넣고 운전하면 된다. 나머지는 자동차가 스스로 알아서 준비한다. 터치스크린을 통해 미국 전역에 있는 5천여 개의 충전소 위치를 확인할 수 있다. 또한 이 자동차는 컴퓨터로 작동하는 스마트 기기로서 개인 휴대폰과 자동차가 연동되어 휴대폰으로 차의 위치와 충전소의 위치를 확인한다. 테슬라는 지금까지 전기자동차 시장에서 선두로 달려왔고 당분간은 적수가 없을 것이다.

테슬라 전기자동차는 가솔린차와는 비교할 수도 없을 만큼 빠르고 가속도와 안전성도 뛰어나다. 테슬라 모델 S는 미국 도로교통 안정성 시험에서 만점을 받았다. 2015년 8월 미국의 권위 있는 소비자 전문 매체 평가에서도 역대 최고 점수를 받았다. 엔진에 해당하는 두 개의 모터는 그 누구도 사용하지 않았던 구리 실린더를 사용해 보통의 엔진보다 출력을 3배 이상 높였다. 배터리는 더욱 파격적이다. 기존 전기자동차는 하나의 큰 리튬 건전지를 사용한 반면에 테슬라는 작은 리튬이온 전기 7천 개를 연결하여 배터리 용량을 획기적으로 높였다. 기존의 전기차보다 주행거리를 3배나 늘릴 수 있게 된 것이다.

9년 전 창고 같은 작은 곳에서 시작했던 신생기업 테슬라의 창업주는 온라인 결제서비스 페이팔의 엘렌 머스크이다. 그는 자동차를 만들어본 경험이 전혀 없었다. 발상의 전환으로 미래에 도전한 엘렌 머스크는 전기자동차의 새로운 시대를 열었다. 실리콘벨리에 위치한 테슬라 생산공장은 1962년부터 GM의 공장이었다. 2008년 세계금융위기 이후 자동차산업이 몰락하기 시작했는데, 이 공장은 2010년 4월 1일 만들어진 자동차를 끝으로 문을 닫았다. 이곳뿐만 아니라 당시 GM 공장만 13개가 폐쇄되었고 근로자 2만2천 명이 해고되었다. 2010년 엘렌 머스크는 테슬라 정상화를 위해 상징적으로 이 공장을 인수했다. 그리고 4개월 뒤 이곳에서 테슬라라는 이름으로 전기자동차를 생산하기 시작했다. 공장은 최신 자동화 설비로 완전히 탈바꿈하면서 기존에 해고되었던 노동자의 상당수가 복직되었다. 2011년 테슬라의 두 번째 전기자동차 모델 S의 신차 발표회는 미국 자동차 업계의 부활을 알리는 신호탄이었다. 이날 행사는 1만여 명의 선주문 고객에게 직접 자동차를 전달하는 이벤트로 치러졌다. 모델 S의 놀라운 판매 성과로 테슬라는 2015년 포브스가 선정한 선진기업 1위에 올랐으며 전기자동차 시장의 판도를 바꾸었다.

테슬라의 성공에 힘입어 미국 자동차 시장은 미래를 주도하기 위해서 전기자동차 시대로 빠르게 바뀌고 있다. 2012년 12만대였던 세계 전기자동차 판매량은 4년 만인 2015년 43만 대로 여섯 배가 늘어났고, 2016년 전반기에 100만대를 넘었다. 테슬라의 성공은 미국의 다른 기업들에게도 영향을 미쳤다. 미국의 전기자동차는 8~9개 모델이 있지만 2017년부터는 더 많은 모델을 내놓을 것으로 보인다. 구글은 2014년 자체 개발한 자율주행자동차를 공개했으며, 애플, 마이크로소프트 등 세계적인 IT 업체들도 전기자동차 시장에 뛰어들고 있다. 아마도 가까운 미래에 전기자동차가 저렴한 가격으로 상용화될 것으로 보인다.

미 정부의 연구개발 투자액은 끊임없이 증가하고 있다. 첨단과학에 대한 투자는 경제에 단단한 뿌리가 되었고 제조업에 도움이 되었다. 지난 11월에 열린 세계 자동차 튜닝 박람회에는 첨단기술을 활용한 각종 첨단 자동차가 나왔다. 그중 가장 눈길을 끈 것은 3D프린터로 만든 전기자동차 로컬모터스이다. 복잡한 엔진이 없기 때문에 가능했다. 차체는 탄성이 줍고 가벼운 폴리머로 만들어졌다. 대규모 공정시설이 없어도 전기자동차 한 대를 이틀이면 만들 수 있다. 소비자가 원하는 디자인으로 주문 제작도 가능하다. 디지털 제조방식과 3D프린터 기술을 이용해 매번 새로운 자동차를 만들어낼 수 있다. 이제 모든 자동차가 개인 맞춤형으로 제작될 수 있다는 뜻이다.

첨단기술의 융합으로 만들어진 제조방식에 대중들의 관심도 뜨거워졌다. 자동차의 75%가 3D프린팅 기술로 만들 수 있다. 이 자동차는 시속 100km가 넘는 속도로 주행시험까지 마쳤다. 이것이 경제위기를 이겨낸 미국의 저력이다. 공상과학 같은 상상을 현실로 바꾼 미국의 첨단산업의 기술은 진화하여 산업을 만들어내고 새로운 시장을 창출해내고 있다.

코닥과 로체스트

한 도시를 이끌어온 기업이 무너지면 그 도시는 위태로워진다. 포드사가 떠난 후에 자동차산업의 도시였던 디트로이트가 몰락했다. 로체스트는 코닥의 도시였다. 그래서 2012년 코닥이 파산하자 도시가 함께 몰락할 거라 사람들은 생각했다. 로체스트는 코닥 없이도 도시가 살아남기 위해 주정부와 지역사회, 그리고 코닥의 도움으로 새로운 방법을 찾기 시작했다. 기업은 도시를 위해 기꺼이 기술과 인프라를 공유했고, 정부도 이에 대한 지원을 아끼지 않았다. 시민들은 힘을 합하여 마을 기업을 만들고 새로운 집을 제공하여 실업으로 어려워진 사람들을 도왔다.

코닥은 영화필름 분야로 사업을 축소했지만 코닥파크의 생산시설들은 지금도 가동 중이다. 과거와 차이가 있다면 이곳은 더 이상 코닥만의 생산기지가 아니라는 것이다. 코닥은 사업을 축소하면서 코닥파크의 남은 부지는 일반에게 개방했다. 이곳에는 크고 작은 다양한 분야에 60여 개의 회사가 들어왔다.

코닥은 위기의 시절 협력과 공존을 선택했다. 주정부에서도 새로운 일자리가 만들어지도록 코닥파크에 4,500만 달러를 지원했다. 이로 인해 코닥파크는 사라지지 않고 또 다른 이름, 이스트맨

비즈니스파크(Eastman Business Park)로 새로운 성장 동력이 되었다. 이곳에는 코닥의 자체 사업이었던 엔지니어링, 건설 등의 중소기업들과 식품 회사, 의료 회사도 생겨났다. 결국 회사와 일자리가 사라진 게 아니라 코닥에서 지역사회의 다른 회사로 이동해간 것이다. 로체스트는 녹슨 도시에서 부활한 특별한 도시가 되었다. 미국에서 일자리 구하기 가장 좋은 도시 1위로 선정되었다.

지금도 로체스트에는 기업과 시민정부가 함께 모여 일자리를 위한 큰 틀을 짜고 있다. 로체스트가 위기를 극복하고 살아남을 수 있었던 것은 공존이라는 가치를 실현했기 때문이다. 로체스트는 대기업에 의존했던 취약한 구조를 버리고 다양한 일자리로 새로운 생태계를 세우고 있다. 로체스트가 그랬던 것처럼 많은 국가와 지역사회에서도 모두가 협력의 자리로 나와 새로운 일자리를 만들고 투자를 이끌어내는 어려운 시간을 이겨내야 한다.

신기술로 창업하기 좋은 나라

전 세계 젊은 인재들의 발길이 끊이지 않는 곳, 그 중심에는 실리콘밸리가 있다. 현재 미국은 선진국 중에서 가장 젊은 나라로 손꼽힌다. 세계 각지에서 새로운 아이디어를 가져오는 인재들을 두 팔 벌려 수용해왔기 때문에 그 인재들이 미국 문화의 일원이 되었다. 만약 새로운 기술을 수용하기를 멈추고 그 위험을 감수하지 않았다면 그것은 곧 미국의 추락을 의미했을 것이다.

새로운 기술과 아이디어로 무장한 모험가들은 세계를 뒤흔드는 기업을 만들어냈다. 구글과 애플 등 세계적인 기업들은 변화와 혁신을 두려워하지 않았기에 탄생할 수 있었다. 페이스북의 창립자 마크 저커버그(Mark Elliot Zuckerberg)는 "인종을 뛰어넘어 세계를 하나로 연결하는 더 좋은 세상을 만들어낼 수 있을 것"이라고 말했다. 스마트폰 하나로 세상을 바꾼 애플의 스티브 잡스는 중요한 것은 기술이 아니라 기술을 만드는 사람이라고 했다. 전 세계 인터넷 문화를 선도하는 구글은 미국 청년들이 가장 취업하고 싶은 기업 1위이다.

경제 위기 속에서도 첨단기술에 도전해온 그 결실이 오늘의 미국으로 만들었다. 언젠가 미국 경제는 다시 불황기를 맞을지도 모른다. 그러나 혁신에 대한 믿음과 기업가 정신은 계속 이어질 것이다. 21세기 뉴골드러쉬 셰일가스와 석유 수출국이 된 미국은 더 높은 비상을 준비하면서 팍스 아메리카나를 이끄는 또 다른 힘으로 부상하고 있다.

3. 잃어버린 20년과 일본의 미래

후지필름의 혁신

1990년대 버블경제 붕괴로 20년 간 저성장과 디플레이션으로 고전을 겪던 일본은 아베노믹스 이후 경제가 잠깐 부활하는 듯하더니 좀처럼 살아나지 못하고 있다. 아베 집권 3년 차인 2015년 7월 경제지표는 엔저, 구조개혁, 산업개편으로 사상 최대의 실적을 나타내기도 했다. 1934년에 창업한 세계 3대 아날로그 필름 제조사였던 후지필름은 주력 분야였던 사진 필름, 카메라 등 이미지 관련 사업이 디지털화되면서 큰 어려움을 겪었다.

그러나 2007년부터 노화 방지용 화장품 사업으로 재도약에 성공해 3년 만에 연매출 9백 엔을 돌파했다. 전 세계 2천 개가 넘는 화장품 회사와 경쟁에서 후지필름이 살아남은 것은 획기적인 성과라고 볼 수 있다. 피부의 탄력을 지탱하는 콜라겐이 필름의 주성분이라는 것에 주목하여 연구를 거듭해 나노테크놀로지 개발에 성공했다. 초미세입자를 안정적으로 제어하여 피부에 영양성분을 침투시키는 데 응용했다. 아날로그 카메라 시절 후지필름의 최대 경쟁업체이며, 130년 역사의 막강한 힘을 과시하던 코닥필름이 급변하는 산업사회에 적응하지 못하고 2012년 1월 파산 신청한 것과는 지극히 대조적이다.

후지필름은 화학기술을 의료사업에 접목해 바이오제약사로 변신을 꾀했다. 2014년 3월 서아프리카에서 발생한 전염병 에볼라 때문에 바이러스 치료제와 백신 개발에 세계가 초비상이 걸렸다. 그런데 현재까지 개발되어 실제 치료에 가능한 것은 후지필름에서 개발한 에볼라 치료제이다. 필름시장을 주도하던 다른 기업들은 산업 환경이 변화하면서 이슬처럼 사라졌지만, 후지필름은 사업구조를 혁신하며 괄목할 만한 성장으로 승승장구하는 기업이 되었다.

일본의 로봇 시장

소프트뱅크로보틱스는 30년 후에는 스마트로봇 분야가 일본 로봇 시장의 핵심 사업이 될 것으로 보고 있다. 이 회사는 '페퍼'라는, 인간과 의사소통할 수 있는 인간형 로봇을 개발하였다. 페퍼는 2015년 가을부터 은행창구나 패스트푸드점에서 손님을 받고 있다. 메뉴를 보여주고 주문을 받고 자리로 안내한다. 세계 최고의 로봇 기술을 가진 일본은 그동안 산업용 로봇으로 시장을 점유해왔다. 지금 일본은 로봇을 신성장산업의 핵심으로 삼고 다양한 분야에서 사용할 수 있는 로봇 기술 개발에 박차를 가하고 있다. 로봇을 활용하면 일상생활과 산업이 크게 달라질 것이라고 보고 있다. 다이와하우스는 생산성 증진을 위해 장착형 로봇을 개발했다. 고령화와 인력 감소 등에 대비하고 노동환경을 개선하기 위한 것으로, 로봇을 몸에 장착만 하면 무거운 물건을 쉽게 들어 올릴 수 있어 농가와 공장 등에서 많이 사용된다.

미국과 중국의 드론 시장에 일본도 가세했다. 일본은 후발주자임에도 불구하고 최근 눈부신 발전을 거듭하여 미래 핵심 산업 중 하나인 차세대 산업으로 주목받고 있다. 현재 30분가량 비행할 수 있는 드론은 카메라를 장착하고 촬영하는 일이나 높은 산중으로 물건을 운반하는 일 등을 담당하고 있다. 특히 센서를 부착한 드론은 사람의 출입이 어려운 터널 내부나 교량 아래와 같은 좁은 공간에서도 이동이 가능하다. 또한 요즘 주목받고 있는 하드웨어가 중요시되는 사물인터넷에도 일본은 발 빠르게 움직이고 있다.

다른 일본기업들도 앞다퉈 로봇이나 가상현실기기 등 하드웨어 개발에 집중하고 있다. 3D프린트 장비기술 도입으로 과거 일시적으로 제조공장을 동남아 등 해외로 이전하였던 회사들이 다시 일본으로 돌아오는 추세이다. 일본의 제조업도 화려했던 과거를 되찾을 수 있을 것으로 전망된다.

일본이 로봇과 드론에 주목한 것은 경제성장의 결정적인 계기가 되었다. 다양한 분야에서 로봇을 상용화하는 것이 제4차산업혁명의 핵심 요소인데, 인터넷과 공장에서 인공지능 로봇이 생산성을 크게 높이고 있다.

사회혁신비즈니스

일본은 제조업 중심국가라고 하지만 GDP에서 차지하는 제조업 분야의 비율은 25% 이하이다. 일본경제재생본부는 산업 각 분야에 구조개혁을 독려하고 성장전략을 제시한다. 이에 가장 큰 성과로 2014년 2월 1일 히타치와 미쓰비시 중공업의 발전 부문 합병이 이루어지면서 두 회사의 결합인 '미쓰비시 - 히타치 파워시스템즈'가 탄생했다. 이로써 세계 발전 산업 3대 업체로 등극하며 독일 지멘스, 미국 GE와 어깨를 나란히 했다.

1980년대까지만 해도 반도체와 가전제품으로 명성이 높았던 히타치가 '미래를 일깨워라'는 표어와 함께 새로이 탄생하면서 기존 사업을 과감하게 포기하고 그동안 축적한 제조와 IT기술을 활용해 전력, 철도, 발전소와 같은 사회 인프라 분야로 핵심 사업을 교체했다. 그리하여 글로벌화, 환경, 융합을 키워드로 한 사회 이노베이션 사업을 미래성장 사업으로 키워가고 있다.

이른바 사회 인프라 구조인 철도나 전력, ICT를 융합한 기술과 제품으로 사회문제를 해결하는 것을 사회혁신비즈니스라고 한다. 2015년 4월 23일 대구에 모노레일 개통이 이루어졌는데 한국 최초의 도심형 모노레일로 제작과 설치를 담당한 업체가 바로 히타치제작소이다. 일본의 거의 모든 모노레일은 히타치가 제작하는데, 모노레일 차량, 신호시스템, 분기기(철도에서 열차 또는 차량을 한 궤도에서 다른 궤도로 옮기기 위하여 선로에 설치한 설비) 세 분야로 나누어 납품한다. 이러한 히타치의 모노레일은 도시환경과 조화를 이루는 이동수단으로 높이 평가받는다.

지난 50년 동안 한 번도 적자를 낸 적 없던 히타치가 2008년 세계금융위기 이후 사상 최대의 적자를 냈지만 구조 개편 이후 2014년 사상 최대의 영업이익을 내며 화려하게 부활했다. 사회혁신사업이란 실제로 물건을 만들어 납품하는 것뿐만 아니라 고객과 함께 운영해 나가고 장래에 예상되는 사회문제를 함께 해결해 나가는 것이다. 단순히 물건을 파는 것 이상의 가치를 같이 만들어나가는 것인데 이것이 히타치의 미래라고 한다. 그래서 전 세계가 안고 있는 에너지, 물, 교통, 환경 등 핵심 문제를 종합적으로 해결하는 것이 핵심적인 역할이다. 결국 기업이 부담해야 할 사회적 책임까지도 기꺼이 고려하고 있는 것이다.

또 일본은 2020년까지 사회 지도층의 여성 비율을 30%까지 높인다는 계획인데, 여성의 사회활동을 촉진하기 위해 기업이 여성

등용 목표를 달성하도록 행동 계획을 세우고 있다. 노동시장을 효율적으로 만들기 위해서 지금까지는 일하지 않았던 인력들을 노동시장에 참여하도록 유도하는 것이다. 핵심 포인트는 여성 노동력을 적극 활용하자는 계획인데 이에 따라 정부에서는 보육료를 지원하고 세제상 혜택도 주고 있다. 일본은 1964년 도쿄올림픽을 계기로 경제적으로 비상하기 시작했다. 2020년 도쿄올림픽이 일본 경제에 아주 큰 기회가 될 것으로 보고 있으며, 올림픽 인프라 투자를 통해 경제 활성화를 노리고 있다.

○1990년대 일본 버블경제 붕괴는 전자산업의 몰락이 한몫했다

1980년대부터 환경오염이 심한 제철, 조선 등의 사양 산업이 당시 일본보다 낙후되었던 한국과 중국 등으로 옮겨갔다. 그러나 혁신적인 반도체와 스마트폰의 등장으로 일본의 전자산업이 크게 위축되면서 거대한 전자산업 분야와 카메라, 필름 등의 회사들이 문을 닫기 시작하였다. 당시 5천조 엔 이상 달했다고 알려진 버블경제 붕괴와 연이은 거시정책의 실패(재정 낭비, 느슨한 통화정책)가 상승작용을 해 일본 경제 침몰의 결정적인 원인이 되었다.

인구요인(생산인구 감소, 노동공급 측면)은 일본 성장률 하락에 미미한 영향을 끼쳤다. 실제로 OECD 선진국들은 오래 전부터 생산인구가 감소하고 있지만 일본만큼 유례없는 장기 저성장을 경험하지는 않았다. 즉, 일본의 운명은 의 변화로 성장률 둔화는 불가피했을지언정 이것이 지금과 같은 장기불황의 결정적 원인은 아니었다. 여기에 중요한 시사점이 있다.

대한민국도 일본과 마찬가지로 인구 구조에 의한 성장률 하락 압박에 직면해있지만, 일본과 같은 장기불황을 답습하지 않을 것이란 결정된 미래 따위는 존재하지 않는다. 부동산 폭락에 대한 설에서 주로 일본식 미래를 답습할 것이라고 거론하는 경제학자들도 있다.

한국은 일본과 달리 아직까지는 심각한 버블은 없었고, 다행히 성장 동력도 크게 훼손되지 않은 채로 건재하다. 하지만 일본처럼 장기간 거시정책의 실패를 답습할지 그렇지 않을지는 정치권과 기업 그리고 노동자들의 손에 달려있다. 대한민국 기업들이 지금처럼 구조개혁에 매진하고 계속 경쟁력을 유지, 발전시켜나간다면 지속적인 성장이 가능할 것이고, 그에 따라 자산가치도 지속적으로 상승할 것이다.

이미 열정과 신념으로 꿈을 현실로 만들어내는 우리나라는 전 산업분야에서 핵심적인 역할을 하고 있는데 이미 인공위성에 들어가는 부품을 우리 힘으로 개발할 수 있는 기술을 보유하고 있다. 대한민국은 건국 이래 수많은 외세침략으로 위기가 아니었던 적이 없었다. 그럴 때마다 강인한 민족성과 불타는 애국심으로 꿋꿋하게 이 나라를 지켜왔다. 따라서 한국은 일본과는 전혀 다른 길을 갈 것이라고 본다.

4. 30년간 급성장에 연이어 변화하는 중국

항우와 유방

중국 역사상 가장 용맹한 장수로 꼽히는 항우는 진나라를 멸망시킨 후 유방과 천하를 놓고 겨룬 무장이었다. 진나라 말기 초나라의 무장 항우는 자신을 서초패왕이라 칭했다. 초나라의 귀족 가문 출신인 항우는 본래 학문에는 뜻이 없고 무예에만 열중하여 학식이 부족하였다. 이러한 배경으로 자연히 남을 깔보는 성격을 갖게 되어 인재가 따르지 않았다. 그의 유일한 참모인 범증과도 결별하게 되었다. 결과적으로 항우는 힘으로는 천하를 제압하고도 남았지만 지식과 지혜가 부족하여 패한 사람이라고 할 수 있다.

한나라의 패권 다툼에서 승승장구하던 초나라 항우는 유방과의 전투에서 궁지에 몰려 해하성 안으로 들어가 문을 굳게 닫고 전투를 벌였다. 하지만 당시 해하성에 주둔하고 있던 항우의 군대는 몹시 열악했다. 날씨는 추운데 군량미는 다 떨어져가고 병사들은 고향을 떠난 지 오래된 상태였다. 이 모든 상황을 간파한 유방은 해하성을 겹겹이 포위하고 사방에서 '사면초가'라는 초나라의 노래를 부르게 했다. 가뜩이나 어려운 처지에 있던 병사들이 고향을 그리워하니 그마저 남아있던 사기까지 바닥을 치게 되었다. 결국 항우는 전쟁에 대패했고, 오랜 기간 이어왔던 초한전쟁은 여기서 막을 내리고 한나라 왕조가 새로 탄생했다.

오랜 전쟁 속에서 항우는 항상 전쟁터에 부인인 우미인과 동행했는데, 우미인(우희)은 사면초가의 상황에 이르자 해하성에서 항우와 마지막 술잔을 들고 자결했다고 한다. 한편 항우는 해하성을 어렵게 탈출하여 장강(창쩌앙) 하류의 안휘성(안후이성)으로 도망쳤으나 추격해온 한나라 병사들과 일전을 벌이다 오강(우장)에 뛰어들어 자결했다. 오강은 천하통일을 눈앞에 두고 비극적인 최후를 맞이한 초패왕 항우의 한이 깃든 곳이 되었다.

반면, 농부의 아들로 태어나 한때 백수시절을 겪은 유방은 자기보다 훨씬 강한 상대인 항우를 무너뜨리고 천하를 차지했다. 유방은 초한전쟁에서 승리한 후 중국을 통일한 초대황제 한고조(BC 247~195)이다. 중국의 문화는 유방의 한나라로부터 그 찬란한 역사가 시작되었다고 볼 수 있다.

초한전쟁에서 항우는 절망과 비탄의 노래 '해하가'를 부르고, 유방은 승리의 찬가 '대풍가'를 불렀다. 이 전쟁은 항우에게 훨씬 유리했는데 왜 이런 결과가 나왔을까? 항우는 세월이 흐를수록 선대의 책사인 범증의 충언을 멀리하고 자신의 판단에 따라 전쟁을 수행하고 정책을 폈지만, 유방은 '한흥삼걸(漢興三杰)'로 불리는 소하(蕭何), 장량(張良), 한신(韓信)의 의견을 적극적으로 수용하여 자신의 부족함을 채웠다. 유방은 지인선용(知人善用), 즉 사람을 잘 알아보고 활용하는 능력이 탁월했다. 이것이 싸움의 승패를 갈랐다. 지인선용의 대표적 인물은 한신인데, 한신은 자신의 재능을 몰라주는 항우를 떠나 유방의 신복이 되었다. 한신은 천재적인 군사지략가로 전쟁의 신선이라 칭송받았고 초한전쟁을 승리로 이끈 주역이었다.

한때 한신은 '사타구니 무사'라는 수치스런 별명도 있었다. 불우한 가정에서 태어나 강가에 나가서 낚시로 겨우 끼니를 때울 만큼 가난했다. 그 시절 한신에게 먹을 것을 주고 위로해주었던 빨래터 아줌마의 일화도 유명하다. 성공한 후 그 은혜를 보답하려 하였으나 이미 죽은 뒤라 '표모사(漂母寺)'를 짓고 큰 묘지를 만들어주었다고 전해진다. 일반천금(一飯千金)이라는 고사성어를 낳은 유명한 일화로, 불우한 환경에 있던 수많은 사람들에게 위로와 격려가 되었다. 비록 지금은 어렵지만 언젠가는 초한지의 영웅 한신처럼 큰 뜻을 이룰 날이 올 것이라는 희망을 주기 때문이다.

표모사는 '빨래하는 아줌마를 모신 사당'이란 뜻이고, 이는 일반천금, 즉 조그만 은혜에 크게 보답함을 뜻한다. 장강의 물길을 따라 흐르는 영웅호걸들의 이야기, 천하의 패권을 다투던 그들의 기개와 지모, 처세술은 오늘을 사는 우리들에게도 큰 가르침을 전한다.

신성장 키워드, 인터넷플러스

그동안 중국은 전통적인 제조업의 강국이었다. 하지만 자동화와 로봇 기술이 등장하여 전통적인 제조업에서도 일자리가 사라지면서 첨단 IT산업으로 전환하고 있다.

인건비 상승과 글로벌 경기침체로 높은 경제성장률을 기대하기 어려운 중국정부는 국가혁신을 이끌어낼 분야로 인터넷을 선택했다. 2015년 3월 전국 인민대회의 화두는 '인터넷플러스'(Internet Plus. 전자기기에 인터넷을 더한다는 의미)였다. 인터넷과 전통산업을 하나로 합치는 것을 국가발전 핵심 전략으로 한다는 것이다. 인터넷 구매, 특급우편, 전자상거래 등 새로운 분야가 널리 알려지고 발전하길 바랐는데, 그 이유는 중국 노동시장의 거대한 고용률을 가져올 거라고 믿었기 때문이다. 중국 공산당 역사상 이례적으로 중국 IT기업의 총수들이 한국의 국회의원격인 전국인민대회의 대표로 참석하였다. 인터넷플러스가 중국의 핵심적인 전략임을 상징적으로 보여주는 현장이었다.

중국정부 혁신의 중심에 있는 것이 바로 인터넷플러스, 스마트 제조라는 두 가지 키워드이고, 이 두 키워드를 이끌어 나가는 회사는 텐센트와 샤오미이다. 앞으로 이 두 가지 키워드가 중국을 크게 성장시키리라는 것을 예고하고 있다. 중국은 지금 IT 혁명의 바람이 불고 있다.

알리바바와 텐센트

세계 1위인 미국을 위협하며 눈부시게 성장하는 중국의 게임시장, 세계 최대 규모를 자랑하는 스마트폰 시장과 IT 창업 열기까지 인터넷을 통해 신세계가 된 중국과 대한민국은 어떻게 공존할 수 있을까?

전 세계 7천만 명이 즐기는 게임시장은 꾸준히 증가해 2017년에는 1,200조원이 될 것으로 보인다. 한때 온라인 게임의 종주국이었던 한국이 세계의 온라인 게임시장 매출에서 중국에 역전된 건 이미 오래되었다. 2007년 하반기부터 역전되며 격차가 점점 벌어져 따라잡기 어려워지고 있다. 한때 중국은 게임을 전자마약이라고까지 부르며 규제를 강화했지만 지금은 오히려 장려하는 쪽으로 돌아섰다. 우리나라는 여전히 규제를 계속하고 있어 그 결과 중국의 게임시장은 질적, 양적으로 급성장하고 있는 반면에 우리나라는 역성장하고 있는 것이다.

중국에서는 대표적인 소셜네트워크인 페이스북이 연결이 안 된다. 정부가 반정부세력과의 소통 통로로 사용될 수 있다고 판단하기 때문이다. 이로 인해 많은 글로벌 인터넷 서비스들이 차단된 자리를 중국 토종 기업이 차지했다. 중국의 3대 IT기업인 알리바바의 온라인 쇼핑, QQ메신저(텐센트)의 게임, 그리고 Bai(바이두)의 검색이다. 페이스북, 구글 등의 대표적인 서비스가 IT만리장성 장벽에 막힌 덕분에 텐센트, 알리바바, 바이두와 같은 기업이 성장할 수 있었고, 이 보호막 속에서 인터넷을 통한 성장 속도가 가속화되고 있다.

알리바바를 창업한 마윈은 가난한 어린 시절을 보낸 사람으로 명문대 출신도 아니고 IT분야 전공자도 아니었다. 단지 평범한 영어강사 출신이었다. 하지만 그는 창업 15년 만에 중국을 넘어 세계를 집어 삼켰다. 2014년 9월 미국 뉴욕증권거래소에 시가총액 약 27조 원이라는 거액으로 뉴욕증시에 상장했다. 세계증시 사상 최고의 기록이었다. 하나의 풀뿌리에서 중국 최고의 부자가 된 성공신화의 주인공이자 우상이다. 마윈의 성공은 중국의 젊은 세대들에게 누구나 할 수 있다는 자신감과 도전하라는 야망의 메시지를 전해주었다.

6억의 인터넷 인구와 13억의 모바일 인구가 중국의 미래를 바꿀 것이다. 중국은 정부 차원에서 모바일 혁명을 통해 국영에서 민영으로, 구세대에서 신세대로, 비효율적인 제조업에서 서비스업으로 모든 체제를 재편하고 있다.

한국은 중국에게 한중 전자 상거래 길목을 내줌으로써 한국유통 생산업체 수익은 낮아졌지만 대신 중국의 직구족과의 접촉면을 넓혀야 한다. 왜냐하면 모바일 혁명으로 중국인의 소비가 빠르게 인터넷으로 옮겨가고 있기 때문이다. 알리바바는 중국의 유통과 물류를 단번에 세계적인 수준으로 올려 놓아준 회사이고, 텐센트의 경우도 통신혁명을 모바일로 단숨에 변화시켰다. 중국은 앞으로도 이 모바일 혁명을 기폭제로 삼아서 민간의 소비를 더욱 촉진시킬 것이다. 정부 차원에서도 이 모바일 혁명이 청년실업문제 해결과 도시, 농촌간의 심각한 불균형을 완화시킬 수 있는 하나의 솔루션이 될 것으로 본다.

텐센트는 1998년 설립하여 QQ라는 온라인메신저를 통해 성장했으나 더 이상 성장 동력을 찾지 못해 위기를 맞았으나 게임업계 후발주자로 시장에 뛰어들면서 성장의 발판이 되었다. 즉 회사 총가치가 10조 원에서 40조~50조 원으로 올랐는데 가장 큰 역할을 한 것이 스마일게이트의 크로스파이어이다. 게임 하나로 벌어들인 돈이 매년 1조 원을 넘은 텐센트는 2008년 한국에서 개발된 게임을 중국 시장에 판매하면서 지금까지 열배 이상의 급성장을 이루어냈다. 2007년 당시 텐센트는 삼성전자의 1/10정도 매출이었으나 2015년 4월 텐센트의 시가총액은 225조원을 기록하며 삼성전자를 따라잡았다. 텐센트는 한국 게임을 바탕으로 세계적인 기업으로 탄생했다. 텐센트는 한국 메신저, 게임, 문화기업에 1조

원의 직간접투자를 하며 주요 주주로 떠올랐다. 막강한 영향력을 가진 중국 IT의 거대한 자본 앞에 한국은 문화종속과 자본 의존성 해결이라는 숙제를 안게 되었다.

삼성 스마트폰 시장이 중국에서 2013년도까지만 해도 1위 자리를 지켰지만 2014년 하반기인 1년 만에 상황은 바뀌었다. 중국 기업의 급성장으로 1년 사이에 점유율 19%에서 8%로 내려앉아 5개 업체 중에 꼴찌가 되었다.

우리가 살아남기 위해서는 중국에서 제품을 저렴하게 만들어 중국 유통망에서 판매하고 판매 이익금으로 한국에서 계속적인 기술 연구를 하면서 중국과의 격차를 벌여야 할 것이다. 선전의 생태계를 적극적으로 활용하면 우리가 얻을 수 있는 이익이 많을 것이다. 앞으로 중국을 이기려면 우리가 바뀌는 전략이 필요하다. 경쟁력, 다양성, 창의성, 숙련성 등 아시아 지역민들이 할 수 없는 것들을 우리가 끊임없이 노력하여 이루어내야만 살아남을 수 있다.

미국의 실리콘밸리 천재들이 만들어낸 서비스들을 아시아의 특성에 맞게 가장 빨리 만들어낼 수 있는 것이 바로 한국의 기술력이다. 그러면 중국 업체는 한국의 사업 아이템을 가지고 중국 모바일 혁명에 편승해서 엄청난 규모로 큰돈을 벌 수 있고, 한국은 연구개발(R&D) 센터로서 지위를 갖춘다면 거대시장인 중국과의 협력은 앞으로도 계속될 수 있을 것이다.

소비와 인터넷 쇼핑

한국 옆에 부상하는 신천지인 중국은 유례없는 변화의 속도로 더 크고 화려하게, 더 새롭고 고급스러운 것을 찾아 지갑을 열기 시작했는데, 그들의 새로운 소비 형태를 세계경제가 주목하고 있다. 세계 최대의 생산기지 중국은 최근 경제시장의 수단으로 '소비'라는 카드를 뽑아들었다. 아무도 경험하지 못한 중국의 변화는 그 규모와 속도에서 우리를 압도한다. 중국인들이 돈을 쓰기 시작했다. 한국은 변화하는 중국의 13억 5천 소비자의 등장을 맞이할 준비가 필요하다.

2015년 3월 17일 중국전국인민대회에서 리커창 총리는 기자회견에서 '지금 중국이 강조하는 신형도시화는 사람이 핵심인 도시화'라고 했다. 중국은 대략 2억 6천만 명의 농민공, 즉 농촌을 떠나 도시에서 일하는 빈곤층 노동자가 있다. 이것은 장기적으로 보면 큰 문제로서 일자리가 있어야 하고 서비스가 보장되어야 한다. 중국의 신형도시화는 중국의 고민과 일치한다. 기록적인 경제성장률을 더 이상 유지하지 못하게 된 중국이 과거에 성장을 이끌었던 수출과 투자 밖에서 출구를 찾은 것이다.

2015년 중국 GDP 성장률은 7%를 넘지 못했다. 따라서 경제성장을 유지할 수 있게 하는, 중국이 그동안 다가가보지 못한 '소비'가 마지막 요소가 되는 것이다. 도시에서의 소비가 내수경제에서 차지하는 비중이 점차 커지고 있다. 이제 중국의 경제는 도시민이

끌어가고 있다고 해도 과언이 아니다.

중국의 도시화는 5년마다 도시로 들어오는 5억의 인구, 그리고 기존에 있는 7억의 도시인구가 합쳐져 만들어내는 소비, 이것이 전 세계 소비재 기업들의 생산과 판매 패턴, 제품의 특성까지도 바꿀 수 있는 큰 태풍으로 다가오고 있다. 중국의 신형도시화 정책은 새로운 도시를 많이 탄생시킬 것이다. 또한 이곳에서 소비와 서비스 분야의 수요가 지속적으로 생겨날 것으로 본다. 서비스 분야는 굉장히 빨리 트렌드가 바뀌므로 한국에서 끊임없이 새로운 것을 개발하지 않으면 중국에 공급할 서비스는 더는 없게 된다. 소득의 증가와 도시의 성장으로 새로운 시대를 살고 있는 중국인들에게 새로운 서비스를 제공하는 것이 우리가 가진 또 하나의 열쇠가 될 수 있다.

2014년 중국 전자상거래 규모는 한화로 2,348조 원, 지난 10년간 70배나 증가하여 세계 2위가 되었다. 중국 전자상거래 대표기업인 알리바바는 2014년 9월 미국 뉴욕시장에 성공적으로 상장되면서 중국 인터넷시장의 부상을 전 세계에 알렸다. 2014년 11월 알리바바가 반값 할인행사를 했을 때, 38초 만에 100억 위안(1조 8천억 원)의 매출을 기록했다. 중국에서만 8억 명의 사용자가 이용하는 알리바바는 인터넷으로 거대한 대륙을 하나로 묶어 소비를 늘리고 있다.

전 세계 인터넷쇼핑 이용자 중 가처분소득 대비 온라인 구매

비중(2012년 기준)은 전 세계 평균이 22%이며, 일본 17%, 프랑스 19%, 미국 23%, 중국 31%이다. 유통 물류혁명과 통신혁명을 만들어낸 것이 인터넷과 모바일 혁명이다. 세계 어느 곳에서든지 모바일폰으로 물품 정보와 구매가 가능해졌다. 인터넷 쇼핑은 대륙의 비효율적인 유통을 단숨에 뛰어넘는 매력적인 수단이 되었다. 또 인터넷을 사용하지 않는 은퇴세대도 TV홈쇼핑으로 전화만 연결하면 집으로 배달해주는 편리한 수단이 생겨 모조품과 짝퉁이 판치는 중국시장에서 제품을 믿고 구매할 수 있는 안전한 수단으로 급부상하고 있다.

세계가 주목하는 대륙의 경제 신호

2015년 중국의 증시폭락으로 그동안 잘 유지해오던 중국식 자본주의의 한계가 그대로 드러났다. 경제학자가 주목을 받는 이유는 경제가 어렵기 때문이다. 2015년 중국발 경제 위기로 우리 경제와 전 세계경제가 흔들리고 있다. 중국은 그동안 세계경제를 쥐락펴락하면서 선두에서 이끌어왔다. 이러한 중국의 경기침체는 마치 전염성이 강한 바이러스처럼 한때는 전 세계를 공포로 몰았다.

우리나라도 더 늦기 전에 대륙의 경제 신호에 주목해야 한다. 21세기 경제는 지표와의 싸움이다. 어떤 지표를 선택하고 해석하느냐에 따라 최악의 시나리오는 달라질 수 있다. 벼랑 끝에 몰린 우리 경제의 돌파구는 과연 무엇일까? 환율 전쟁과 미국의 금리 인상 사이에서 가장 타격을 받을 나라는 신흥개발도상국들과 한국이다.

2008년 세계금융위기로 전 세계가 허우적거리고 있을 때 이 위기를 막아줄 수 있는 구원투수가 나타났는데 바로 중국이었다. 이때 중국을 '서방경제의 구원자', '자본주의의 백기사'라고 표현했다. 지난 15년 동안 중국이 '세계경제를 이끈 슈퍼차이나'라고 불리는 데 손색이 없었다. 하지만 지금의 세계의 눈들은 냉랭하기만 하다. 중국을 경제의 구원자에서 위기의 시발점, 위기의 시한폭탄으로 보고 있기 때문이다. 중국이 기침을 하면 세계경제가 폐렴에 걸린다는 속설이 현실이 되었다. 1990년대 초 일본이 그랬던 것처럼 2014년 말부터 급상승하던 중국 증시가 2015년 6월 12일을 기점으로 5166.35라는 최고점을 찍고는 한 달 사이에 무려 34%나 폭락했다. 26년이라는 짧은 증시 역사를 가졌지만 중국의 개인 투자자는 한국의 개인 투자자보다 4배나 많다. 한 달 보름 동안 4,000억 달러(한화 약 480조 7,200억 원)를 쏟아붓고 연이어 경기 부양책을 내놓았음에도 불구하고 중국 증시는 공포에서 벗어나지 못했다. 36년 전 덩샤오핑이 "하얀 고양이든 검은 고양이든 쥐만 잘 잡으면 된다"고 하였지만, 지금의 하얀 고양이와 검은 고양이는 이제 호랑이가 되어 주인을 위협하고 있다. 정부는 시장 상황에 당황한 기색이 역력하다.

증시 폭락은 중국 경제가 더 이상 정부의 뜻대로 움직이지 않는다는 것을 여실히 보여줬다. 강력한 정부 리더십을 바탕으로 성장 가도를 달리던 중국 경제가 기로에 섰다. 최소한 당시까지는 정부와 시장의 힘겨루기에서 중국정부가 완패한 분위기다. 증시는 실물경제가 연동되는 아주 중요한 지표로 2003년 이후 계속 두 자릿수로 성장하던 중국 GDP는 2006년부터 꺾이기 시작하여 2007 이후로 9.6%라는 한 자리 숫자를 기록하더니 계속해서 연착륙하고 있다. 여기서 세계가 '중국이 경착륙하지 않을까?' 하고 우려하고 있다. 경착륙이란 2년 내에 GDP가 3%대로 낮춰지는 것을 말한다.

만약 2017년 이후라도 경착륙한다면 경기가 급속히 둔화되면서 기업의 수익은 줄고 실업률은 높아지며 투자가 위축되어 주가역시 폭락하게 될 것이다. 그 위기는 마치 도미노현상처럼 아시아 전역의 침체로 이어질 것이다. 이것이 바로 전 세계가 중국의 경착륙을 두려워하는 이유이다. 이 경착륙을 심화시키는 엄청난 리스크가 중국 경제에 존재하는데, 바로 부채이다. 특히 개인의 가계부채와 지방정부의 부채가 심한데, 부동산 대출이 완화되면서 주택이나 부동산에 치중하는 비율이 높아져 한국의 74%보다 높은 75.5%가 넘는다.

이에 따라 중국은 부동산 거품 문제를 우려하고 있고, 지역에 따라서는 이미 현실로 나타나고 있다. 현재 중국의 유령도시는 2014년 기준으로 50개 도시가 넘고 부동산 자금과 연계되면서 개인이 증시에 뛰어들어 많은 손해를 보고 있다. 문제는 이 개인 투자자들이 빚을 내어 주식에 투자했다는 것이다. 최근 주식폭락으로 자살이 이어지자 중국정부에서 자살방지용 현수막을 내걸었다. 그 내용은 뛰어내리지 말고 반등을 기다리라는 것이다. 하지만 주식과 부동산에 투자한 중국의 부채는 빠르게 증가하고 있고, 중국 내 큰 리스크로 작용하고 있다. 이에 따라 중국정부는 침체된 경기를 부양하고 경제의 경착륙을 방지하기 위한 특단의 조치로 위안화 절상이라는 극단적인 방법을 선택할 수도 있다.

앞으로 각국에서 환율전쟁이 생긴다면 환율절상 효과는 적겠지만 자국 산업을 보호하겠다는 보호무역주의가 확산될 것이다. 이렇게 되면 무역의존도가 높은 한국에게는 불리하고 전 세계도 어려움에 직면하게 될 것이다. 하지만 우리에게는 중국발 경제 위기가 우리 경제를 냉정하게 되돌아볼 수 있는 좋은 기회가 되었다. 이 덕분에 철강산업은 그 어떤 중국발 경제 위기에도 타격받지 않을 경쟁력에 대해 고민하기 시작했다. 이러한 고민은 한국만의 독자적인 경쟁력을 갖추어 우리 경제를 더 견고하게 해줄 것이다.

영원한 산업은 없다. 독일은 통일 이후에 경제의 겨울을 혹독하게 겪었다. 그러나 지금은 유럽의 위기 속에서도 오히려 번영을 이루고 있다. 이는 새로운 유럽시장에서, 또한 위기 속에서 발전의 계기를 찾아내어 가능했다. 우리도 새로운 시장과 산업을 찾아야 한다. 중국과 일본발 환율전쟁과 미국의 금리인상 사이에 낀 한국 경제는 매우 위태롭다.

스타트업의 육성

한국의 경제성장을 위해서는 자본과 노동시장뿐만 아니라 새로운 산업을 일으킬 수 있는 기술혁신이 중요한 열쇠라고 할 수 있다. 미국이 택한 생존법은 제조업의 부활로 내수를 살리는 것이었지만, 수출 위주로 성장한 중국이나 우리나라에게 그대로 적용하는 것은 무리가 있다. 새로운 패러다임에 맞는 아시아 신흥국의 생존전략이 필요하다. 지난 30년 동안 중국은 세계의 공장이라 불리며 연 8%라는 급격한 성장을 하였지만, 이로 인해 가장 먼저 글로벌 저성장의 칼날에 맞아 벼랑 끝으로 내몰렸다. 2015년 중국은 기술창업을 새 성장 동력으로 선포했다. 이 절박한 시점에 중국정부가 선택한 것은 고부가가치 산업으로의 전환인데, 기술창업이야말로 경제 전체의 패러다임을 바꾸는 것이다.

새로운 산업육성을 위해 '스타트업'을 육성하기로 한 것이다. 스타트업은 설립한 지 얼마 되지 않은 신생 벤처기업을 말하는데, 중국은 제조업의 중심지에서 창업의 중심지로 변신하며 체질을 개선하고 있다. 중국에는 버려진 공장지대인 선전 등에 시제품 전문공장이 들어서고 있다. 스타트업들이 시장에 나가서 승부를 해보려면 제품을 만들어야 한다. 이렇게 다양한 제품을 소량은 물론 대량으로 생산을 해줄 수 있는 공장이 중국 내에 있다는 것은 무한한 성장 가능성을 보여준다.

중국 선전(Shenzhen. 심천深圳. 홍콩 인근인 광둥성에 있으며 신흥 산업도시)에 있는 공장에서는 창업주들이 가져오는 어떤 아이디어도 시제품으로 만들어주고 있어 창업자들에게 큰힘이 되고 있다. 아이디어만 있으면 단 한 개의 제품이라도 만들어주기 때문에 세계 각국 창업자들의 아이디어가 몰려들고 있다. 서울보다 3배나 큰 선전은 정부의 전폭적인 지원으로 창업의 도시로 새로운 도약을 꿈꾸고 있다. 이곳에서는 전날 저녁 술자리에서 내뱉은 아이디어가 다음 날 현실이 된다. 중국 내에는 선전과 같은 창업특구가 27개나 된다. 하지만 우리나라에는 이렇다 할 창업특구가 없다.

중국의 창업 증가 추이를 보면, 2010년 94만 개에서 2014년 365만 개로 증가했는데, 만약 1인 기업이라면 매일 1만 개의 일자리가, 3인 기업이라면 3만 개의 일자리가 탄생한 것이다. 미래시대에 살아갈 우리의 구명보트는 글로벌 비즈니스를 펼치는 벤처 창업이다. 지금은 새롭게 떠오르는 트렌드에 대응하는 능력이 필요한 때이다. 일자리가 무너진다는 것은 곧 나라의 위기를 보여주는 것이므로 일자리를 지키기 위한 공감대 형성이 중요하다. 지금은 새로운 산업으로의 도전이 필요한 때이다.

5. 스웨덴 정치인,
   행복을 만드는 마술사

스웨덴의 두 총리

KBS-1TV "다큐1-스웨덴 정치를 만나다"(2016년 1월 28일)라는 방송을 보기 전까지만 해도 필자에게는 스웨덴 하면 떠오르는 것이 단순히 유럽의 복지국가, 또는 다이너마이트를 발명하여 많은 돈을 벌어서 노벨상을 만든 노벨의 나라 정도였다. 그 외 세계적인 대중음악으로 문화계의 판도를 움직인 'Dancing Queen'을 부른 4인조 혼성그룹 ABBA, 자동차 볼보, 이케아 정도로 대부분 알고 있을 것이다. 하지만 이 다큐멘터리를 보고는 왜 스웨덴이 선진국이고 복지국가인지 필자는 알게 되었다.

1900년대 초, 스웨덴은 가난했으며 국민들의 평균수명도 43살에 불과했다. 일자리가 없어 많은 국민들이 살아남기 위해 미국으로 이민을 떠났다. 1912년 북대서양에서 침몰하여 1,513명이나 되는 사망자를 낸 타이타닉호는 영국의 사우스햄프턴에서 출항하여 스웨덴 제2의 도시인 예테보리항구를 거쳐서 미국 뉴욕까지 운항하는 배였다. 침몰 당시 그 배에는 400여 명의 스웨덴 출신 이민자가 있었고, 그들은 가장 저렴한 3등 칸에 탔다가 사고를 당했다. 이 당시 이민을 떠난 사람은 150만 명으로 스웨덴 전체 인구의 20% 정도나 되었다.

세계에 불어 닥친 대공황은 가난한 도시 노동자를 양산했다. 이 여파로 스웨덴 노조의 파업은 최악의 상황으로 치닫고 있었다. 이들은 상당히 폭력적이었고, 노사 간의 갈등이 최고조에 달하였다. 군대까지 동원하여 총파업을 진압하는 상황이었지만, 이 위기에서 스웨덴을 구한 것은 다름 아닌 대화와 타협의 정치였다.

1932년에 부임한 알빈 한손 총리(Per Albin Hansson, 1885~1946)는 국가의 역할을 강조하며 가장 시급했던 노사 갈등을 해결하려고 직접 발 벗고 나섰다. 그 결과 노조는 파업을 중지하고 기업은 일자리 보장과 복지를 약속했다. 사회가 안정되기 시작했다. 그러나 제2차 세계대전이 발발하고, 한손 총리가 갑자기 사망하면서 노사 갈등이 다시 불거졌다. 이때 나타난 총리가 엘란데르(Tage Erlander, 1901~1985)였다. 그는 1946년부터 열한 번의 선거에서 모두 승리하면서 23년간 총리에 있었고, 재임기간 대화의 정치로 국가의 기틀을 바로잡았다. 1968년 엘란데르는 스스로 총리직에서 물러났는데 이때 또 한 번 국민들을 놀라게 했다. 총리 퇴임 후 그에게는 거처할 집이 없었다. 결국 정부가 나서서 수수한 집을 마련해주었으며 엘란데르는 이곳에서 16년을 살았다.

스웨덴의 복지정책

스웨덴은 2014년 기준으로 인구는 약 973만 명이고, 1인당 국민소득이 일본과 독일보다 높은 4만 9,582달러이다. 우리나라(2만 8,338달러)보다는 약 2배가 많은 5만 달러 돌파를 눈앞에 두고 있다. 스웨덴의 국토면적은 우리나라의 약 4.5배이며, 노인 행복지수는 세계 3위(2015), 살기 좋은 나라 세계 5위, 청렴도 세계 4위, 전 국민의 행복지수 세계 8위이다. 어떻게 하면 국민들이 행복한 나라를 만들 수 있을까. 스웨덴의 경우 그것은 바로 청렴한 정치인에 있다고 볼 수 있다. 스웨덴의 정치인들은 특권을 누리는 계층이 아니라 국민을 위해 봉사하는 사람들이라는 것을 몸소 보여준다.

스웨덴의 복지는 최상위 수준이다. 국민연금, 의료보험, 실업연금, 육아수당, 육아휴직보험, 무상의료, 무상교육 등 많은 부분을 국가에서 부담하고 있다. 물론 조세부담률(GDP 대비 총 세수비율로 국민연금, 의료보험료, 산재보험료 등 사회보장금액 포함)은 2014년 GDP 대비 43%(덴마크 50.9%, 프랑스 45.2%, 벨기에 44.7%, OECD 평균 34.4%, 미국 26%, 한국 24.6%)로 복지국가 중 다소 높은 편이다. 참고로 한국은 멕시코, 칠레에 이어 3번째로 조세부담률이 낮은 국가이다. 스웨덴은 세금이 엄청나게 많지만 그만큼 복지에 많은 예산을 투자한다. 먼저 스웨덴의 연금은 '고부담 고복지'의 형태이다. 세금을 많이 내는 대신 복지 혜택을 많이 받는 것이다. 복지 예산은 GDP의 28.1%로 OECD 평균(21.6%)보다 높고 한국(10.4%)보다는 2배 이상 높다. 스웨덴 정부가 이러한 복지정책을 유지하기 위해 그동안 다양한 방면에서 노력해왔다는 것을 알 수 있다. 특히 가족 관련 복지 지출을 늘림으로써 출산율은 1.5%에서 2013년 1.9%로 상승했고, 전체 고용률은 74%, 여성 고용률은 73%이다. 스웨덴은 단순히 세금을 올리기만 한 것이 아니다. 개인소득세의 경우에는 1960년 50%에 달했던 것을 29%까지 줄여주었다. 대신 면세점을 줄이는 정책을 시행하여, 세금을 얻을 수 있는 곳을 늘림으로써 세금을 적게 내도 정부 입장에서 받는 세금의 차이가 크지 않게 하였다. 스웨덴의 면세자 비율은 6.6%로 한국(31.2%)의 1/5 수준이다.

개인소득세뿐만 아니라 기업의 세금 부담도 낮추어 기업이 성장할 수 있도록 발판을 마련해주었으며, 경영 간섭과 규제를 최소화함으로써 기업의 자율성을 보장하였다. 기업의 자율성을 보장하면 비정규직이 늘어나는 등 고용 불안정을 불러올 것 같지만 일자리만 있다면 노년이 되어서는 최소 135만 원의 연금이 보장되기 때문에 의외로 사람들의 불만은 높지 않았다. 그리고 기업은 자율성이 보장되기에 더 나은 경제 활동을 할 수 있게 되어 결과적으로는 수익이 늘고 세금도 늘어나는 형태가 된 것이다. 스웨덴 국민들은 세금을 많이 내지만 이것이 복지로 연결되기 때문에 행복하며 정치인을 신뢰한다고 스스럼없이 말한다.

스웨덴과 한국의 국회의원

스웨덴 국회의사당 입구에서 국회의원과 일반 시민을 구별하기는 쉽지 않다. 국회의원이라도 승용차를 이용하지 않고 일반 시민들과 동등하게 대중교통을 이용해 걸어서 오거나 자전거를 이용하기 때문이다. 대한민국의 국회의원과는 아주 대조적이다. 또한 국회의원 사무실이 있는 의원회관에 출근해도 아무도 그들을 맞이해주지 않는다. 대부분 옷장 하나 없는 좁은 사무실 공간에서 도움을 주는 보좌관도 없지만 해마다 100여 개가 넘는 법안을 발의한다. 국회의원 수는 349명으로 299명인 우리보다 조금 많지만 국회의사당에는 직위를 나타내는 그 어떤 자리도 없고 의원명판도 없으며, 국회의원들이 주차할 공간조차 없다. 주차장은 장애를 가진 의원과 직원들의 공간일 뿐이다. 대부분의 국회의원들은 차를 가져오지 않기 때문에 주차장은 비어 있고 날씨가 따뜻할 때는 자전거 주차장이 꽉 찬다. 의사당 안에는 조그만 업무지원 시설이 있다. 개인비서가 없는 의원들이 교통편 예약이나 우체국 업무를 직접 처리하는 곳이다. 의사당 어느 곳을 둘러보아도 국회의원을 위한 특별한 공간은 없다.

국회에서 극우당과 야당의 강도 높은 현안 질의가 이어져도 주제를 벗어나거나 인신공격을 하지 않는다. 때때로 정책을 강하게 비판하기는 하지만 본질을 벗어나지는 않으며 최대한 친절하고 겸손하게 질문하려고 노력한다. 스웨덴의 국회의원은 혼자서 일한다. 정책보좌관이 있지만 1명이 4명을 보좌한다. 우리나라의 경우 1명의 국회의원에 7명의 보좌관이 있는 것과는 사뭇 대조적이다. 더구나 우리나라는 지난 2010년 3월 2일 '국회의원 수당 등에 관한 법률 일부 개정 법률안'이 통과되어 비서관(5급) 1명이 증원되었다. 따라서 현재 국회의원은 총 9명. '4급 상당 보좌관 2인, 5급 상당 비서관 2인, 6급 상당 비서 1인, 7급 상당 비서 1인, 9급 상당 비서 1인, 인턴 2인'을 채용할 수 있다. 그리고 급여지급은 국가에서 한다. '정부 경쟁력 2015 보고서'에 따르면 OECD 국가별 국회의원의 보수가 나와 있다. 가장 높은 나라는 일본, 이탈리아, 한국 순이지만 금액은 비슷한 수준이다. 미국은 5위, 스웨덴은 24위, 노르웨이는 26위이다.

사실 스웨덴과 우리나라 국회의원을 서로 비교하는 것은 창피스럽다. 스웨덴과 우리나라 국회의원의 대우를 비교해보면 혀를 내두를 정도로 차이가 크다. 2014년 기준, 우리나라 국회의원 급여는 연봉 1억 7천만 원 정도이다. 국회의원 개인 세비 명세서를 보면 일반 수당 약 640만 원, 입법 활동비 약 3백만 원에 급식비까지 모두 합치면 월 1,100만 원이 넘는다. 여기에 임시국회 회기 중일 때는 매일 특별활동비가 추가되고, 연 2차례 나오는 정근수당이 약 640만 원이고, 설과 추석에 나오는 명절 휴가비가 총 770만 원이다. 모두 더하면 1억 4천만 원 가까이 된다. 또 있다. 사무실 유지비와 차량 기름값 등 지원경비 9천만 원은 별도이고, 원내대표, 상임위나 특위의 위원장 등이 되면 받는 의정 지원 명목의 특수 활동비도 별도이다. 더하여 KTX, 선박, 항공기 무료에, 국고지원 해외시찰 연 2회, 보좌관 지원 6명(국고지원) 등 국회의원이기 때문에 누릴 수 있는 혜택이 손으로 다 꼽을 수 없을 정도이다.

반면 스웨덴 국회의원은 월 700만 원이 고작이다. 자동차 지급은 애당초 안 되고, 교통지원도 없다. 그러다 보니 비싼 승용차가 아닌 자전거를 이용하거나 걸어서 다니는 의원들이 대다수이다. 법안 발의는 많이 하지만 개인비서도 없다. 스페인 국회의원은 사생활을 포기해야만 가능한 주당 80시간 이상 노동을 하고 있다.

우리나라 국회의원 연봉은 1인당 국민소득의 5배가 넘지만 스웨덴은 최하위권이다. 그러나 연봉에 비해 얼마나 일을 잘하는지를 보면 노르웨이가 1위, 스웨덴이 2위, 한국은 꼴찌 수준인 26위로 정반대이다. 2015년 4월 18일 한국을 방문한 스웨덴 국회의원들은 한국 국회의원들을 보고 엄청나게 놀랐다. 한국처럼 많은 비서진과 리무진 승용차를 타고 다니는 등의 대우를 받는다면 스웨덴에서는 아주 많은 비난을 받을 것이라고 했다. 그들이 한국 방문 시 주어진 의원 활동비는 하루에 한화로 6만 원도 안 되는 금액이었다. 이렇게 적은 출장비인데도 영수증을 철저히 챙겨서 국회사무처에 제출해야 하고 면밀한 감사를 통해 위반 여부를 감사한다. 국회 사무처 소속 직원 650명이 영수증 감사 보관 업무를 담당한다.

스웨덴 국회의원 지원법 중 임금에 해당하는 조항을 보면 국회의원에게 수당으로 지급한다고 규정되어 있는데, 이는 한마디로 비정규직이란 뜻이다. 국회의장도 예외는 아니다. 만약 회의에 불참하면 빠진 시간만큼 공제하며 질병의 경우도 예외는 없다. 출장지원금의 경우 국내 출장 시 가격, 시간, 환경을 고려하여 교통수단을 스스로 판단하여 이용해야 한다는 조항 때문에 기차나 비행기 등에서 1등석을 타지 않는다. 그리고 출장비 중 식사를 접대받을 경우 비용은 사무처에서 정한 비용만큼 제외한다.

국회의원 지원법은 국민의 세금을 함부로 쓸 수 없도록 가능성을 모두 없앤 것이고, 국회의원은 특권을 누리는 자리가 아니고 봉사하는 직업이라는 것을 강조하는 대목이다. 업무 시간에 사적인 일을 하는 것은 금지되어 있으며, 외출이나 통화도 자제하고 개인 용도로는 인터넷 검색도 하지 않는다. 일에 집중하면서 돈과 시간을 절약하기 위해 점심은 도시락을 싸와서 해결하기도 한다.

우리나라 국민들은 스웨덴 정치인을 부러워하고 있을 때가 아니다. 우리 손으로 뽑았기에 더욱 땅을 치며 통곡하고 뉘우쳐야 한다. 아무리 따져봐도 그동안 우리 국민들이 크게 실수하고 있는 것이다. 일반 서민은 상상하기 힘들 정도의 많은 세비가 매월 하루도 늦지 않고 정치인들에게 꼬박꼬박 바쳐지고 있으니 참으로 부러운 직업이다. 그러니 엄청난 대가를 치르고서라도 금배지를 달려고 혈안이다.

스웨덴의 국회의원들은 하나같이 국민의 대표로서 국민의 어려운 생활을 알기 위해 노력한 대가로 세계인들이 가장 부러워하는 복지국가 스웨덴을 만드는 데 일조했다. 반면 우리나라 국회의원들은 철저하게 국민을 무시하고, 기만하고, 자신들의 이익을 추구하기 위해 금배지 달기에만 혈안이 되어 그동안 나라를 망치는 데 일조해왔다.

힘없는 국민들은 이놈의 병명을 잘 알고 있음에도 4년마다 주기적으로 재발하여 또 속아 넘어가서 후회하면서도 되풀이한다. 세상에 이놈의 병을 고칠 명의가 누구도 없는 것인지 국민들만 죽을 맛이다. 도대체 우리나라 정치인들은 왜 이런 욕을 먹고 살아야 하는 것일까? 우리 국민들은 많은 것을 바라지도 않는다. 정말 국민을 위한 정치를 한다면 스웨덴 국회의원 1/3 이라도 닮으려고 노력해야 할 것이다. 정치인이 자신의 특권을 내려놓는 순간 국민들은 행복해진다는 것을 알고, 하루빨리 실천하는 그날이 오기를 기대해본다.

6. 그리스를 망친 포퓰리즘

잘못된 연구논문

세계경제 위기가 지속되고 있던 2010년 초반 미국 하버드대학교 경제학자 카르멘 라인하르트와 켄 로고프가 '채무한도에 마법과 같은 숫자가 있다'는 요지의 짧은 논문을 발표했다. 그 마법의 숫자는 바로 90인데, 이것은 한 국가 GDP의 90%를 뜻하는 말로 한 국가에서 부채가 GDP의 90%를 넘으면 경제성장 속도가 급격하게 줄어들다가 결국 멈춘다는 것이다. 유럽의 위기와 세계금융위기에서 겪었던 데이터를 토대로 한 이 주장은 불황을 이겨내는 것보다 부채를 줄이는 것이 훨씬 중요하다고 믿는 미국과 유럽의 보수주의자들에겐 더할 나위 없이 좋은 과학적 증거였다.

경제학 논문을 통틀어 세계가 이보다 더 즉각적인 반응을 보인 논문은 없었다고 한다. 세계금융위기의 주범이 제대로 된 감시 없이 운영된 금융시장이 아니라 바로 국가부채라는 것이었다. 이 연구는 미국과 유럽의 긴축재정 정책 지지자들에게 성서와 같은 존재가 되었고 향후 전 세계경제가 나아갈 지향점이 될 것이라고 보았다. 이 논문은 빠르게 전파되었고 주요 인물들이 연이어 인용했는데, 유럽위원회와 영국 총리 산하의 지도자들이 긴축재정 정책을 유럽 전체에 적용하는 데 필요한 과학적 근거로 썼다.

이 연구가 세계적으로 인정을 받게 되자 매사추세츠 주립대학교에서 박사과정 학생인 토마스 헌든이 로고프와 라인하르트 연구를 토대로 논문을 준비했다. 그는 당초 분석 결과를 재구성할 생각이었다. 그런데 연구 결과, 한 국가에서 부채가 GDP의 90%를 넘으면 성장이 멈춘다는 것에 대한 아무런 근거를 찾지 못했다. 토마스 헌든은 이 연구 결과를 두 교수에게 재검토해줄 것을 요청했고, 두 교수는 실수가 있었다는 것을 인정했다.

그 후 이들은 90%가 한계점이 아니며 정해진 위험구역은 없다고 연구 발표를 했다. 그리고 세계 불황기에 긴축재정을 하는 것은 옳지 않은 방법이며, GDP 성장에 제일 신경을 써야 한다고 말했다. 경제학자들은 그리스뿐만 아니라 유럽 전체에 도입된 긴축재정 정책은 해서는 안 될 아주 멍청한 짓이었다고 한다. 그들은 2008년의 금융위기가 긴축재정 정책 때문에 상황이 훨씬 악화되었다고 말했다.

그리스인을 구제한 유럽인들의 세금

그리스 연금이 700유로(약 92만 원) 이상 줄어들면서 도로세가 평균 10% 상승했고 국민의 구매력이 절반으로 떨어졌다. 현재 그리스 인구의 22.7%인 250만 명이 최소한의 생활수준을 유지하기 힘든 상황이고, 그 밖의 380만 명이 빈곤층으로 전락할 위험을 안고 있다. 실업률은 유럽연합국 중에 최고치인 27%에 달한다. 지역에 따라 실업률이 다르지만 페라마, 피레에프스의 실업률은 무려 60%에 달한다. 국민들이 서로 적선하며 살아남아야 한다는 뜻이다. 그리스인들은 "내 나라 내 집에서 거지가 되게 생겼다"고 말한다. 그리스인 두 명 중 한 명은 빈곤선에 도달한 상태이다.

그리스에 불어 닥친 최악의 경기침체로 일이 없으니 가족들은 뿔뿔이 흩어지고 가정이 파괴되었다. 2차 세계대전 이후 60년 만에 최악인 상태이다. 파파드레우 총리는 2009년 총리 취임 전인 선거 때 이미 그리스은행 총재로부터 파탄에 이른 그리스의 재정상태를 들었는데, 이는 오랜 세월에 걸친 잘못된 재정운영과 세금 낭비, 탈세, 후견주의가 낳은 결과였다. 그리고 이런 정책 뒤에는 수십 년간 권력을 양분해온 사회당과 신민주당이 있었다.

그리스는 한 나라로서는 역사상 가장 거대한 규모인 1,100억 유로(약 144조 4707억 원)를 대출받았는데, 유럽연합이 800억 유로(약 105조 265억 원)를, IMF가 300억 유로(약 39조 3846억 원)를 각각 지원했다. 유럽 국민의 세금으로 게으른 그리스인을 구제했다는 시

선도 있다. 독일과 프랑스 주요 은행들이 그리스 채무에 발목이 잡혀 그리스가 무너지면 그리스뿐만 아니라 유럽금융시스템 전체가 붕괴할 위기에 처해 있기 때문이었다.

현재 그리스는 노숙자가 넘쳐나고 국민들의 일부는 먹다 남은 쓰레기를 뒤적거리고 시장이 문을 닫기만 기다렸다가 썩은 과일과 야채를 가져가 배고픔을 채우고 있는 실정이다. 그리스에는 서로 다른 포퓰리즘이 공존했다. 거기에는 우파와 좌파, 그리고 극우파가 함께했다. 이들 세 집단 사이에는 공통분모가 있는데. 단순화된 포퓰리즘, 평준화 선동과 거짓 공약이었다. 정치권은 선거 때만 되면 당선을 위해 무분별한 거짓 공약을 하여 나라를 망치고 있었던 것이다.

그리스의 경제 위기 동안 자살률은 27%가 상승해 2009~2012년 사이에 3,124명이 자살했다. 중등교육부터 고등교육을 받은 노숙자들을 '신노숙자'라고 하는데, 2009~2011년까지 단 2년 만에 신노숙자가 25%나 증가했다. 이들은 얼마 되지 않는 짐을 들고 하루하루 거리를 떠돌며 군중 속에 제 모습을 감추고 있다. 그들은 다른 사람들에게도 머지않은 미래상이 될 것이라고 말한다. 어느 날 일어나보니 세수할 세면대가 사라졌으며, 발붙이고 서있을 곳도 사라지고 없다는 것을 알게 되고, 자신이 어디로 가는지도 뭘 하는지도 모른 채 한동안 미치광이처럼 온 도시를 헤맬 것이라고 말한다.

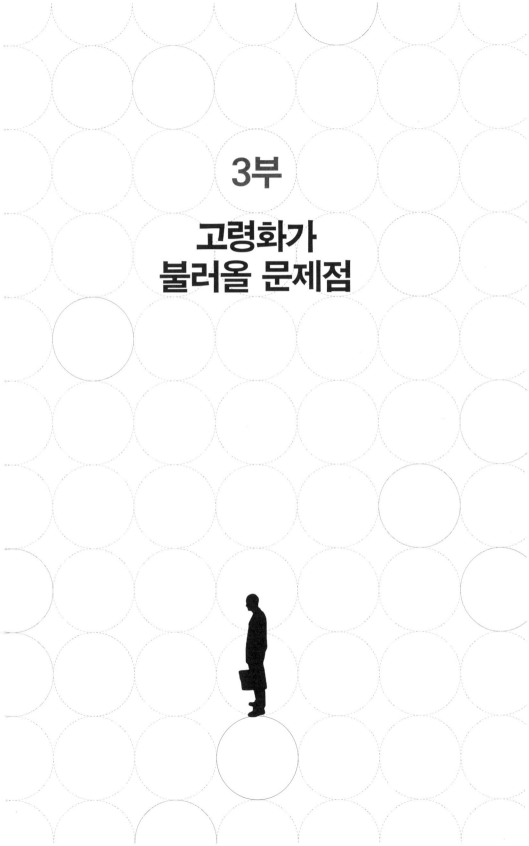

3부

고령화가
불러올 문제점

1. 세계의 베이비붐세대

선진국의 베이비붐세대

베이비붐세대의 은퇴는 세계 어느 나라에서나 사회적으로 큰 이슈가 되고 있다. 2차 세계대전 이후 10~20년간에 걸쳐 집중적으로 태어난 베이비붐세대는 각 나라별로 수천만 명에 달한다. 미국의 경우 1946년부터 1965년까지 약 20년 동안 태어난 사람들을 베이비붐세대라고 부르며 현재 미국 인구의 30%(7,600만 명)에 해당한다. 영국에서는 2차 세계대전 직후인 1945년부터 여성들의 출산율이 저하된 1963년까지 태어난 사람들을 베이비붐세대라고 부르며 현재 영국 인구의 24%(1,490만 명)이다.

미국과 유럽의 베이비붐세대는 자신의 부모들이 만들었던 세상을 크게 바꿔놓았다. 그들의 행태를 한 마디로 정리하면 '기성세대에 대한 반항'이라고 할 수 있다. 베이비부머들은 60년대 후반부터 70년대 초반까지 미국에서 격렬하게 벌어진 인권운동, 베트남 반전운동을 이끌었고, 프랑스와 독일에서는 그 유명한 '68년 학생혁명'을 주도했다. 또 여성해방운동의 주역으로 활동했고, 성적 억압 체제에 반발해 자유연애와 성 개방 문화를 확산시켰다.

베이비붐세대는 새로운 제2의 인생을 위해 과거에 내가 가졌던 직위, 수입 등에 연연해서는 안 된다. 한 마디로 눈높이를 낮춰야 한다. 100세 시대에 걸 맞는 제2의 인생을 위해 자신이 좋아하는 일을 찾고 무엇보다 긍정적인 마인드가 가장 중요하다.

스페인의 베이비붐세대

스페인 내전 이후 경제가 회복되기 시작한 1957년부터 1977년 사이에 태어난 스페인의 베이비붐세대는 1,500만 명 정도이다. 스페인은 우리나라와 같이 부동산 비중이 높은데, 스페인의 50~60대는 주택 소유가 인생에서 꼭 성취해야 하는 목적이었다. 2008년 세계금융위기와 함께 스페인의 부동산 버블이 붕괴되면서 부동산 가격이 반 이하로 폭락했다. 부동산 폭락으로 국민의 1/3이 가계부채로 고통 받고 있다. 많은 사람들이 자신의 월급과 노후를 위한 연금마저 빚을 갚는 데 사용하고 있다. 스페인의 경우도 재산 형성 과정이 우리나라와 비슷하여 집이 가지고 있는 재산의 거의 전부인 셈이다.

일본의 단카이세대

일본에서 베이비붐세대는 세계대전이 끝난 후 1947년부터 1949년까지 출생한 사람들을 말한다. 다른 세대보다 인구수가 많아 인구분포도에 덩어리(단카이)가 튀어나온 것처럼 보인다고 해서 붙여진 이름이다. 단카이세대는 태평양전쟁의 패전으로 일본이 경제적으로 매우 궁핍했던 시기에 어린 시절을 보냈다. 이 세대는 일본의 경제성장을 이끌어낸 회사형 인간의 대명사이다. 일본이 세계 2위의 경제대국으로 성장하는 데 크게 기여했지만, 다른 한편으로는 버블경제를 만들어낸 주범이다. 1991년 이후 경제 버블이 꺼지면서 잃어버린 20년의 장기불황의 고통을 몸소 체험했다. 일본 후생노동성 통계에 따르면 단카이세대의 규모는 전체 일본 인구의 약 5%인 7백만여 명(2007년 기준)에 이른다고 한다. 이들은 탄탄한 경제력을 바탕으로 일본 소비의 큰손으로 영향력을 행사했으며 은퇴한 지금도 마찬가지이다.

단카이세대의 자녀인 '로스트 제너레이션'은 1970년부터 1980년대 초에 태어난 세대를 지칭하는 말로, 단카이세대와 유사한 특징을 보인다. 이 세대는 학창시절 혹은 사회 진출과 동시에 일본 경제가 몰락하는 걸 직접 경험했다. 이들이 사회생활을 시작한 1993년부터 2004년은 '취업 빙하기'라고 칭할 정도로 기업이 신규 채용을 대폭 줄여 청년 실업률이 높았고 고용 불안이 증가했던 시기였다. 사회 진출과 동시에 좌절을 경험하면서 자신감과 미래에 대한 기대를 잃어버린 세대이다. 이들은 부모 덕분에 풍요로운 학창시절을 보내기도 했지만, 장기적인 경제 불황 시기인 '잃어버린 20년'이 시작되는 때 사회에 첫발을 내디디며 어려움에 직면했다. 그들은 경제적으로 안정된 미래를 꿈꿀 수 없어 결혼과 출산을 미루거나 아예 안 하는 경우도 많다. 거대 인구 집단인 단카이세대가 늙어가면서 고령화 문제가 더욱 심각해지고 있는 추세이다.

한국의 베이비붐세대

한국전쟁 이후인 1955년부터 1963년 사이에 약 800백 만 명이 태어났다. 2015년 기준으로 생산가능인구의 20%를 차지한 우리나라 베이비붐세대의 직장인들이 퇴직하기 시작했다. 이들은 부동산이나 현금이 있어도 자녀들의 학비와 혼사 등의 문제로 은퇴 후에 필요한 미래를 위한 저축은 생각하기 어렵다. 은퇴를 앞둔 이들 중 65%는 퇴직 준비를 하지 않았고, 72%는 재취업을 원한다. 이 때문에 취업시장이 뒤틀리고 있다. 2014년 취업자 53만 명 가운데 50~60대 취업이 80%가 넘고, 20대 취업은 10%에 그쳤다. 은퇴자가 취업시장에서 주류가 된 것이다.

2013년 기준, 베이비붐세대의 평균 총 자산은 3억 9천만 원 정도인데, 부동산 3억 3천만 원, 나머지 금융자산은 6천만 원 정도이다. 한 마디로 아파트가 거의 전부를 차지한다. 세계적으로 부동산 비율(개인 전체 자산 중 부동산의 비중)을 보면 우리나라 가구당 75%이고, 베이비붐세대를 기준으로 하면 83%이다. 스페인을 제외하고는 미국, 일본, 영국, 프랑스는 부동산 비율이 낮은 편이다.

집은 살기 위해서 있는 것이다. 하지만 그릇된 인식으로 비롯되어 부동산 거품과 아파트푸어가 탄생한다. 집값이 비싸다 보니 돈을 유용하지 못한다. 어렵게 신혼생활을 시작하여 자식을 낳아 공부시키면서 집 하나 가지는 것을 최대의 목표로 삼았던 것이 우리나라 중산층의 전형적인 모습이다. 여기서 좀 더 성공하면 자녀의 공부를 위해 8학군인 강남 진출을 도모하게 된다. 그동안 우리 사회는 부동산을 통해 자산을 늘려왔다. 베이비붐세대는 그 흐름에 동참했다.

한국은 부동산 투자비율이 42%이고, 일본은 3%이다. 일본은 80년대 말 부동산 가격이 폭등하고 1991년 부동산 가격이 급락하며 부동산 거품이 붕괴되었다. 그 이후로 일본의 단카이세대는 현금 위주로 저축하며 노후를 준비했지만 우리나라는 오직 부동산에만 투자를 집중해왔다. 우리나라 베이비붐세대는 어려운 시대에 태어나 경제성장, 사교육, 구조 조정, 부동산 붐 등을 거치면서 사회변화를 이끌어온 세대이다. 그리고 부모 부양과 자녀 양육을 동시에 해야 하는 끼인 세대이기도 하다.

이제 우리나라 베이비붐세대는 새로운 제2의 인생을 위해 과거에 내가 가졌던 직위, 수입 등에 연연해서는 안 된다. 눈높이를 낮추고 자신이 좋아하는 일을 찾아서 하는 긍정적인 마인드가 중요하다. 700백만 명이라는 거대한 베이비붐세대는 평생 '집'에 얽매여 살아온 인생이라고 해도 과언이 아니다. 전세나 월세에서 열심히 돈 모아서 집을 사고팔고 이사하고 반복적인 삶으로 재산을 증식하다가 현금 없이 은퇴하는 세대이다. 우리나라의 1,070만 가구 중 108만 가구가 하우스푸어로 우리 사회의 사각지대에 놓여 있다.

2. 세계의 고령화와 노인복지
-한국, 중국, 일본, 이탈리아, 독일, 영국, 캐나다, 미국-

선진국의 건강보험 제도

모든 노인의 노후 소득이 보장되는 나라라면 은퇴 후 노년은 행복할 것이다. 고령화는 각 나라별로 정도와 속도의 차이는 있으나 21세기 대부분의 선진 경제 사회에서 겪게 될 공통적인 사회 현상이다. 2050년이면 세계는 60세 이상 인구가 20억 명으로 15세 이하 인구보다 60세 이상 인구가 많을 것으로 예상된다. 그렇다면 인류 역사상 처음 도래할 인구 구조 변화로 어떤 일이 닥칠지 알 수가 없다.

고령사회에 대해 질문해보자. 어떻게 지속 가능한 성장을 할 것인가? 어떻게 노인을 부양할 것인가? 국가의 부담과 개인의 부담은 어디까지인가? 이는 전 세계적인 화두이자 도전이며 그 어떤 나라도 피해갈 수 없는 문제이다.

영국의 국민건강보험공단 NHS(National Health Service)는 1948년 문을 열었는데, 고용 인원만 무려 170만 명이나 되는 영국 최대 규모의 공공기관이다. NHS는 빈부에 관계없이 진단에서 수술까지 무상의료체계이다. 두 차례의 세계대전 결과로 탄생한 이 공단은 복지국가를 염원하는 국민의 거대한 합의로 이루어졌는데, 보험의 내용은 무상교육, 무상주택, 무상복지, 연금, 보건서비스 다섯 가지이다. 그래서 직업이 없이 살아온 기초연금생활자도 아프면 모든 치료를 해주는 든든한 믿음을 주는 기관이기도 하다.

1990년에서 2010년 사이 영국의 건강의료비 지출이 GDP 대비 6.7%에서 9%로 증가했다. 2014년 기준으로 영국과 미국의 의료비를 비교해서 살펴보면, GDP 대비 영국의 경우 9.4%로 1인 1년 의료비 3,405달러, 평균수명 81.1세이고, 미국의 경우 17.7%로 1인 1년 의료비 8,508달러, 평균수명 78.7세이다. 의료비는 미국이 영국보다 두 배가 넘는다.

프랑스는 세계 최고 수준의 국민건강보험 제도를 가진 나라로 손꼽힌다. 65세 이상 프랑스 노인은 약 19%인데 건강보험카드인 Vitale카드로 노인요양원 등을 형편과 건강에 따라 다양하게 이용할 수 있다. 이곳의 요양비가 월 590만 원 정도지만 부유한 사람만 본인이 부담하고 능력이 안 되는 사람은 정부에서 전액 부담한다. 그러다 보니 소득의 20%를 사회보험료로 내고 있다. 2015년 프랑스의 사회보험 재정은 심각한 적자 상태에 있다. 특히 건강보험이 전체 적자의 60%를 차지하는데 고령화로 인해 지금의 체계를 언제까지 유지할지 미지수이다.

과거보다 평균수명은 늘어나고 가족이 노인을 돌보는 경우는 줄어들어 노인들은 자기 스스로를 돌봐야 한다. 이는 결국 사회비용을 증가시키는 요인인데 국가재정은 한정되어 있기 때문에 모든 나라가 당면한 과제는 이 비용을 감당하지 못할 시기를 최대한 늦추는 것이다. 인구 고령화의 파고 속에서 국가는 재정 부담과 국민건강 사이에서 균형을 맞추기 위해 안간힘을 쏟고 있다.

한국의 국민연금 제도

한국의 노인빈곤율은 49.6%로 OECD 국가 중 1위(2015년)이다. 노인 두 명 중 한 명은 가난하다는 말이다. 세계에서 가장 빠른 속도로 고령사회가 될 우리나라 노인들의 지갑을 누가 어떻게 채워줄 것인가? 우리나라에서 연금 신화는 없다. 베이비붐세대는 부모 공양 마지막 세대로 자식들에게 짐이 되는 것을 원치 않기 때문에 근로 여건만 허락된다면 70~80세까지 일하고 싶어 한다.

우리나라는 1988년 국민연금제도를 전면 도입하였다. 매달 월급의 3%(근로자1/2+고용자1/2)만 납부하면 연금 수급 개시연령인 60세가 되면 소득의 70%를 받을 수 있다고 정부가 호언장담하면서 국민들에게 가입을 종용하였다. 노후가 보장된다는 희소식에 매달 납부해오던 근로자들은 30년이 지난 지금, 꿈과 현실의 차이를 크게 느끼고 있다. 베이비부머(1955~1963년생) 윗세대들은 더 심각한데 노령 층의 절반 이상이 소득 빈곤에 처해 있다. 한국의 공적연금은 이들의 노후 소득을 채워주지 못하고 있다.

국민연금이 처음 시행된 1988년 당시 소득대체율이 70%였던 것이 1997년과 2008년 두 차례 조정을 거쳐 46.5%까지 떨어졌다. 초반에 국민연금에 가입한 세대는 지금 세대보다 보험료는 적게 내면서 연금을 더 많이 받는다. 그런데 소득대체율이 다시 50%로 상향되면 아무래도 후세대의 부담이 커질 수밖에 없다. 그래서 연금제도는 22세기를 내다보면서 운영해나가야 한다. 1997년 연금 개혁으로 개시연령은 60~65세(2033), 소득대체율은 70~60%로 낮아지고, 보험료는 6~9%로 올랐다. 2008년 세계금융위기 때 국민연금은 소득대체율이 60%에서 50%로, 그리고 40%(2028년)로 다시 낮아졌다.

우리나라 기초연금은 월 20만원이다. 하지만 베이비부머세대의 국민연금 수급은 50%를 밑돌 것으로 전망된다. 대한민국은 세계에서 가장 빨리 늙어가는 나라, OECD 국가 중에 노인이 가장 가난한 나라지만, 연금제도에는 어떤 신화도 기적도 없다. 이를 바꿀 사회적 합의가 없다면 누가 우리의 노후를 보장해줄 것인가.

부산은 국내 대도시 중 제일 먼저 65세 이상의 노인인구가 14%를 넘는 고령사회에 진입했다. 지금 추세라면 2026년에 20.8%로 초고령사회에 진입하고, 2060년에는 40%에 육박할 것으로 예상된다. 이에 따른 인구 구조의 변화로 경제가 침체에 빠질 것으로 우려된다. 이것은 '인구절벽' 상황으로 볼 수 있는데, 인구절벽이란 한 세대의 인구가 절벽처럼 떨어져 소비가 줄고 성장이 둔화되는 것을 말한다.

한국, 가장 빨리 늙어가는 나라

한국은 현재(2016년) 65세 이상 인구가 13%로 고령사회(기준 14%) 진입 문턱에 와있다. 고도 성장기와 IMF를 겪은 베이비부머 세대의 주요 이슈는 은퇴 이후의 삶이다. 무엇보다 소득이 가장 큰 문제인데 평균수명이 늘어나면서 소득 없이 살아가야 할 날이 늘어나기 때문이다. 2016년 기준으로 2인 기준 한 달 최저생활비가 170만 원 정도이다. 연금을 받는 쪽은 부족하다고 하지만 정부의 연금재정은 해가 갈수록 더 악화될 것이다. 무려 700만 명이나 되는 베이비부머가 은퇴를 시작했기 때문이다.

2015년 기준 연금 지출은 18조 원, 2030년 90조 원, 2040년 214조 원, 2050년 400조 원, 2060년 700조 원이 넘을 전망이다. 이는 조세 부담으로 이어져 사회복지 지출이 2030~2060년에 가면 GDP의 30%까지 올라갈 상황에 놓여있다. 2015년 기준으로 건강보험료의 1/3 이상이 노인에게 들어가고 있다. 건강보험 재정은 2015년에는 GDP 대비 3.5%에서 2030년에 8%대로 급격히 증가할 것으로 예상된다. 고령화가 진행되면서 고령층의 의료비가 늘어가는 것이 그 원인이다.

100세 시대를 맞아 복지정책의 패러다임 전환을 모색하는 방안이 필요하다. 특히 퇴직한 고령자의 재취업 등 사회 참여 확대와 고령친화산업 활성화방안 등을 국가 정책으로 삼아 중점적으로 찾아야 한다. 고령사회가 제대로 정착하기 위해선 현행 연금제도 개편 등을 통해 사회적 인식을 확산시킬 필요가 있다. 고령사회에서 국가적으로 해결해야 할 가장 시급한 문제는 퇴직 후 근로소득이 없는 이들의 노후 대책과 사각지대 해소 등이다.

우리나라는 전후 베이비붐세대의 본격적인 은퇴로 고령화가 급속히 진행되고 있으며, 고령화 문제가 사회 경제적으로 최대 이슈로 부각되고 있다. 하지만 고령자를 위한 사회안전망은 거의 무방비 상태에 있다. 특히 공적자금, 퇴직연금, 개인연금 등의 연금 체계가 비대칭적인 구조로 이뤄지면서 이를 실질적으로 개편해야 한다는 목소리가 높지만 2015년 정부의 연금개혁은 거센 여론에 밀려 공무원 연금 부분만 손대고 끝냈다. 이런 상황에서 일반 근로자가 은퇴 이후 기대수명까지 생존한다고 가정할 때 실질적으로 연금소득보다 소비지출 규모가 더 커지므로 고령화 리스크에 고스란히 노출되어있다.

통계청에 따르면, 우리나라가 고령사회에서 초고령사회로 진입하는 시간 또한 선진국과 비교할 때 현저히 빠를 것이라고 한다. 65세 이상 인구가 총인구의 7% 이상이 되면 고령화사회, 14% 이상이 되면 고령사회, 20% 이상이면 초고령사회라고 한다. 프랑스가 154년, 미국이 94년, 독일은 77년, 일본은 36년이 걸렸는데, 우리나라는 1990년 이후부터 늘어나기 시작하여 2000년 7.2%로 고령화사회에 진입하였다. 2018년에는 14.3%로 고령사회가 예상되고, 2026년에는 20.8%로 초고령사회에 진입할 것으로 예상된다. 따라서 우리나라는 고령사회에 도달하는 데 18년, 초고령사회로 진입하는 데 불과 8년밖에 안 걸리는 셈이다

18세기 영국에서 시작되어 세계 여러 지역으로 확산된 산업혁명으로 선진국들은 1800년대부터 생활상이 우리나라와는 비교가 안 될 만큼 부유한 국가였다. 반면 우리는 1950년 한국전쟁을 겪고 난 후 박정희 대통령의 경제개발 5개년 계획, 1986년 아시안게임과 1988년 올림픽을 거치면서 그나마 조금 먹고 살게 된 것이 1990년대부터이다. 그러니 고령화에 진입하는 속도가 빨라질 수밖에 없다.

어떤 전문가는 '한국이 22년 늦은 일본'이라고 말한다. 이 말은 일본이 겪은 모든 것을 그대로 겪게 될 것이란 뜻이다. 한 사회가 고령화된다는 것은 단지 노인이 많아진다는 것이 아니다. 우리의 산업과 사회보장제도가 고령사회에 맞게 바뀌어야 한다는 뜻이다. 탄력을 잃어버린 늙은 나라로 갈 것인지, 더 성숙하고 지속 가

능한 사회로 갈 것인지 우리는 중대한 갈림길에 서 있다.

중국, 고령화사회에서 고령사회로 진행중

2015년 중국은 65세 이상 인구가 약 9.5%로 고령화사회인데, 60세 이상 노인만 2억 명이 넘는다. 1979년 이후 시행된 한 자녀 갖기 운동의 일환으로 4:2:1시대(4는 친할아버지와 친할머니, 외할아버지와 외할머니, 2는 한 부모에 한 자녀)가 되었다. 고령화는 중국 정부가 해결해야 할 아주 골치 아픈 사회 문제이다. 지난 30년 동안 중국은 저렴하고 풍부한 노동력으로 눈부신 경제성장을 이루었다. 사회가 부양해야 할 인구보다 생산인구가 훨씬 많은, 인구홍리(人口紅利, 인구 보너스=풍부한 생산가능인구)에 의한 경제성장 시대였다.

그런데 변화가 시작되었다. 60세 이상 노인 인구가 2015년 2억 9백만 명, 2030년이면 3억 4,500만 명, 2050년에는 4억 5,400만 명이 될 전망이다. 이는 미국 전체 인구보다 많다. 1950~60년대 베이비붐 시대에 태어난 사람들이 점차 노인이 되면서 몇 십 년 후에는 인구 고령화 속도가 더욱 빨라질 것이다. 해마다 노인인구가 대략 8백만~1천만 명 증가할 것으로 보인다. 이미 석유화학 등의 단순노무 기업체들은 근로자들의 연령대가 높아졌다. 예전에는 모집기준이 거의 30대 이하였는데, 요즘은 모집이 어려워 모집

나이를 45세 이하까지로 정했다고 한다. 중국의 생산가능인구는 2015년부터 매년 300만 명씩 감소하다가 2030년부터 급격히 감소할 것으로 보인다. 생산가능인구가 줄고 있는데도 불구하고 정보통신기술 발달과 자동화 등으로 해외의 기업들이 인건비가 더 저렴한 국가나 자국으로 돌아가고 있어 중국 내의 일자리는 급격히 줄고 있다.

몇 년 전만 해도 아시아와 세계에서 중국제품이 압도적으로 많을 것으로 예상했는데, 노동력이 줄어든 후 1인당 노동원가가 올라가서 중국의 세계 경쟁력은 떨어지게 되었다. 생산가능인구가 줄어든다는 것은 부양해야 할 인구가 늘어난다는 것을 의미하는데, 중국의 사회보장제도는 경제개발의 급가속에 비해 제대로 자리 잡지 못한 상태이다. 일정한 직장이 없는 사람들은 국가가 지원하는 연금도 의료보험 혜택도 받을 수가 없는데, 국민연금과 의료보험을 내다가 생활고로 중단한 사람들이 많기 때문이다.

높은 경제성장에도 불구하고 2015년 중국의 1인당 국민소득은 약 7천 달러 수준이다. 그동안 중국의 성장을 이끈 저임금 노동자들이 도시 빈곤 노인층으로 전락하고 있기 때문에 이는 중국 사회의 큰 부담과 불안 요소가 될 것이다. 고령화는 빠르게 진행되고 있지만 GDP 수준은 선진국과 비교해볼 때 상대적으로 높지 않아 아직은 풍족한 재정과 경제를 가지고 노인들의 양로 문제에 대처할 수가 없는 실정이다.

중국의 공무원이나 교사는 퇴직하면 정부에서 지급하는 퇴직연금으로 충분히 생활할 수 있다. 하지만 이것도 앞으로는 국가에 큰 재정 부담으로 작용할 것이다. 2015년 현재 은퇴한 사람의 수가 8천여만 명인데 이들의 퇴직연금만 해도 한 달에 평균 2천 위안이 넘고, 1년에 지출하는 국민연금이 2조 위안 정도 된다. 이는 사회보장 지출의 80% 정도를 차지하는데 중국의 일부 지방은 늘어난 연금 지출로 이미 재정 적자에 허덕이고 있다.

중국의 재정 압박은 경제성장의 발목을 잡을 수도 있다. 중국의 공적연금 지출 추이를 보면 2030년에 GDP 대비 6.7%인 3,310조 원으로 기하급수적으로 늘어날 전망이다. 이에 중국 정부도 다급해져 2015년 3월 중국인민대표회의에서 민생개혁 10대 과제로 고령화 문제를 지적하고 구체적인 개혁 방향을 제시했다. 10대 개혁 과제 중에는 퇴직정년 연장(남 60, 여 50-)65), 국민연금 전국통합운용 정책의 도입 등이다. 핵심은 노인부양 부담을 줄이겠다는 것이다. 2020년부터는 점차 은퇴 나이를 늦추어 노인양로보험 적자라는 현실적인 문제를 대처하려 하고 있다.

지난 30년간 중국은 젊고 풍부한 노동력을 바탕으로 유례없는 초고속 성장을 하며 세계경제를 떠받쳐왔지만, 중국의 급속한 고령화는 중국뿐 아니라 전 세계에 큰 파장을 예고하고 있다. 중국은 빠른 속도로 성장하지 못하고 2~3% 정도의 성장률을 보일 것이며, 어쩌면 그 어떤 나라도 경험하지 못한 엄청난 경기침체를 맛보게 될 수도 있다. 빠른 성장만큼이나 빨리 늙어버린 중국, 거침없이 전진하던 중국이 고령화라는 암초를 만난 것이다. 여기에 어떻게 대응하느냐에 따라 중국이 가진 힘의 크기도 달라질 것이다.

일본, 초고령사회로 가다

일본은 2006년에 20.7%로 초고령사회에 진입했고, 2016년 5월 기준으로 27.1%이다. 이에 따라 1년에 혼자 사는 노인 3만 명이 아무도 모르게 죽어가고 있다. 한 마디로 노인 스스로 자신을 돌봐야 하는 시대가 온 것이다. 일본은 1980~90년대 거품경제가 붕괴되기 전까지는 모든 지역의 부동산 가격이 상승했지만, 거품이 빠지면서 20여 년간 부동산 가격이 끊임없이 내려갔고 그 사이에 세대수와 인구가 감소하고 고령화도 시작되면서 도시 인근 아파트는 빈집투성이가 되어버렸다. 밤이 되어도 불빛이 거의 없고 상가는 찾는 사람이 적어 문을 닫게 되는 올드타운이 된 것이다. 이것이 바로 초고령사회의 어두운 초상화이다.

2011년 3월 동일본 9.0 규모의 초대형 지진은 모든 것을 집어삼켜버렸다. 그런데 당시 지진해일에 휩쓸려온 잔해에서 수천 개의 금고가 발견되었다. 확인된 돈만 한화로 약 250억 원으로, 사람들이 돈을 쌓아놓고 있었던 것이다. 일본은 전체 금융자산의

60%를 65세 이상의 노인이 갖고 있을 만큼 노인이 부자인 나라이다. 그런데 노인들은 쉽사리 지갑을 열지 않는다. 잃어버린 20년이라는 불황기를 경험하여 미래에 대한 불안감이 잠재해있기 때문이다.

100세 시대에 노인들이 돈을 쓰지 않고 쌓아두다 보니 그 돈이 고인 채로 자금 수난을 겪고 있다. 인구가 줄고 고령화가 된다는 것은 일본을 대표하는 자동차, 전자제품이 더 이상 잘 팔리지 않는다는 의미이다. 왜냐하면 노인들은 차를 살 돈이 없고 살 필요도 없기 때문이다. 또 젊은이들은 버블 붕괴 후 대도시 도쿄 등에서 차를 유지하는 것도 힘들 만큼 여유가 없다.

일본은 2005년부터 인구가 줄기 시작했는데, 그 10년 전인 1995년부터 생산가능인구가 먼저 줄기 시작했다. 이때부터 소비지출이 줄어들면서 잃어버린 20년이 이어졌으나 2010년을 기점으로 소비지출이 다시 늘고 있다. 그동안 경제는 장기불황에 빠졌었는데, 연금, 의료 등 사회보장 지출은 폭발적으로 늘어났다. 일본 복지 예산의 70%가 노인복지에 들어가고 있으며, 정부의 연금 보장은 GDP의 10%에 이른다. 국가가 가진 재원을 총동원해서 노년층을 떠받치고 있는 상황이다.

이러한 장기불황 속에 자란 일본의 젊은이들에겐 희망이 없었다. 직업은 불안정하고 출산과 결혼은 점점 사치가 되었다. 일본은 세계 최초의 초고령사회이다. 그래서 그것이 불러올 파장을 미리 예상하지 못했다. 사회적으로 그나마 여력이 있던 고령화 초기 닥쳐올 미래에 적극적으로 대응하지 못했던 것이다. 그렇게 잃어버린 20년이 깊어간 것이다.

하지만 우리에게는 일본이라는 교훈이 있다. 현재 한국은 일본의 거품붕괴 이후의 분위기를 풍기고 있다. 아마 2020년 이후면 누구나 이구동성으로 이래서는 안 되겠다고 느끼게 될 것이다. 우리나라 또한 하루 빨리 미래를 준비하지 않으면 경기가 둔화되면서 부동산 매매가 급속히 줄고 소비가 급속히 줄 것이다. 거리를 걷는 사람 중에서도 고령자가 눈에 띄게 늘어갈 것이다.

이탈리아의 연금개혁

이탈리아에서 시작된 고대 로마제국은 여러 나라를 정복하여 대제국을 이루면서 수백 년 동안 서양문명을 이끌어왔다. 드넓은 제국을 다스리면서 많은 민족의 정치, 예술, 건축에 영향을 주었고, 오늘날에도 전 세계에 큰 영향을 끼치고 있다. 이탈리아 수도인 로마에는 콜로세움과 여러 신전 등 고대 로마 문명의 흔적이 아직도 많이 남아 있다. 5세기에 로마제국이 멸망하자 이탈리아 반도는 여러 개로 나누어졌고, 1861년이 되어서야 하나의 독립국으로 통일할 수 있었다.

이토록 역사 깊은 이탈리아도 2008년 초부터 고령사회가 되었다. 연금 수령자들은 월급의 80% 정도를 받고 있다. 1992~2003

년 4차례에 걸쳐 연금 개혁을 했지만 노동조합의 반대로 거의 40년 후인 2032년에 연금 개혁이 완전히 시행되게 되었다. 이는 정부 공적기금에 큰 부담이 되어 결국 10년 뒤인 2011년 국가부도 위기를 맞았다. 이후 IMF구제금융을 받는 조건으로 강력한 구조 개혁의 과제가 주어졌는데 바로 연금 개혁이었다. 개혁안으로 연금 개시연령을 남자 65~66세, 여자 60~66세(연금 납부기간 40~42년, 2018년까지 상향 조정)로 하였고 연금 수령 액수도 적어졌다.

독일의 연금개혁

독일은 연금제도가 가장 오래된 나라이다. 약 130년 전인 1889년으로 거슬러 올라가는데, 현재 독일 인구의 21%가 노인이고 그들 대부분은 연금 생활자이다. 정부에서 공적자금으로 과거 월급의 65% 정도 수령하고 있어 노후생활에 어려움이 없다고 하지만, 독일의 경우도 1980년대 공적연금 수령액은 훨씬 더 많았다. 산업화와 도시화로 대도시로 몰려든 노동자가 고령화되면서 노인 빈곤 문제가 불거졌는데, 독일 초대총리 비스마르크가 1889년 공적노령연금제도를 도입했다. 처음에는 적립식이었다가 1970년대부터 지금의 부과 방식으로 전환해 이어오고 있다. 연금 가입자는 18.7%의 보험료를 내야 했다. 연금재정은 근로자와 고용자가 1/2씩 부담했는데, 독일의 경우도 고령화라는 악재로 1995년부터 5

명이 노인 1명을 부양했지만, 2030년이 되면 2명이 1명의 노인을 부양해야 한다.

독일은 1960년대 말부터 출생률이 뒷걸음질을 쳤다. 1990년 동서독의 통일로 동독기업이 연이어 도산했고 그로 인해 수백만 명의 실업자가 생겨났다. 연금과 실업수당으로 국가재정이 흔들렸고 독일은 유럽의 병자가 되었다. 정부는 노동시장 유연화와 사회보장 축소라는 특단의 조치를 단행했다. 주요 내용은 연금 개시연령을 2012년부터 20년간 67세로 연장하고, 앞으로 받는 연금은 43%까지 낮아지고 납부해야 할 금액은 22%까지 상향 조정하는 것이다. 이 개혁의 요지는 연금을 받는 앞 세대의 노후를 보장하고 연금을 납부하고 있는 뒤 세대의 부담을 줄이려는 것이다.

영국의 연금 제도

한때 영국은 복지국가의 표준이었다. 지금은 주요 선진국 가운데 유일하게 사적연금이 공적연금보다 비중이 높은 나라이다. 지난 1970년대 영국은 만성적인 연금병에 시달리고 있었다. 때마침 시장의 힘을 강조한 신자유주의가 등장하던 시기인 1979년 마가렛 대처가 총리에 취임했다. 이른바 대처리즘으로 대변되는 그녀의 경제개혁은 단호했다. 대처의 영국식 신자유주의는 공공부분의 민영화로 완성되었다.

영국에서는 1986년에 공적연금의 시장화가 추진되었다. 공적연금의 급여율을 낮추는 한편 투자적립식 연금 방식을 도입해 사적연금으로 유인하는 정책을 펼쳤다. 1988년 새로운 연금법을 발효시켜 사람들에게 저축을 장려하고 그동안 축적해온 자금과 연계해서 나이가 들었을 때 연금을 받을 수 있도록 했다. 2015년 기준으로 전직 교사와 간호사 부부가 받는 연금은 월 270만 원 정도이다. 이 정도면 만족스럽지는 않지만 부부가 생활하는 데 큰 어려움은 없다고 한다.

영국의 공적연금 지출은 GDP 대비 5.4%로 서유럽 국가 중 최저로 재정 건전성은 획기적으로 개선됐지만, 복지의 축소는 유례없는 노인빈곤 상승으로 이어졌다. 대처 수상의 개혁안이 영국의 노인빈곤율을 유럽에서 상위권을 차지하게 만든 것이다.

1997년 토니 블레어 총리 정부가 들어서면서 소득조사를 거쳐 빈민층을 대상으로 급여를 지급하는 기초연금제를 도입하며 빈곤층의 기초연금액을 획기적으로 높였다.

영국은 2016년부터 균등 기초연금을 매월 600파운드(약 90만 원)로 확대 지급할 예정인데, 이는 최저 빈곤선을 완화할 수 있도록 한다는 데 합의한 것이다. 기초연금제 도입으로 영국의 연금 재정 지출은 GDP 대비 6~7% 수준까지 오를 것이다. 하지만 노인빈곤 문제를 해결하려면 국가가 노년의 기초소득을 보장하는 것이 마땅하다. 영국은 복지예산 2,800억 불 중 400억불은 노인보장연금에 사용하고 있다. GDP대비 4.5%를 노인 98%에게 지급한다. 기초연금(약 90만 원)과 국민연금을 부부 합산으로 계산해보면 약 250만 원의 노령연금을 받게 된다. 흥미로운 점은 넉넉지 않은 연금 생활자도 최소한의 여유 자금은 보장받는다는 것이다.

캐나다, 노인복지 선진국

캐나다는 선진국 중에서도 노후에 기초소득에 대한 보장이 잘 구축된 노인복지 선진국으로 꼽힌다. 캐나다의 노인빈곤율은 7%에 불과하다. OECD 평균 12%보다 훨씬 낮은 수준이다. 특히 노인보장연금 덕분에 캐나다에는 가난한 노인이 없다. 현재 소득이 있거나 직장을 다니고 있어도 그와 상관없이 거의 모든 노인에게 지급된다. 고소득자에게 노인보장연금을 줄 필요가 있느냐는 논란에 대해, 일단 모두에게 지급한 후 고소득자에게는 세금으로 돌려받는 방식을 취하고 있다.

미국의 공적연금제도

미국의 공적연금제도는 크게 일반 근로자와 자영자(연방공무원, 군인, 일부 지방공무원 포함)를 위한 연방사회보장연금제도(OASDI), 철도직원 퇴직제도, 주 · 지방공무원 퇴직연금제도 등으로 구분된다. OASDI를 제외한 다른 공적연금제도는 직종별 제도로서, 그 규모가 캘리포니아 등의 일부 주정부 프로그램을 제외하고는 그리 크지 않다.

OASDI는 가장 규모가 큰 연방 단위의 사회보장 프로그램으로서 미국 사회보장제도(Social Security)의 근간을 이루고 있다. 대부분의 사회복지서비스와 실업보험, 산재보험 등이 기업 단위 혹은 지방정부 단위로 제공되고 있다. 공적의료보험 체계가 발달되어 있지 못하고 있는 상황에서 OASDI는 공적 사회보장제도의 유일한 보루라고 볼 수 있다. 이 제도는 1935년 도입 이후 현재까지 큰 틀에서는 변화 없이 계속되고 있으나 약 7,400만 명의 베이비붐세대의 연금수급이 시작되면서 제도에 대한 위기론이 일부에서 증폭되고 있다.

2015년 기준으로 플로리다 주의 60세 이상 인구는 약 20%로 5명 중 1명이 노인이다. 이곳의 양로원 입소자들의 연령대를 보면 예전에는 주로 65~70세였는데, 지금은 평균 85~90세이다.

2000년 들어서 100살 생일을 맞는 미국인의 수가 약 44% 증가했다. 미국 질병통제예방센터(CDC)가 2015년 1월 21일 발표한 보고서를 보면, 2000년에 100살 이상 미국인의 수는 약 5만 명이었는데, 2014년에는 7만 2천 명이 넘는 것으로 나타났다. 1980년에 100살이 넘은 미국인의 수는 1만5천 명이었는데, 2014년과 비교해보면 5배나 늘어난 수치다. CDC는 앞으로 35년 이내에 100

살 이상 미국인 인구는 39만 명에 이를 것으로 예측했다.

1900년에 태어난 사람의 경우에는 50살 이상 사는 경우가 드물었다. 하지만 항생제와 백신이 개발되고 위생 관념이 커지고, 여러 질병을 치료할 수 있는 의학 기술이 발전하면서 미국인 수명이 늘어났다. 건강에 대한 사람들의 관심이 늘어나 규칙적인 운동과 식습관 개선 등도 한몫하고 있다.

3. 세계 인구와 밀도에 따른 삶의 질

세계 인구 현황과 출산율

한국전쟁 이후 1960년대 인구가 폭발적으로 증가했다. 정부는 이로 인해 빈곤이 악순환되고 경제성장이 잠실될 것을 우려해 강력한 인구 억제 정책을 추진했다. 정부의 산아제한 정책으로 1960년 1가구 6.0명에 달했던 출산율은 20여 년만인 1983년 인구 대체 수준인 2.1명까지 낮아졌고, 1990년 1.7명, 2000년 1.47명으로 갈수록 줄어드는 추세를 보였다. 급기야 정부에서는 2006년부터 출산장려정책을 폈지만, 2010년 1.25명, 2016년 1.3명 정도이다.

세계 평균 출산율은 2.5명이지만, 선진국 1.6명, 개발도상국 2.6명, 저개발국은 4.1명인 것으로 각각 집계됐다. 2012년 세계 총 인구는 70억 5천만 명이던 것이 2015년에는 73억 7천만 명이 넘었다. 미국 인구센서스국의 인구통계와 인구 증가 예상 추정치를 보면 2050년경의 전 세계 인구는 94억여 명으로 지금보다 대략 24억여 명이 늘어날 것이라고 한다.

우선 우리나라만 보더라도 1970년대 초반에는 남북한 총 인구가 5천만 명이던 것이 2016년 현재 남한 인구만 5천만 명이 넘은 상태이며, 남북한을 합치면 약 8천만 명이다. 우리나라는 1960년대부터 2000년대 초까지, 중국은 최근까지 강력한 인구 억제 정책인 산아제한정책을 추진했다. 그리고 전 세계적으로 저성장시대의 여파로 저출산시대임에도 불구하고 고령화 영향에 맞물려 전 세계적으로 계속 인구가 늘어날 것으로 보인다.

우리나라는 다문화 가정이 많이 늘고 있으며, 외국인 학생과 산업연수생, 그리고 탈북자, 불법체류자 등을 합치면 거의 6천만 시대가 도래하고 있다.

세계 주요국의 인구와 면적 비교

산지가 약 70%인 한국의 인구밀도(단위면적당의 인구수. 보통 1km^2 당의 인구)는 세계 20위(502명/km^2)이지만, 세계 1위인 방글라데시(1,083명/km^2)를 제외한 나머지 18개 나라가 우리나라 제주도(1,848 km^2)보다 작은 나라이다. 그 나라들이 싱가포르(697km^2), 섬나라(스페인령, 영국령, 포르투갈령 등)라는 점을 고려한다면 실제로는 한국의 인구밀도는 세계 2위인 셈이다.

세계 주요국의 인구수와 인구밀도(2015년 기준)

순위 (인구)	순위 (면적)	국가	인구 (천 명)	면적(km²)	인구밀도 (1km²당/명)	한국과 면적비교(배)	출산율 (명)
1	4	중국	1,353,600	9,596,961	141	96.24	1.40
2	7	인도	1,205,070	3,287,263	366	32.96	2.72
3	3	미국	313,840	9,826,675	32	98.54	1.86
4	15	인도네시아	248,210	1,904,569	130	19.10	2.25
5	5	브라질	205,710	8,514,877	24	85.39	1.90
6	36	파키스탄	190,290	796,095	239	7.98	3.87
7	32	나이지리아	174,500	923,768	188	9.2	5.50
8	94	방글라데시	156,050	143,998	1,083	1.44	2.30
9	1	러시아	138,080	17,098,242	8	171.46	1.70
10	62	일본	127,360	377,915	337	3.79	1.40
11	14	멕시코	120,280	1,972,550	61	20	2.20
12	73	필리핀	107,660	300,000	358	3	2.90
13	27	에디오피아	96,330	1,104,300	87	11	4.10
14	66	베트남	93,420	330,000	283	3.3	2.10
15	30	이집트	86,900	1,001,450	86	10	3.50
16	37	터키	81,620	783,562	104	7.9	2.20
17	63	독일	81,300	357,022	227	3.58	1.47
21	42	프랑스	65,630	643,427	102	6.45	1.90
22	79	영국	61,110	243,610	250	2.44	1.90
36	2	캐나다	34,300	9,984,670	3.4	100.12	1.60
48	136	대만	22,970	35,980	638	0.36	0.80
55	6	호주	21,260	7,741,220	2.7	77.63	1.77
32	8	아르헨티나	43,431	2,780,400	15	28	2.20
60	9	카자흐스탄	18,150	2,724,900	7	27	4.00
33	10	알제리	39,542	2,381,741	17	24	3.00
19	11	콩고	79,370	2,344,858	34	24	4.80
191	12	그린란드	57	2,166,086	0.03	22	–
46	13	사우디아라비아	27,752	2,149,690	13	22	2.90
27	109	한국	51,000	99,720	511	1	1.30
49	99	북한	25,000	120,538	207	1.21	2.00
116	180	싱가포르	465	697	6,671	0.007	0.78

세계에서 인구가 가장 많은 중국을 한국과 비교해보면, 중국 인구는 약 13억 5,360여 명(2015년)으로 어마어마하지만 국토 면적이 남한보다 약 97배 더 넓으므로 인구밀도는 오히려 우리보다 훨씬 낮다. 이 자료를 바탕으로 우리나라 인구밀도를 중국의 국토 면적에 적용하여 중국의 가상인구를 계산해보면, 5,100만 명에 97을 곱하니 무려 약 50억 명이 된다. 이 계산 결과에 우리나라 국토 면적 중에 산지가 약 70% 정도인 지형의 특성을 고려하면 한국의 인구밀도는 가히 세계 최고 수준이라고 할 수 있다.

국가별 산아제한과 출산장려 정책들

○대한민국

온 국민이 가난에 허덕이던 1960년대 들어 정부는 '아이 적게 낳기 운동'에 전력을 쏟았다. 산아제한 구호를 보면 "하나도 많다 알맞게 낳아 훌륭하게 기르자"(61년), "덮어놓고 낳다보면 거지꼴을 못 면한다"(63년)는 구호를 귀에 못이 박히도록 외쳤고 3·3·35 운동(66년)까지 벌였다. 자녀 3명을 3년 터울로 35세까지만 낳자는 뜻이었다. 1970년대 초반에는 사람들의 '지성'에 호소하는 문구가 등장하기 시작했는데, 남아선호 사상을 바꾸기 위한 "딸·아들 구별 말고 둘만 낳아 잘 기르자"(71년)는 구호와 "내

힘으로 피임하여, 자랑스러운 부모 되자"라는 구호가 그것이다. 2명 이하의 자녀를 둔 남성이 불임시술을 하면, 공공주택 분양 우선권을 주기도 했다.

1970년대 말에서 1980년대 초반 오일쇼크의 충격과 정부의 적극적 산아제한정책이 맞물려 출산율이 2.1명 이하로 하락했지만, 정부는 출산율 하락이 일시적인 현상일지도 모른다는 불안감에 더욱 강력한 산아제한 정책을 실시하였다. 그러나 1989년 정부는 피임사업을 중단하고 사실상 산아제한 정책을 중단했다.

1990년대 초반 출산율은 1.5명 내외에서 고착화되는 듯했다. 그러자 정부는 1996년 인구정책을 '산아제한'에서 '자질 향상'으로 변경했다. 이때 나온 "아들 바람 부모 세대 짝꿍 없는 우리 세대"라는 구호는 남아선호 사상으로 젊은 여성 인구가 남성보다 현격히 줄어들자 국가에서 남녀 성비(性比)를 맞춰보겠다며 내놓은 것이었다. 그러다 정부는 불과 4년 뒤인 2000년 "제발 아이 좀 낳아주세요"로 사실상 출산장려 정책으로 전환했고, 2005년에는 "아이가 미래입니다"를 부르짖으며 출산장려 정책에 전면적으로 나서게 되었다.

○미국

미국은 대한민국보다 국토가 약 100배 크지만 인구는 약 6배 많다. 하지만 2008년 미국발 금융위기로 인한 경기 침체 이후 예비 부모들이 자녀 갖기를 늦추면서 출산율이 25년 만에 최저 수준으로 떨어졌다. 출산율 추적 기관인 데모그래픽 인텔리전스에 따르면 2013년 출산율이 1.86명이다.

○**중국**

중국은 1970년대 후반부터 한 자녀 갖기 정책을 시행해왔는데, 이 규정을 어기면 거액의 벌금은 물론이고 공무원이나 공기업 직원들의 경우는 퇴직까지 감수해야 했다. 벌금 액수는 지역별로 다소 차이가 있는데, 자오칭 시의 경우 2014년까지 만해도 연평균 수입의 3~6배에 달하는 벌금을 물렸고, 부자인 경우에는 더 많은 벌금을 부과했다. 하지만 2015년부터 일부 허용해주는 정책으로 돌아섰는데, 신랑 신부가 독신인 경우 두 자녀 출산을 허용했다.

중국은 오랜 산아제한 정책으로 출산율은 줄고 고령화가 급속하게 진행되고 있다. 2012년 11월에 개최된 제18차 당대회에서 "기존 가족계획정책 유지를 기본으로 하되 장기적으로는 인구 균형 발전을 촉진해나가겠다"고 밝혔다. 그러나 빠른 인구증가는 빈곤으로 이어질 수 있어 저소득 지역에서는 인구증가를 연간 0.8% 선에서 묶는 저출산정책을 앞으로도 유지해나갈 것이라고 했다.

○인도

일본, 캐나다 등에서는 출산율을 높이기 위해 장려금을 준다. 인도에서는 출산율을 낮추기 위해 보조금을 주고 있다. 결혼 후 2년 간 출산을 미루겠다고 서약할 경우 5,000루피, 기간을 연장하면 2,500루피를 추가로 준다. 지난 2007년 이 같은 제도를 도입한 후 4,300쌍 가량의 부부가 신청했는데 무료로 콘돔, 피임약도 받을 수 있다. 그럼에도 불구하고 지금의 추세대로라면 2025년에서 2040년경에는 인도가 중국을 제치고 세계에서 인구가 가장 많은 나라가 될 것이다.

○러시아

러시아 남성들의 평균 기대수명은 63세에 불과하다. 이는 아프리카 국가들이나 아프가니스탄 같은 전쟁국가를 제외하면 최저 수준으로, 인구 감소와 직결된다. 평균수명이 낮은 이유는 독한 보드카에 담배를 곁들이는 음주 문화와 자본주의 전환 후 과도한 경쟁으로 인한 스트레스를 주요 원인으로 꼽는다. 2011년부터 러시아 인구 추세에 변화의 조짐이 보였다. 신생아 수가 사망자 수보다 더 많은, 인구 자연증가 현상이 나타난 것인데, 이는 소련 해체 후 처음 있는 일이라고 한다. 2013년부터 셋째 자녀에게 보조금을 지급하고 있다.

○인구가 급격히 늘 것으로 예상되는 나라

2013년 10월 프랑스 국립인구문제연구소는 2년마다 발표하는 보고서에서 2040년경 나이지리아, 에디오피아, 필리핀의 인구가 2배 이상 늘어날 것이라고 전망했다. 2050년 인도의 인구는 16억 명으로 불어나 중국을 추월할 것으로 예상했다.

복지국가는 인구가 적당하거나 적다

스웨덴, 덴마크, 노르웨이, 독일 등 1군 복지국가에서부터 프랑스, 영국, 네덜란드에 이르기까지 거의 모든 유럽 국가들의 복지 관련 부문은 다른 국가들에 비해 잘 발달되어 있다. 유럽의 역사 · 민족 · 문화 · 정치적인 요인들이 결합하여 오늘날 유럽의 복지를 형성했다고 본다. 그러나 요즘 유럽의 몇몇 복지국가들이 위기를 맞이하고 있다. 복지와 관련된 재정적인 문제에 직면하고 있는 것이다. 스웨덴, 덴마크 등 일부 국가를 제외하고 유럽 국가들의 경제력이 점점 뒤처지고 있다.

그런데 우리나라의 경우 노인과 영유아에 대한 복지가 이들 나라에 못 미치는 이유는 보건, 복지, 고용 등에 투입되는 예산이 적지 않은데도 인구가 많다 보니 수혜자에게 돌아갈 혜택이 적기 때문이다. 현재 기초연금과 영유아 보육료, 그리고 기타 학자금 지원 등으로 나라 곳간이 바닥날 지경이고 이로 인한 국가 부채가 계속 늘고 있다. 과거 포퓰리즘의 상징국인 아르헨티나와 최근의 그리스 위기를 연상케 하는 어둠의 그림자가 맴돌고 있다.

유럽 주요국의 인구수와 인구밀도(2015년 기준)

순위		국가	인구 (천 명)	면적(km²)	인구밀도 (1km²당/명)	한국과 면적 비교(배)	출산율 (명)	비고
인구	면적							
16	62	독일	8,130	357,022	227	3.58	1.47	복지국가
21	42	프랑스	6,563	643,427	102	6.45	1.90	복지국가
22	79	영국	6,111	243,610	250	2.44	1.90	복지국가
55	6	호주	2,126	7,741,220	2.7	77.63	1.77	복지국가
110	131	덴마크	554	43,094	128	0.43	1.74	복지국가
64	132	네덜란드	1,689	41,543	40	0.42	1.66	복지국가
96	133	스위스	765	41,277	185	0.41	1.44	복지국가
89	56	스웨덴	905	450,295	20	4.50	1.98	복지국가
116	68	노르웨이	466	323,802	14	3.20	1.80	복지국가
32	52	스페인	4,052	505,370	80	5.06	1.70	구제금융 직전국가
23	72	이탈리아	5,812	301,340	192	3.02	1.10	구제금융 국가
175	108	아이슬랜드	30	103,000	3	1.03	2.20	복지국가
124	76	뉴질랜드	421	267,710	15	2.68	2.20	복지국가
112	65	핀란드	525	338,145	16	3.39	1.70	복지국가
125	120	아일랜드	420	70,273	60	0.70	2.01	복지국가
79	139	벨기에	1,041	30,528	341	0.36	1.70	매년 실업율 증가
76	97	그리스	1,073	131,957	81	1.32	1.30	과다복지로 국가부도 위기
27	108	한국	5,100	99,720	511	1	1.30	

인간이 만들어낸 재앙

인간이 무분별하게 만들어낸 온갖 환경오염 물질은 지구의 생태계를 엄청나게 파괴하고 있다. 지구 온실효과로 이상기온 현상이 일어나 빙하가 녹고 있으며, 지진, 태풍, 쓰나미(지진해일) 등 크고 작은 재해들이 발생하고 있다. 자동차 배기가스로 인한 대기오염, 공장폐수와 가정오수로 인한 수질오염, 생활 쓰레기, 농약, 제초제 사용 등으로 인한 토양오염이 주범이다. 그 외에도 일회용 생활용품(샴푸, 종이컵, 스티로폼, 페트병, 비닐, 면도기 등)과 음식물 쓰레기, 가축 분뇨, 의류를 비롯한 석유화학 제품들이 있다. 그뿐 아니라 인구 급증으로 가구나 종이 등의 생필품 사용량이 급격히 늘어 지구의 허파인 아마존까지 무분별하게 벌목하여 지구의 황폐화가 가속화되고 있다. 아울러 자동차 증가와 전열기구(에어컨, 히터 등)의 과다 사용도 지구 온도 상승에 가세하고 있다.

갈수록 심각해지는 지하자원의 고갈, 물과 식량의 부족으로 수출과 수입이 끊어지면 자급자족이 안 되는 우리나라는 아프리카처럼 굶주림이 발생할 수도 있다. 특히 전기 부족으로 인한 원자력발전소 건설은 계속될 것이고, 이로 인한 핵발전소의 사고 위험은 항상 도사리고 있다. 만약 일본 후쿠시마 원전 사고와 같은 사태가 발생한다면 인류 최대 재앙을 불러올 수도 있다. 참고로 덧붙이자면 중국의 동해(우리나라 서해)에는 약 24개의 원전이 건설 중이고, 일부는 가동 중이다.

○음식물 쓰레기

우리나라는 음식문화의 특성상 음식물 쓰레기가 많이 나와 큰 골칫거리이다. 전 세계에서 생산된 음식물 가운데 1/3이 쓰레기로 버려지고 있다고 한다. 음식물 쓰레기의 증가는 기후변화를 악화시킬 위험도 안고 있다는 경고도 있다. 만약 각국이 노력을 기울여 음식물 쓰레기를 2030년까지 현 수준에서 20~50% 줄인다면, 금액으로는 1,200억~3,000억 달러를 절약하게 된다고 한다.

유엔식량농업기구에 따르면 부유한 나라에서 나오는 음식물 쓰레기만 해도 세계기아인구 8억 7천만 명을 먹여 살릴 수 있는 양이라고 한다. 전 세계적으로 약 10억 명이 기아에 허덕이고 있으며 물 부족으로 고생하는 인구가 8억 8천만 명이나 된다고 하니 깊이 반성할 문제이다.

미래사회의 인구 구조

우리 정부가 2006년부터 2011년까지 20조 원이라는 막대한 예산을 출산장려 정책에 쏟아부었는데도 불구하고 계속 출산율이 떨어지는 이유는 무엇일까? 최근 우리 사회는 두 가지 큰 병폐에 시달리고 있다. 하나는 여성들의 출산 기피현상이고, 다른 하나는 남성들의 병역의무 기피현상이다. 과거에는 여성들이 23살 정도만 되어도 결혼을 생각했지만 이제는 30세가 되어도 결혼 생각을 안 하는 경우가 많다. 그 이유는 여러 가지가 있겠지만 특히, 경기

침체로 일자리가 줄고 필수가 되어버린 대학 졸업으로 결혼시기가 늦어지다 보니 자연히 출산율이 감소되는 것으로 보인다.

출산장려정책을 펼치는 국가들은 대개 국토 면적에 비해 상대적으로 인구가 적은 나라들이다. 인구가 많은 나라 중에 잘 사는 나라는 거의 없다. 인구밀도가 높으면서 출산을 장려하는 나라는 대한민국이 유일하다.

지금은 과거 1차, 2차 산업혁명 때처럼 많은 인력이 투입되어 돈을 버는 시대가 아니다. 미국의 벡텔사와 스티브 잡스의 애플, 이건희의 삼성 등은 창의력, 즉 아이디어로 신기술을 개발해왔다. 금융에서는 미국의 월가와 홍콩의 금융가가 전 세계의 돈을 움직이고 있다. 21세기는 의료기술 발달 등으로 고령화에 의하여 인구가 늘어나지만 일자리는 줄어들고 있다. IT 분야의 첨단기술과 정보화 기술 발달로 인해 전통적인 제조업은 몰락하고 있다. 자동화와 로봇으로 인간의 노동력이 불필요해지고 있는 현실이다.

첨단산업 발달로 자동차와 비행기 등은 무인으로 대체될 것이다. 위성과 센서 부착 등으로 추돌사고도 없는, 사고 없는 시대가 도래할 것이다. 이미 전 세계적으로 물류회사, 자동차생산라인, 그리고 서비스 업종까지 로봇으로 대체되고 있다. 로봇은 인간보다 작업 효율이 훨씬 뛰어나고 정교하며 인간처럼 봉급과 퇴직금, 그리고 노동 투쟁도 하지 않는다. 로봇은 고장이 나면 수리하고 마음에 안 들면 교체하면 되지만 인간은 해고하기도 어렵다.

우리나라 연도별 출생 인구

출생년도	띠	인구수(명)	남	여
2015년생	양	438,700		
2014년생	말	435,400		
2013년생	뱀	436,500		
2012년생	용	484,000		
2011년생	토끼	471,000	234,954	236,064
2010년생	범	470,224	242,646	227,578
2009년생	소	445,437	229,427	216,010
2008년생	쥐	466,807	240,304	226,503
2007년생	돼지	494,388	254,298	240,090
2006년생	개	448,774	232,133	216,641
2005년생	닭	435,724	225,690	210,034
2004년생	원숭이	473,970	245,816	228,154
2003년생	양	493,658	256,437	237,221
2002년생	말	495,288	258,790	236,498
2001년생	뱀	560,042	291,689	268,353
2000년생	용	640,027	334,736	305,291
1999년생	토끼	620,650	324,063	296,587
1998년생	범	640,950	335,507	305,443
1997년생	소	672,862	349,258	323,604
1996년생	쥐	686,666	361,628	325,038
1995년생	돼지	709,218	376,001	333,217
1994년생	개	714,748	381,623	333,125
1993년생	닭	710,814	379,581	331,233
1992년생	원숭이	725,148	384,125	341,023
1991년생	양	702,062	369,714	332,348
1990년생	말	639,208	341,657	297,551
1989년생	뱀	630,058	330,243	299,815
1988년생	용	624,560	328,848	295,712
1987년생	토끼	616,427	318,061	298,366
1986년생	범	626,728	327,310	299,418
1985년생	소	652,349	337,417	314,932
1984년생	쥐	662,028	340,943	321,085
1983년생	돼지	749,595	384,635	364,960
1982년생	개	824,401	421,601	402,800

*국가통계포털

1981년생	닭	843,356	432,268	411,088
1980년생	원숭이	840,585	429,882	410,703
1979년생	양	831,265	420,636	410,629
1978년생	말	725,701	376,087	349,614
1977년생	뱀	783,547	394,973	388,574
1976년생	용	767,010	393,386	373,624
1975년생	토끼	795,534	402,495	393,039
1974년생	범	864,737	443,264	421,473
1973년생	소	900,728	454,307	446,421
1972년생	쥐	902,323	464,312	438,011
1971년생	돼지	950,931	487,574	463,357
1970년생	개	926,338	473,829	452,509
1969년생	닭	932,738	473,203	459,535
1968년생	원숭이	935,911	473,122	462,789
1967년생	양	871,204	434,004	437,200
1966년생	말	825,847	434,429	391,418
1965년생	뱀	861,891	436,350	425,541
1964년생	용	844,225	431,977	412,248
1963년생	토끼	803,780	414,165	389,615
1962년생	범	893,818	459,936	433,882
1961년생	소	929,060	468,837	460,223
1960년생	쥐	938,247	470,726	467,521
1959년생	돼지	867,111	435,547	431,564
1958년생	개	792,643	402,279	390,364
1957년생	닭	786,572	398,318	388,254
1956년생	원숭이	710,515	357,038	353,477
1955년생	양	736,003	362,905	373,098
1954년생	말	626,938	315,185	311,753
1953년생	뱀	541,974	267,528	274,446
1952년생	용	599,083	295,892	303,191
1951년생	토끼	437,650	215,657	221,993
1950년생	범	466,614	229,510	237,104
1949년생	소	472,464	231,309	241,155
1948년생	쥐	468,881	229,291	239,590
1947년생	돼지	473,698	227,990	245,708
1946년생	개	378,148	182,811	195,337
1945년생	닭	338,548	160,894	177,654

21세기는 변화가 빠르고, 복잡하고, 혼란한 시대로 과거 우리가 상상하지도 못한 일이 벌어지고 있다. 인체 생체지도인 게놈분석으로 질병에 걸리지 않고, 늙지 않고 살아갈 수 있는 시대가 열릴 것이다. 직업도 3번 정도 바꾸고 고령화로 결혼도 3번 이상 하는 시대가 될지도 모른다. 게놈지도 분석으로 자신의 미래 건강은 물론이고, 태어날 2세도 건강하고 똑똑한 아이를 선택하여 낳을 수 있다. 하지만 이것으로 좋은 세상이 될지 위험한 세상이 될지는 아무도 모를 일이다.

4. 120세 시대는 가능한 것일까?

유전자 분석의 양면성

자신의 생체 미래를 100만 원으로 알 수 있는 시대가 현실로 다가왔다. 지금 미국에서는 1,000달러만 지불하면 게놈지도(genome map, 몸의 설계도)로 유전자 분석을 할 수 있다. 자신의 피 한 방울이면 게놈지도를 통해 언제 중병에 걸릴지 얼마나 오래살 수 있을지 정확하게 예측할 수 있다. 한 마디로 과학적인 사주팔자 정보이다. 신이 아닌 사람이 미래를 예측하고 결정하는 시대가 왔다.

이제 인류는 무병장수의 꿈을 만들어가고 있다. 어떻게 보면 위험하고, 다르게 보면 아름다운 미래가 될 수도 있는 생명의 패러다임이다. 게놈 분석으로 아이들의 식성, 수명, 질병(유전병, 지역에 따라 발생하는 풍토병), 잠재적 능력(음악적, 공학적, 수학적 등)을 알 수도 있다. 이것들을 좋은 변이로 바꿀 수도 있고, 맞춤형 항암제를 찾을 수 있는 것이 유전자 분석의 혁명이다. 아직 한국에서는 유전자 분석 기술에 법적인 규제가 많아서 연구, 의료 목적 이외에는 할 수 없다. 한편 일본, 미국, 중국, 영국에서는 누구나 쉽게 유전자 분석이 가능하다.

유전자 분석 비용은 날이 갈수록 저렴해지고 있다. 1990년도만 하더라도 1명의 게놈지도를 작성하는 데 30억 달러에 15년이 걸렸지만, 2005년에는 500백만 달러에 1년, 2010년에는 1만 달러에 2주, 2014년에는 1,000달러에 1일이면 게놈지도를 작성할 수 있게 되었다. 앞으로는 1000원 시대가 열릴지도 모른다.

게놈지도를 분석해서 암을 예방할 수 있다면 보험가입도 무의미해진다. 유전자 분석 기술은 미래의 의료 혁명이라고 할 수 있다. 누구나 후세에게 좋은 유전자를 남기고 싶은 욕망이 있다. 어떤 사람들은 결혼 전에 건강검진 결과를 서로 교환하기도 한다. 앞으로는 건강진단서가 아니라 유전자 정보 검사 결과표로 바뀔 수 있다.

더욱 놀라운 것은, 2009년에 노벨상을 수상한 사람은 모두 미국인으로 샌프란시스코 캘리포니아 대학의 엘리자베스 블랙번, 존스홉킨스 의대의 캐럴 라이더, 하버드 의대 잭 조스택 교수가 섬모충이라는 작은 벌레에서 '텔로미어(Telomere)'라는 수명유전자의 비밀을 밝혀냈다. 텔로미어는 염색체 끝부분의 DNA로, 그 길이가 노화를 결정한다. 수명유전자 길이가 짧을수록 인간의 수명이 짧아지고 길수록 수명이 늘어난다는 것이다. 따라서 지금은 수명유전자의 길이를 늘릴 수 있는 치료제가 개발되고 있다.

우리는 유전자 분석을 통해 현대판 불로초를 손에 넣은 인류이다. 다르게는 신의 언어라고 불리는 유전자의 분석은 우리가 상상하지도 못한 세상을 만들어가고 있다. 유전자 분석은 항암치료 과정에서 발생하는 비용을 줄일 수 있으며, 암세포를 만드는 유전자 변이를 찾아 검사를 시행하고 이 표적을 찾음으로써 이 표적을 대상으로 하는 특수 약품, 특수 치료법을 암세포를 죽이는 데 사용할 수 있다.

과학자들이 생각하는 미래 파급력이 높은 과학기술 분야는 첫 번째로 바이오기술(41.29%), 두 번째는 정보통신기술(IT)(32.2%), 세 번째가 환경기술(11.36%), 네 번째가 나노기술(7.2%), 다섯 번째가 우주항공기술(4.17%), 여섯 번째가 콘텐츠기술(CT)(2.65%), 기타 1.14%로 나타났다. 유전자 분석 시장은 2010년에 24억 달러에서 2016년에는 67억 달러로 두 배 이상 성장할 것으로 예측하고 있다. 이는 세계 각국의 전폭적인 정부 지원으로 폭발적인 성장을 이루었기 때문이다. 한국의 경우는 2005년까지만 하여도 세계 최고의 유전자 기술을 가지고 있었지만, 2005년도 황우석 박사 사건 이후 더욱 엄격한 규제로 인해 세계 수준에 따라가기 힘든 분야로 전락하고 말았다.

모든 난치병을 예방·치료할 수 있고 우리 몸을 스스로 디자인

할 수 있는 시점에 와 있는 유전자 기술의 발달은 양날의 검이 될 수 있다. 지금과 같은 추세라면 짧게는 5년 내에, 길게는 10년 후에는 인간의 노화를 결정하는 텔로미어의 길이를 조정하는 약이 개발될 수도 있을 것이고, 100세 시대를 넘어 120세 시대가 올 수도 있다. 우리는 이제 자연법칙의 지배를 벗어나 진화의 방향을 선택할 수 있는 존재가 되었다. 기술에는 무한한 책임이 따르기 때문에 생명과학의 중요성에 대해 가르치고 토론해야 한다. 기술을 악용하지 않고 현명하게 사용하는 법도 배워야 한다. 새로운 신기술에는 항상 차별과 남용이란 위험이 도사리고 있기 때문에 주의해야 한다. 돈 있는 사람만이 불로장생하고, 부익부 빈익빈에 따라 유전자 계급이 나누어질 수도 있다.

수명연장 연구

그동안 인간의 수명은 피할 수 없는 자연의 순리로 여겨진 노화현상에 의해 좌우되었다. 하지만 2015년 2월 〈타임〉지에서, 지금 태어나는 아이는 142세까지 살 수 있다고 발표했다. 그 이유는 현재 세계 곳곳에서 질병을 극복하고 노화를 막을 수 있는 다양한 연구가 활발히 진행되고 있기 때문이다. 생명공학 분야 과학자들이 노화억제 물질을 발명해 쥐에게 투여한 결과 평균수명이 약 1.8배 증가하였다고 한다. 이 물질을 인간에게 투여한다면 한국인의 평균수명이 81.8세에서 200세까지 늘어날 수도 있다는 결론이다. 따라서 미래는 우리의 의지와는 상관없이 수명이 계속 늘어날 것이다.

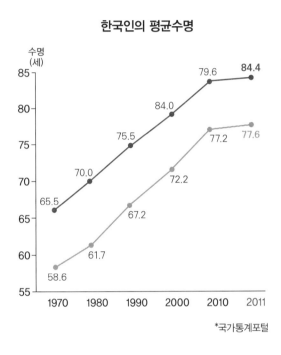

한국인의 평균수명

*국가통계포털

1905년 한국인의 평균수명은 남자 22.6세, 여자 24.4세였다. 1960년 한국인의 평균수명은 남자 51.1세, 여자 53.7세였다. 2011년 한국인의 평균수명은 남자 77.6세, 여자 84.4세였다. 2014년 한국인의 평균수명은 남자 79세, 여자 85.5세였다. 2013년 한국인의 기대수명은 81.8세로 경제협력개발기구(OECD) 34개 회원국

가운데 11위에 올랐다. 한국 여성은 남성보다 기대수명이 6.6세나 더 높았고, 특히 일본은 기대수명이 83.4세로 가장 높았으며, 스페인과 스위스가 그 뒤를 이었다.

2001년 일본에서 가장 많이 사망하는 나이대가 92세를 돌파했다. 100세 시대라는 뜻이다. 많은 생명과학자들이 가까운 미래에 가장 많이 사망하는 나이대가 120세가 될 것이라고 예언했다. 최근 미국 스탠퍼드 의대 유전학과 교수인 스튜어트 김은 생명공학 분야의 한 연구에서 선충(벌레)의 노화유전자를 억제하자 수명이 230%나 연장되었으며 최고 기록은 10배에 달한다고 했다. 10~20년 후에는 생명공학 분야가 상상할 수 없을 만큼 급속도로 발전할 것이고 유전자 분석을 통해 질병을 미리 진단하고 예방하는 과학적인 맞춤 건강관리로 120세 시대가 가능할 것이다. 그는 이 연구가 인간 수명연장의 시작이 될 수 있다고 말하면서 인간이 200세까지 살 수 있는 날이 올 것이라고 했다.

늙지 않고 건강한 젊음을 유지하게 하는 것은 최첨단 기술이다. '120세 시대는 과연 언제쯤 올 것인가?'란 질문에 세계 과학자들은 예상보다 빨리 다가올 것이라고 했다. 21명의 학자들에게 120세 시대의 전망을 조사한 결과, 150세에서 500세까지 살 수 있다는 다양한 답도 나왔지만, 2030~2070년 정도부터 120세 시대를 맞이할 것이라는 대답이 가장 많았다. 그렇다면 2000년 이후에 출생한 사람들은 120세까지 살 수 있을 것이라 예측할 수 있다.

전 세계적으로 장수 연구가 한창 진행 중이다. 최근 실리콘밸리의 화두는 노화 지연과 생명 연장인데, 구글 공동 창업자인 세르게이 브린은 죽음을 정복하겠다며 노화 연구에 15억 달러를 투자했다. 현재 세계 최장수 공식기록은 프랑스의 잔칼망(122.6세)이 세우고 있는데, 그가 살아있는 동안 대통령이 20번 교체되었다.

120세를 준비해야 하는 시대

지난 150년 동안 매년 인간의 수명은 한 달씩 늘어났다. 그 추세가 계속되어 최근 10년간 5세씩 늘어나고 있다. 대구경북과학기술원의 연구진이 인간의 혈관 속에 들어갈 수 있는 나노로봇 기술 개발에 성공했다. 나노로봇은 크기가 머리카락 굵기의 절반 정도로 미세하며 360도 자유롭게 움직일 수 있다. 로봇 위에 세포나 약물을 싣고 혈관 안에서 원하는 목적지까지 갈 수 있으며, 목표 지점에 세포나 약물을 직접 투여하여 치료 효과를 높일 수 있다. 나노로봇은 혈관의 막힌 곳을 뚫고 치료를 할 수도 있어서 주로 심혈관 치료에 많이 사용될 것으로 보인다.

조지워싱턴대학교 빌 하라 교수는 나노기술의 발달로 나노로봇이 몸속을 돌아다니며 암과 심장병을 미리 찾아내, 2030년이면 암을 완전히 정복하게 될 것이라고 했다. 그런데 경제력을 가진 사람만이 새로운 기술의 혜택을 받을 수 있어 수명 양극화 현상이 일어날 수 있다. 그 예로 서울대학교 의과대학의 조사 분석에 의하면 소득 수준에 따른 기대수명을 보면 소득 상위 20%는 83.7세, 소득 하위 20%는 기대수명 77.6세로 나타나고 있다.

그동안은 평균 28세에 졸업하여 30세에 취직하고 60세에 퇴직해서 30년 동안 일해서 모은 돈으로 20년 정도 더 살아갈 노년을 준비했지만, 100~120세까지 산다면 60세 퇴직 후 40~60년을 더 살아야 한다. 그렇다면 노후는 어떻게 준비해야 할까? 일본 도쿄 노인종합연구소의 노인건강 조사 결과 1977년도의 70세는 30년이 지난 2007년 87세의 신체적 나이와 같기 때문에 120세로 수명이 연장된다면 사회시스템을 빨리 구축하는 측면에서 생산가능연령를 15세~75세 또는 15세~80세로 상향조정이 필요할 것이다.

과학기술의 발달로 일자리는 점점 사라지고 실업자는 계속 늘어나는 시점에서 하루빨리 고령화 문제에 대처하지 않으면 노인복지 비용을 대느라 나라살림이 바닥이 날 수도 있다. 산이 70%인 이 작은 국토에서 발 디딜 틈도 없이 살아야 할 것이고, 어쩌면 과거처럼 일정한 연령이 되면 국가시책으로 고려장을 해야 할지도 모를 일이다.

이웃나라 일본은 65세 인구가 20%를 넘어 이미 초고령사회에 진입했다. 노인들은 노인요양시설에 들어가기 위해 대기하고 있다. 노인복지 재정문제로 수용시설이 부족하기 때문이다. 일본의 복지예산 중 노인복지 비율이 68.4%나 된다. 물론 우리나라도 국립노인요양원 시설에 들어가기 위해 대기하는 노인들이 많은 것은 일본과 비슷하다. 국가적 차원에서 수명연장 속도에 대응하지 못하거나 120세 시대의 패러다임으로 바꾸지 못한다면 세대갈등, 연금고갈, 재정파탄 등 수많은 문제들과 맞닥뜨리게 될 것이다. 누구도 경험해 보지 못한 미지의 120세 시대, 과연 120세 시대가 가져올 변화는 무엇일까?

은퇴 후 남은 60년이란 세월을 어떻게 보낼 것이며, 의식주를 해결할 재산은 갖고 있는지, 또한 국가는 여기에 대책을 세우고 있는가? 이 문제는 개인뿐만 아니라 사회 전체가 관심을 가지고 해결해나가야 할 중요하고 시급한 과제이다. 인류 역사상 전무후무한 수명연장 시대가 재앙으로 다가올지 축복으로 다가올지는 아무도 모르지만 축복이 되도록 하려면 어떻게 준비해야 할까?

다음 표는(194쪽) 국가통계포털에서 발췌한 2016년도 기준 우리나라의 인구 추이이다. 대략 25세부터 15세까지는 급격히 떨어지고, 0세~15세까지는 변화가 거의 없이 일직선 그래프를 보인다. 그리고 95세 이상 인구는 33,506명(남자 5,544명, 여자 27,962명)이다.

고령화의 속도가 세계 최고인 우리나라는 2015년 100세 이상 인구가 약 15,000명이나 된다고 한다. 그렇다면 과연 장수가 축복이 될 수 있을까? 물론 돈 많은 특권층 사람들은 행복할지 모르지만, 지속되는 수명연장으로 고령인구가 폭발적으로 늘어나 젊

2016년도 기준 인구표

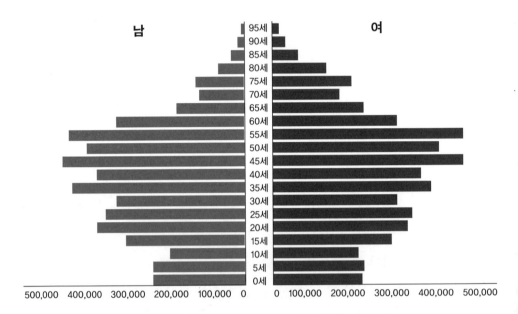

나이(세)	남자(명)
95세 이상	5,544
90-94	51,182
85-89	115,549
80-84	319,436
75-79	584,880
70-74	772,498
65-69	1,046,059
60-64	1,445,219
55-59	1,999,303
50-54	2,120,512
45-49	2,154,893
40-44	2,090,605
35-39	1,993,130
30-34	1,866,890
25-29	1,757,712
20-24	1,863,112
15-19	1,609,800
10-14	1,201,434
5-9	1,191,917
0-4	1,170,067

나이(세)	여자(명)
95세 이상	27,962
90-94	111,823
85-89	505,197
80-84	588,647
75-79	646,152
70-74	952,856
65-69	1,155,505
60-64	1,510,288
55-59	2,019,194
50-54	2,084,302
45-49	2,131,693
40-44	2,022,788
35-39	1,912,990
30-34	1,741,062
25-29	1,564,499
20-24	1,636,312
15-19	1,472,473
10-14	1,117,699
5-9	1,120,465
0-4	1,097,548

*국가통계포털

은 세대의 노인부양 의무가 심각해질 것이다. 즉, 국가의 노인복지 비용이 폭발적으로 늘어나 정부와 지자체는 재정 압박을 받게 되고 국가는 파산할지도 모른다. 고령화 문제로 노인관련 시설이 급격히 증가하고 있지만 요양시설이나 요양사가 턱없이 부족하여 보호가 필요한 노인들이 시설에 들어가지 못하고 대기하는 현상이 발생하고 있다.

수명연장이 현재와 같은 속도로 계속되면 우리나라는 2050년 잠재 성장률이 거의 0%가 될 것이고, 국민연금 적립금도 고갈될지도 모른다. 작금의 현실에서 생산가능인구가 적다고 출산율을 높이면 미래의 인구는 걷잡을 수없이 늘어날 것이다. 그리고 인간의 수명이 계속 늘어나면 출산율은 적어도 인구는 지속적으로 늘어날 수밖에 없다. 이런 끔찍한 예측들이 현실이 되지 않게 하려면 우리가 어떻게 해야 할까? 출산율을 조정하고, 생산가능연령 적용 범위를 지금의 15~65세에서 75~80세 이상으로 점차 늘리는 방안이 필요하다.

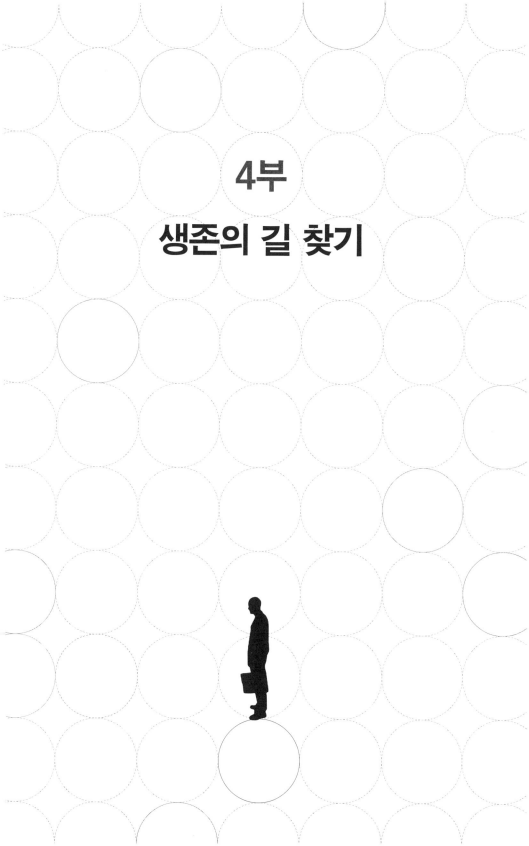

4부

생존의 길 찾기

1. 남북통일의 미래상은?

통일 비용을 감당할 수 있을까?

한반도의 남북통일에는 막대한 비용이 들어가 장기간 경제 침체를 겪게 될 가능성이 크다는 견해도 있다. 가장 가까운 예로 독일의 통일 사례를 들 수 있다. 1990년 독일 통일 당시 서독은 냉전체제 하의 서방 진영에서도 아주 잘사는 국가 중 하나였고 동독역시 공산권 중에선 소련 다음으로 잘사는 나라였다. 1인당 GDP는 서독이 2만 5천 달러, 동독이 8,500달러로 서독이 무려 2.94배 정도 많았다. 동독을 포함한 동유럽의 일부 사회주의 국가들은 사실 민주주의를 경험해보고, 자유시장경제도 경험해본 세대들이 멀쩡히 살아있는 상황이었기 때문에 통일해도 별 무리가 없을 것이라 예상했다. 서독은 동독에 1990년부터 2010년까지 무려 3,060조 원을 쏟아부었다. 그 결과 독일 경제는 엄청난 타격을 입었다.

　미국의 랜드연구소는 한국의 통일 비용이 72조 5,400억 원에서 최고 1,989조 원이 필요하다고 예측했다(2015년). 조세연구원은 통일이 된 뒤에도 최소 10년 정도는 국내 총생산(GDP)의 7%에서 12% 정도의 통일 비용이 들어갈 것으로 예측했다. 국내총생산을 말하는 GDP(Gross Domestic Product)는 한 국가의 경제 규모를 판단하는 중요한 지표가 되는데, 2015년 기준으로 6위인 독일이 3조 8,410억 달러이고, 대한민국은 1조 8,490억 달러로 14위이다.

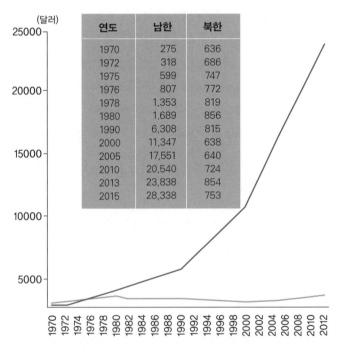

연도	남한	북한
1970	275	636
1972	318	686
1975	599	747
1976	807	772
1978	1,353	819
1980	1,689	856
1990	6,308	815
2000	11,347	638
2005	17,551	640
2010	20,540	724
2013	23,838	854
2015	28,338	753

*미국 랜드연구소

남한과 북한의 소득 격차는 말 그대로 천당과 지옥을 연상케 하는 수준이다. 2015년 기준 북한의 1인당 국민총소득은 139만3천 원으로 남의 1/22 수준이었다. 그리고 북한은 세계 114위인 396억 달러에 불과하여 남북한의 GDP 규모는 47배 정도 차이가 난다.

그렇지만 1970년에는 남한이 북한보다 더 낮았다. 1970년 남한의 1인당 GDP는 275달러였으며, 북한은 636달러로 북한의 1인당 GDP가 더 높았다. 그러던 것이 1976년 남한이 807달러, 북한이 772달러로 남한이 북한을 추월하였다. 그 뒤 남한은 지속적으로 성장하여 1995년은 처음으로 1만 달러를 돌파하였고, 2007년에는 2만 달러를 돌파하였다.

2016년 7월 22일 매일경제 기사를 보면, 2015년 북한의 GDP는 김정은 정권 이후 처음으로 2014년의 GDP인 400억 달러보다 -1.1% 감소하여 마이너스 성장을 하였다. 그러나 이것조차도 북한의 소득이 과대평가되었다는 예측이 지배적인데, 이는 남한의 경제적 기준을 지표로 삼은 것이라 북한의 실상과는 동떨어졌을 가능성이 크기 때문이다. 이것이 사실이라도 남북한 간의 소득 격차는 지금 당장 보더라도 남한이 50배나 높다. 남한의 소득이 느리게나마 계속 성장하는 반면 북한의 소득은 그대로일 가능성이 크다는 것을 고려하면, 2030년 즈음에는 남한이 100배 또는 150배까지 높아질 수도 있다. 이 정도라면 2015년 기준으로 한국과 세계 최빈국의 1인당 소득 150달러의 격차보다도 더 큰 것으로 상당히 심각한 문제이다.

북한의 공동화 문제

통일이 되면 어떤 일이 일어날까. 가장 큰 문제는 통일 이후 북한 지역 공동화를 어떻게 막을지에 대한 것이다. 북한 주민들은 필사적으로 남쪽이나 외국으로 나가려 할 것이다. 치안 불안이나 처벌 우려 때문이 아니라 외국에서 1년만 벌면 북한에선 거액이 된다는 단순한 경제 논리 때문이다. 한국에 온 탈북자의 탈북 동기도 대부분 경제적 이유이다. 독일은 통일 10년 만에 동독 인구 5명당 1명이 서독으로 이주했다. 통일 10년 뒤 동서독 임금 비율이 4대 3에 이르렀는데도 이에 만족을 못한 것이다. 2020년이 되면 동독 인구의 40%가 이주한다는 추정도 나오고 있다.

남북의 경제 격차는 너무 커서 독일과 비교할 수 없다. 통일 10년 후 북한 임금 수준이 남한의 1/3정도까지 올라갈 가능성은 거의 희박하다. 북한의 실업률 역시 동독과 비교조차 안 될 정도로 클 것이다. 그러니 통일이 되면 북한 주민의 몇 퍼센트가 해외로 나갈지 가늠할 수도 없다. 한국에 오는 북한 주민들을 전 세계가 보는 앞에서 함부로 내칠 수도 없다. 무서운 것은 북한의 미래를 책임져야 할 젊은 세대와 지식층부터 탈출할 것이라는 점이다.

또 다른 문제는 남한 사람들이 북한 사람들과 함께 살만 한 여유나 준비가 되어있는가 하는 것이다. 북한 사람들이 해외에 나가 2년 정도 지나 자리를 잡게 되면 북으로 돌아가지 않을 것이다. 이는 사회학적으로 검증된 사실로 통일 후 2~3년만 지나면 북한은 공동화될 가능성이 크며, 그 이후엔 엄청난 예산을 투입해도 '밑 빠진 독에 물 붓기'가 될 것이다. 농촌을 살리기 위해 젊은 이들이 거의 떠나간 한국 농촌에 천문학적 예산을 퍼붓는다고 농촌 경제가 살아날 수 없는 것과 같은 이치이다. 북한 주민들의 탈출을 막기 위해 떠나지 않는 사람에게 보조금을 주는 방법도 있겠지만 해외에 나가는 것보다 더 나은 선택이 되게 하려면 얼마나 많은 예산을 퍼부어야 할지 짐작조차 되지 않는다. 돈 대신에 일자리를 주는 방법도 있으나 2~3년 안에 일자리를 만들어주지 않으면 빠져나갈 가능성이 커서 그것도 골치 아픈 문제이다. 공장은 빨리 건설할 수 있을지 몰라도 북한엔 전력, 철도, 도로, 항만, 통신 등 공장 가동에 필요한 인프라가 제대로 정비되어 있지 않을 뿐만 아니라 공장을 건설해도 자동화시설 등으로 과거처럼 많은 인력이 필요하지 않은 것이 현실이다. 그나마 통일 뒤 인프라를 구축하려면 이미 늦다. 턱없이 모자라는 전력수급을 위해 필요한 발전소를 건설하는 데만 해도 어마어마한 예산과 10년 이상의 시간이 필요하다. 그래서 토지와 인력이 거의 공짜인 지금 북한에 인프라를 건설하는 것이 통일을 대비한 최소한의 보험이 될 수도 있지만 이것이 도리어 북한 체제를 연장시키는 것이라며 반대하는 여론이 만만치 않고 나름 일리가 있어 더 넘기 어려운 장벽이 될 수밖에 없다. 하지만 우리나라는 둘 다 싫어도 한 길은 선택해야만 하는 운명의 갈림길에 서 있다.

남북통일은 대박이 될 수 있을까?

새로운 삶을 찾아 죽음을 무릅쓰고 한국에 와놓고도 다시 한국을 등지는 탈북자들이 끊임없이 나오고 있다. 대부분 선진국을 포함한 제3국행을 택하지만 일부는 다시 북한으로 돌아가기도 한다. 한국을 떠나는 탈북자는 얼마나 되고 이들은 왜 다시 한국에 등을 돌리는 것일까? 2015년 말 기준 국내 누적 탈북자는 약 3만 명이었다. 탈북자 단체에 따르면, 한국에 왔다가 제3국으로 갔거나 북한으로 돌아간 탈북자 수는 많게는 2천 명에 달하는 것으로 추정한다. 이같이 추정만 할 뿐 한국을 떠난 탈북자들의 정확한 수는 알 수 없다고 당국은 설명한다. 주무 부처인 통일부마저도 이에 관한 정확한 통계 자료를 갖고 있지 않다. 통일부는 탈북자 수가 많을 뿐더러 이들의 출입국 기록도 사생활 정보에 해당하기 때문에 모두 파악할 수 없다고 한다. 박진근씨와 장광철씨를 포함해 정부가 집계한 재입북 탈북자는 모두 12명인데(2015년) 이 또한 재입북 기자회견 등으로 공개된 사례를 합한 것이다. 한국뿐만 아니라 북한 당국도 모르게 재입북한 탈북자가 얼마나 더 있을지는 알 수 없다.

탈북자들이 한국을 떠나는 가장 중요한 원인은 한국 생활에 적응하기 어렵기 때문이다. 이들이 탈북 브로커에게 지불해야 하는 거액의 돈은 그렇지 않아도 힘겨운 한국 생활에 어두운 그림자를 드리운다. 문제는 재입북이나 제3국행도 탈북자들에게 믿을 만한 탈출구가 되기는 어렵다는 점이다. 선진국들이 잇달아 난민 정책을 강화하면서 탈북 난민도 감소하는 추세이다. 어렵게 난민으로 인정된 탈북자들의 제3국 생활도 녹록지 않다. 이 때문에 적지 않은 탈북 난민들이 한국으로 다시 돌아오고 있다. 하지만 자동화와 정보화 기술 발달 등으로 매년 실업자가 늘어나고 있어 우리나라 사정도 그리 좋지 않다. 통일 독일의 사례에서 나타났지만, 남북 통일은 대박이 될 수 없다. 아마도 수십 년에 걸쳐 엄청난 경제적 손실, 치안, 실업 문제 등의 고통이 뒤따르게 될 것이다.

2. 교통 문제

진화하고 있는 고속도로

경부고속도로는 고속국도 1호선이자 아시아 고속도로 1호선 시점구간의 일부이며, 부산광역시 금정구를 기점으로 서울특별시 서초구까지 남북을 연결하는 핵심 고속도로이다. 총연장 416km, 왕복 4차로를 총 공사비 약 430억 원에, 건설단가 1km당 1억 원을 투입하여 건설했다. 장비 165만 대, 연 투입 인원 892만 명에 현대건설을 비롯한 16개 업체와 3대 건설공병단이 참여하여 1968년 2월 1일 기공식 이후 1970년 7월 7일 완공했다.

경부고속도로의 제한속도는 승용차 기준 100km/hr, 트럭 80km/hr로, 통행시간은 고속도로가 건설되기 이전에 15시간 이상 걸렸던 것이 4시간 30분대로 단축됐다. 경부고속도로는 대한민국이 1968년 2월 1일 착공해 2년 5개월 만에 완공한 세계 고속도로 역사상 최단시간, 최저 공사비로 건설한 '민족의 길'이었다. 이 길 덕분에 한국 경제는 비약적으로 발전을 하면서 경제적 부가가치를 이끌어내고 있다.

고속도로 신기술 개발을 위해 2007년 10월 국토해양부는 VC-10 사업의 하나로 스마트 하이웨이 사업단을 발족했다. 스마트 하이웨이는 도로-자동차-운전자의 첨단화된 IT 및 도로 기술의 상호 유기적인 결합을 바탕으로 세계 최고 수준의 도로 기술 경쟁력을 확보하고, 인간과 환경 중심으로 도로와 자동차가 조화를 이루는 가치 창조형(Value-Creator) 고속도로 실현을 목표로 시작하였다. 하지만 이제는 세계적인 기술 성장 속도에 많이 뒤처져 쓸모없는 연구 사업으로 전락하고 있다. 이미 선진국들은 자동차에 첨단 IT기술을 접목한 사물인터넷으로 무장하여 무인자동차들을 출시하고 있기에 우리 기술은 강 건너 불구경 신세를 면치 못하고 있다.

전국의 고속도로에 친환경 프로젝트(버스전용차로, 하이패스, ITS, 유지관리시스템 등)가 많이 접목되고 있다. 경부고속도로가 개통된 지 45주년(2015년)을 맞이했지만 주행속도는 일부구간을 제외하고는 45년 동안 변함이 없었다. 현 시점에서 보면 도로상황과 자동차 성능 등이 45년 전보다 훨씬 좋아졌고, 빠르게 움직이고 있는 경제 상황과 자동차산업의 발전을, 경제성과 시대적 흐름을 고려하여 10~20km/hr 정도 상향 조정이 필요하다. 그렇다고 아우

토반처럼 권장속도 130km/hr를 요구하는 것은 아니다. 1932년 독일은 고속도로인 아우토반을 건설한 후에 자동차산업이 발달했고(폭스바겐, BMW, 포르셰, 벤츠, 아우디 등), 이는 경제성장의 기틀을 마련하는 원동력이 되었다.

도로와 자동차 문화, 그리고 교통과 관련하여 개선해야 할 사항을 몇 가지 든다. 첫째, 도로 이용자들이 사고방식을 바꾸어야 한다. 즉 구시대적 사고에서 벗어나야 한다. 차로(버스전용차로, 추월차로, 양보차로, 오르막차로) 지키기만 제대로 해도 교통사고를 줄일 수 있으며, 교통 용량을 어느 정도 높일 수 있다. 추월차로, 양보차로의 경우를 예로 들어보면, 법정 속도보다 낮은 속도로 주행하면서도 추월을 위해 뒤따라가는 자동차가 경음기를 울려도 비켜주지 않는다. 왜냐하면 많은 운전자가 1차로가 추월차로라는 것을 잊고 있기 때문이다.

둘째, 국가정책 차원에서 고속도로 속도를 10~20km/h 정도 상향 조정해야 한다. 현재 일부구간에서 시행하고 있는 것을 전 고속도로로 확대 시행해야 할 시점이다.

셋째, 고속도로나 시가지 도로 등에서 버스전용차로를 제대로 지켜야 한다. 교통 용량 증대와 교통 소통이 원활해지면 대중교통을 많이 이용하여 나홀로 차량이 줄어들 것이고, 친환경적이며 고갈 위기에 있는 에너지를 절약할 수 있다. 현재 구간별로 고정식 카메라로 운영하고 있는 것을 버스에 카메라 등을 장착, 촬영하는 방식 등으로 단속 기능을 강화할 필요가 있다.

주어진 교통 여건 하에서 차로 지키기, 버스전용차로 기능 강화, 속도 조정 등으로 교통 용량을 20% 이상 높일 수 있다면 그에 따르는 경제적 부가가치는 엄청나다.

고속철도

우리나라 고속철도가 북한과 중국을 이어 유럽까지 연결되는 유라시아 규모의 미래를 고려하여 건설한 것이라면 KTX(300km/hr 이상)가 다닐 수 있는 기반시설은 건설하는 것이 맞다. 하지만 서울~부산노선 또는 목포~서울노선인 국토의 종방향을 제외하고는 고속철도 건설이 큰 의미가 없다. 우리나라 국토는 미국과 중국처럼 크거나 길지도 않기 때문에 종방향을 제외하고는 자동차를 이용하는 것이 여객이나 화물 수송에서도 훨씬 유리하다.

철도는 자동차와는 달리 초기 가속이 어려워 일정한 속도에 도달하는 데 많은 시간이 걸린다. 그래서 중간역이 많은 지역에서는 조건이 불리하다. 우리나라는 시속 300km/hr 이상의 속도는 낭비적인 속도가 될 수밖에 없는 지역적인 조건을 갖고 있다. 서울에서 부산을 KTX고속열차를 이용하면 약 2시간 40분 정도 걸린다. 하지만 서울~부산 간의 거리가 400km인 점을 고려하면 평균주행속도가 160km/hr에 못 미친다. 고속열차 속도가 400~500km/

hr가 되어도 평균 주행속도는 비슷하므로 300km/hr가 넘는 속도
는 오히려 낭비적인 요소가 되는 것이다.

철도수송은 연계성 확보 차원에서 철도 화물 적치 공간을 별도
로 필요로 하고, 생산지에서 철도 화물 적치장까지 도로를 이용해
두 번의 상하차(上下車)가 필요하다. 하지만 전국적으로 도로 기
반시설이 잘되어 있는 지금에는 자동차를 이용하여 4시간 정도면
전국 어디나 생산지에서 목적지까지 바로 갈 수 있다. 긴 거리를
이동하는 데는 물류든 여객이든 철도가 유리하지만 단거리(500km
이내)에서는 불리한 점이 많다.

신공항 건설 문제

과거 우리나라에서 제대로 갖춰진 공항이 있는 지역은 김포와
부산, 제주였고, 나머지는 유사시 전쟁을 대비하여 고속도로 등에
비행장의 형태로 있었다. 현재 전국의 공항은 지방자치제가 시행
되면서 그 지역 국회의원과 단체장들이 합세하여 표심을 위한 실
적 올리기에 혈안이 되어 만들어진 것이라고 할 수 있다. 동남권
신공항 건설 사업은 지난 2003년 노무현 전 대통령의 검토 지시
로 서남권의 무안공항 건설 계획의 취지와 동일하게 부산, 대구,
울산, 포항공항의 국제교통 수요를 합쳐서 동남권 신공항에서 처
리하는 것으로 계획한 것이다. 이후 2007년 이명박 대통령의 대

선공약으로 확정된 지역 숙원 사업이었다. 국민들에게 표심만을 위해 섣부르게 포퓰리즘 공약을 내세운 대표적인 예로 정치인들이 깊이 반성해야 할 일이다.

2011년 이명박 대통령 재임 중에 조사단을 구성하여 재평가하여 타당성이 없어 동남권 신공항 건설계획을 백지화한다고 했을 때 참으로 다행이라고 필자는 생각했었다. 그런데 박근혜 대통령이 또다시 이를 번복하는 말을 한 뒤, 동남권 신공항이란 불길한 느낌의 유령이 이미 바짝 다가와 있는 것은 아닌지 걱정이 앞섰다. 그러나 국토부는 2016년 6월 21일 가덕도도 밀양도 아닌 기존 김해공항을 V자 형식의 확장하겠다고 발표했다.

정말 다행스런 결정이었다. 신공항 건설에 10조가 투입된다고 하지만 제대로 된 공항을 건설하기 위해서는 터무니없이 적은 액수이다. 거기에다 부대시설비인 연결 진입로와 철도시설 등을 고려하면 천문학적인 돈이 들어갈 수밖에 없다. 따라서 10조라는 것은 후보지를 결정하고 보자는 정치권의 논리가 앞선 액수일 뿐이다. 이것은 조사단에서 발표한 내용만 봐도 알 수 있다. 기존 시설이 잘 갖춰진 김해공항에 새로운 활주로 1본과 국제여객터미널 추가 신설을 통해 김해공항을 연간 3,800만 명의 처리능력을 갖춘 공항으로 확장하는 데만 소요되는 건설비용은 공항시설 확충비용 3조 5,700억원, 접근 교통망 확충비용 6천억 원 등 총 4조 1,700억 원가량이 들 것으로 추산된다.

김해공항 확장 전후 비교

	현 재	확 장 후
총 면 적	651만㎡	965만 3천㎡
활주로 시설	– 2본(3,200m, 2,744m) – 활주로 수용능력: 15.2만 회/년 – 하루 15시간 운항/시간당 28대 기준	– 3본(3,200m×2본, 2,744m×1본) – 활주로 수용능력 29.9만 회/년 – 하루 15시간 운항/시간당 28대 기준

터미널 시설	– 국내선 • 국제선 터미널
	  (1,734만 명/년)
	– 국내선 수용능력 1,269만 명/년
	– 국제선 수용능력 464만 명/년
		– 국내선 • 국제선 터미널
		  (3,800만 명/년)
		– 국내선 수용능력 1,000만 명/년
		– 국제선 수용능력 2,800만 명/년

2016년 6월 21일에 결정된 김해신공항은 기존 김해공항을 단순히 보강하는 것이 아니다. 그 차원을 넘어 장래 늘어날 영남권 항공 수요에 충분히 대응할 수 있는 새로운 영남권의 거점 신공항을 만들어나가는 방안이다. 정부는 활주로, 터미널 등 공항시설을 대폭 신설하고, 철도와 도로 등 공항으로의 접근 교통망도 획기적으로 개선하여 영남권 전역에서 더 편리하게 이용할 수 있도록 만들어나갈 계획이라고 설명했다. 이번 용역 결과가 항공 안전, 경제성, 접근성, 환경 등 공항 입지 결정에 필요한 제반요소를 종합적으로 고려한 합리적 결정이라고 평가할 수 있다.

정부는 2016년 하반기에 곧바로 예비타당성 조사에 착수하고, 2017년 중 공항 개발 기본계획 수립에 본격 착수해, 2021년 착공하고 2026년 개항하는 한편, 영남권의 접근성을 높일 수 있도록 도로와 철도 등 교통망을 확충하기로 했다.

그리고 이 시점에서 반드시 검토해야 할 중요한 사항이 또 하나 있다. 이왕 김해공항을 확장하여 명실상부한 국제공항으로 건설하려면 예산이 조금 더 들더라도 계획 수립 단계부터 미국이나 유럽 등으로 취항할 수 있는 직항로를 개설해야 한다. 그러기 위해서는 점보기의 이착륙이 가능한 활주로가 반드시 필요하다.

현재 김해공항 활주로나 무안공항 활주로는 400~500명이 탈수 있는 점보기의 이착륙이 불가능하다. 그런데 지난 6월 21일 발표한 김해신공항 건설 계획에 따르면 기존과 동일한 활주로 규격(길이: 3,200m 폭: 45m)을 제시하고 있어 근시안적인 계획이라는 비난을 피하기 어렵다. 서낙동강 때문에 활주로 길이 확보가 어려울 경우 서낙동강에 교량을 설치하는 방안과 냉정~서부산 고속도로를 지하화하는 방안을 검토해야 한다. 물론 길이 3,200m는 점보기가 이착륙할 수 있는 최소한의 길이는 될 수 있다. 하지만 중복 투자를 막고 무엇보다 중요한 안전을 고려한다면 최소 길이 3,500~3,700m, 폭 60m를 반드시 확보하여 건설해야 한다.

대통령 후보들은 영남권만의 지도자가 아니라 대한민국 국민 모두의 지도자로서 국익을 우선시하는 마음가짐이 필요하다. 2017년 이후에도 대통령 후보들이 표심을 위해 또다시 이를 번복하지 않기를 바란다. 잘못된 정책을 끝까지 고집하는 것은 신뢰를 지키는 것이 아니라 편견이고 아집에 불과하다. 정도(正道)가 아니라고 판단되면 용기를 내어 과거의 잘못된 판단에 대해 잘못을 시인하고 공명정대한 방법을 모색하는 것이 신뢰할 수 있는 지도자의 참모습일 것이다. 어쨌든 처음부터 말도 안 되는 대선공약(2007년)을 내세운 것이 잘못이다. 한 마디로 악수를 둔 것이 여론 분열을 조장하고 쓸데없는 곳에 국력을 낭비하게 만드는 꼴이 되었다. 대선 때마다 예비후보가 공약한다고 가정할 때, 또다시 신공항 건설을 운운하며 경남 밀양이냐, 부산 가덕도냐 하고 들쑤셔 놓는다면 대체 어떻게 수습해야 한단 말인가? 이미 2011년 조사단 발표에서 경제적 타당성이 없는 것으로 드러났고, 2016년에 프랑스의 파리공항공단 엔지니어링(ADPi)에 수십억 원의 용역비를 투입한 결과물이 가덕도와 밀양보다 모든 면에서 우수한 기존 김해공항 확장으로 결정된 마당이다. 그런데 정치적 이권 때문에 또다시 이를 뒤집는 발언을 한다면 국익을 최우선적으로 생각하고 판단해야 할 정치인으로서 올바른 태도라고 보기 어렵다.

무안공항과 양양공항 그리고 울진공항을 보라. 공항 수요 예측을 부풀린 중앙정부가 그나마 쓸 만했던 속초공항과 강릉공항을 없애면서 양양에 거대한 국제허브공항을 만들어야 한다고 우겨댔던 일이 엊그제 같다. 울진공항도 교통 전문가들이 그토록 반대했는데, 많은 사회적 비용을 들이고 민심을 분열시키는 지역 이기주의를 조장하여 강행하지 않았던가? 두 번 다시 이런 오류를 범해서는 안 될 것이다.

전국의 부실 공항들

경부고속철도가 2시간 40분대로 연결 개통되면서 국내 교통은 그야말로 대변혁을 가져왔다. 그러나 공항은 경우가 다르다. 미국이나 중국처럼 광활한 국토를 가진 나라는 공항과 고속철도가 연계되어야만 하는 구조라서 공항 수요가 많을수록 좋지만, 우리나라의 경우는 좁은 국토에 전국이 고속철도로 2시간대란 걸 기억해야 한다.

가장 심각한 문제는 전국에 포화상태로 산재해 있는 16개 공항 중 인천과 김포, 제주, 김해공항을 제외하고는 모두 적자를 면치 못하고 있다. 규모가 작아서 혹은 입지가 잘못되어서 적자가 난다고 생각하면 큰 오산이다. 정치권은 표심으로 몰리고, 항공사는 이익이 많이 나는 공항과 국제항공 수요에만 몰두하다 보니 국내 공항은 거의 내팽개치다시피 하고 관광객 수요만 따라다니며 시간표를 짜는 것이 가장 중요한 원인이다. 당초 무안공항 건설 계획의 취지는 서남권의 공항으로서 광주, 군산, 여수, 목포공항의 수요를 합쳐서 무안공항에서 처리하는 것으로 계획하였다. 총 3천억 원을 투자한 무안국제공항(2007년 개항, 1개 활주로 2800m)은 이용률 2%로 2010년 507억 원의 손해를 보았다. 한편 2016년 1월부터 전라남도는 무안공항 활성화를 위해 정기노선은 손실액의 30% 이내, 정기성 전세기는 편당(도착기준) 300만 원~500만 원, 인바운드 전세기는 왕복 1회당 500만 원을 지원하고 있다. 여기에 공항 활성화를 위해 활주로 확장이 필요하다고 정부에 요청한 상태이다. 연간 이용객이 171만 명인 청주공항 활주로 확장도 중단한 상황에서 연간 이용객이 1/10 수준인 무안공항의 활주로 확장은 형평성과 경제성 논리에도 맞지 않다.

무안국제공항은 국제공항이라는 이름에 걸맞지 않게 활주로 길이가 2,800m에 불과하다. 이 정도 규모로는 화물 주력 기종인 보잉747 이용이 어렵고, 항공물류산업 유치에도 걸림돌이 된다. 짧은 활주로 탓에 중량 400톤이 넘는 항공기 운항이 제한되어 미주와 유럽 노선 화물기 이착륙도 어려운 상황이다. 전라남도는 미주·유럽 노선을 유치하고 인천국제공항의 대체 공항으로서의 위상을 가지려면 활주로를 400m 연장해 3,200m로 건설해야 한다는 입장이다. 이 또한 당시 이 지역 정치인들이 공항부터 먼저 건설하고 보자는 포퓰리즘에서 시작된 것이다. 양양국제공항 역시 하루 이용객 24명에 매년 적자 규모가 100억이라니 이렇게 어처구니없는 일이 또 있을까? 2012년 5월 3일, 코리아익스프레스에어가 양양에서 김포, 광주, 부산 취항을 시작했는데, 과연 이용객이 있을는지 의문이다. 이러한 사례는 후진국에서도 보기 힘든 일이다. 결국 모든 적자를 고스란히 국민들의 주머니 털어서 나온 세금으로 충당하는 판이니 정치 논리에 휘둘려 건설한 이런 공항들을 보면 가슴을 칠 일이다. 2013년 이후 나도는 말이 F1 손실액 4천 억, 여수 엑스포 1조 원, 무안공항 수천억이다.

예산 낭비의 결정판인 전국의 부실 공항들은 한 마디로 정치가 경제를 망친 대표적인 사례이다. 지금까지 이용 승객이 거의 없어 적자에 허덕이다 방치되다시피 한 공항들에 대한 책임은 과연 누가 지고 있고, 앞으로 또 누가 짊어져야 한단 말인가? 결국 바보같이 늘 당하기만 하는 국민들 주머니에서 나간 돈으로 충당하겠지만, 이번 기회에 지도자들을 비롯한 정치인들이 뼈저리게 반성해야 할 것이다. 이는 먼 훗날 역사의 서릿발 같은 따끔하고 준엄한 심판을 받아야 할 중요한 문제이다. 국민들의 손과 발이 되어야 할 신공항이 춤추는 기획부동산업자와 정치인들의 노리갯감이 되어가고 있는 지금, 죽은 신공항들의 망령들을 누군가는 나서서 쫓아내야 하지 않겠는가?

막대한 국가 자금을 끌어들여 시골 촌구석에 공항을 버젓이 지어놓고 개항조차 못하고 처음부터 썩히는 나라가 전 세계 어디에 있을까? 아무리 낙후된 후진국에 가더라도 이런 어리석은 짓은 하지 않을 텐데, 명색이 전 세계를 이끌어가는 선두주자 중의 하나로 선진 강대국으로 발돋움하고 있는 우리나라가 이런 행태를 범하고 있으니 생각만 해도 부끄러워 고개를 들 수가 없다. 지금에 와서 아무도 책임을 묻지 않는다고 또다시 잘못을 반성하지 않고 이를 외면하면서, 오직 지역 이기주의와 첫 발언의 책임감에 얽매여 계속 고집을 부린다면 정권 재창출은 고사하고 보수 정권 자체가 위협받게 될 것이다.

이제는 정치인들이 발 벗고 나서서 국론 분열을 수습하고 갈등 진정에 앞장서야 한다. 아울러 문제의 뿌리인 정치권은 선거철만 되면 무분별하게 내세운 공약들이 사후에 얼마나 큰 대가를 치러야 하는지에 대해 처절하게 반성해야 한다. 현재 나라 빚이 도대체 얼마인가? 정부와 지자체 그리고 공사 등의 빚은 매년 가파르게 늘어만 가고 있지 줄어든 적은 없었다. 유권자들은 총선과 대선에서 후보자들의 포퓰리즘 공약을 더더욱 철저히 감시하고 검증해야 한다. 정치적 사생아로 태어난 천덕꾸러기 적자 지방 공항들이 전국에 무수히 널려 있음을 정치인들은 다시 한 번 떠올리고 지금이라도 현명하게 판단하기를 바란다.

차고지 증명제가 절실하다

'차고지 증명제'는 자동차를 구입하여 등록하거나 변경·이전 등록을 할 경우 반드시 차고를 확보하도록 하는 제도를 말한다. 전국의 자동차 등록대수가 2015년 초 2천만 대가 넘어섰고, 연 2.3%의 증가율을 보이고 있다. 2015년 기준 일반승용차 배기량별 등록 대수를 보면 1000cc 미만 14% 정도이고 1000~1500cc가 66%로 전체의 절반 이상을 차지하고 있으며, 2000cc 이상은 20% 정도로 경차보다 많은 것으로 나타났다. 현재 전국의 광역시급 도로는 넘쳐나는 차량으로 주차장을 방불케 하고 있으며 중로급 이

하의 도로와 주거지 인근 도로 역시 빼곡히 들어선 차들로 주차 지옥이 된 지 이미 오래다.

　자동차 문화에 대한 올바른 인식도 없이 너도나도 편리성만 추구하며 '나홀로 자동차'를 이용하다 보니 이제 물러설 수 없는 벼랑 끝까지 와버린 느낌이다. 어지간한 골목길은 낮에도 소방차와 구급차의 진입이 어려운 실정이고, 특히 야간에는 소방차와 응급차량들이 감히 근접할 수도 없게 된 도시 뒷길의 모습들이 일상의 풍경이 되어 버렸다. 인도 변 '개구리 주차'는 예사로 볼 수 있으며 심지어 대로와 중로급 도로 바깥차선까지 불법주차로 꽉 차 있는 실정이다. 이쯤 되면 '주차 무질서 시대'가 아니라 '주차 난장판 시대'라고 해도 과언이 아니다. 우리가 어쩌다 이 지경까지 되었을까? 안타깝게도 이러한 사례는 낙후된 후진국에서도 찾아보기 힘든 부끄러운 일이다. 명색이 전 세계를 이끌어가는 OECD 회원국이며 선진국 문턱에 들어선 우리나라가 이런 행태를 범하고 있으니 낯 뜨거운 일이 아닐 수 없다. 결국 차량이 이동하는 데 편리한 도구가 아니라 사람들에게 원성이 높은 골칫거리로 전락해 민원의 대상이 되고 있다. 차고지 확보를 최소화하여 건물을 짓게 하고 차고지 없이도 차량 소유를 가능하게 해준 대가를 되돌려 받고 있는 셈이다.

　1991년 가을 어느 일간지 신문기사를 보면 "정부는 내년 상반기에 1가구 2차량 보유 가구에 취득세와 등록세를 중과세하고 차고지 증명제를 실시할 예정이다"는 내용이 있다. 또한 당시 경제 기획원은 건설교통부 등 관계부처 협의를 거쳐 구체적인 실시 방안을 모색할 것이라고 전한다. 그런데 발표된 지 22년이 지난 차고지 증명제 실시 계획이 아직도 준비가 덜 되었는지 감감무소식이다. 1991년, 1993년, 1997년 세 차례나 시행을 요구했던 정부의 차고지 증명제는 국회에서 번번이 저지당했다.

겉으로 드러난 명분은 "차량을 생계수단으로 삼고 있는 저소득층의 고통을 외면할 수 없다"였지만 실제 속내는 따로 있다. 국민들에게 드러내놓고 말 못할 여러 복잡한 관계와 표심을 의식한 정치인들의 반대를 넘어서지 못했기 때문이었다. 차고지 증명제 시행이 세 차례나 무산되면서 자동차 회사는 그동안 자동차 가격을 물가상승비보다 몇 배는 올려가며 많은 이익을 남기고도 사회에 공헌하지 않는 무책임 속에 주차난은 가속화되고 있다. 아무도 책임을 묻지 않는다고 또다시 이를 외면하고 방치한다면 국가는 교통경제 마비에 가까운 위협을 감내해야 할 것이다. 또한 수년 동안 GDP가 2만 불 내에서 횡보하고 있는 근본 원인 중 하나가 되고 말 것이다. 세계금융위기 이후 국내 가계부채가 불명예스럽게도 2016년 1월 약 1,200조 정도로 매년 가파르게 치솟아 오르고 있지만 이를 줄일 만한 뾰족한 대안은 없어 보인다. 은행권 주택담보대출은 2015년 하반기에만 30조 원 가까이 급증했다. 2016년 1월에 시행된 미국발 금리인상으로 시중 금리가 오를 경우 가계부채 부실의 충격파가 걷잡을 수 없이 확산할 가능성도 있다.

　그런데 급격히 늘어나고 있는 가계부채의 세부명세표를 들여다보면 놀랍게도 자동차 구입비와 유지관리비 비중이 상당 부분을 차지하고 있다는 것이다. 게다가 정치 논리에 휘둘려 대중교통 이용률은 갈수록 떨어지고 있으니 이로 인한 대중교통 적자 등의 부담금을 거의 대부분 지자체에서 지급해주고 있는 실정이다. 1962년부터 차고지 증명제를 시행하고 있는 일본은 도시에서부터 농촌에 이르기까지 차고지 설치가 기본의무로 되어 있다. 따라서 이면도로에 불법 주차된 차량은 상상도 할 수 없다. 소형차량이 많은 것이 검소한 생활을 하는 국민성과도 관계가 있지만 이 제도의 영향이 크다고 볼 수 있다. 대형차를 주차하려면 그만큼 큰 면적이 필요하므로 대부분 작은집에 사는 일본 국민들은 소형차를 살 수밖에 없다는 것이다.

　국내에서는 제주도만이 '제주특별자치도 특별법'에 근거해 2007년 2월부터 정책적으로 차고지 증명제를 단계별로 시행하고 있다. 제주도라는 한정된 공간에 자동차 보유율이 지속적으로 증가하다 보니 한 가구당 1.06대의 차량을 가지게 되어 전국 1위의 기록을 세우게 되었고, 도심지의 심각한 주차난을 해결하기 위해 불가피하게 도입한 제도이다.

　차고지 증명제 시행이 늦어지는 이유가 얼핏 보면 서민들의 권익보호를 위한 것 같지만 사실은 그렇지 않다. 대형차 구입비와 유지관리에 소요되는 경제적 비용을 따져보자. 물론 차고지 증명제를 시행한다고 해서 불법주차 문제가 완전히 해결되는 것은 아니다. 건물 신축 시 법적인 주차 면을 확보하기 위해서 주차타워를 많이 설치하지만 실제 작동은 거의 안 하고 있다. 인건비와 전기료 등 관리비가 많이 들기 때문인데 공공기관에서 단속을 나왔을 때 고장이 나서 A/S 불러 놓았다고 말하면 의심이 가도 단속 자체는 어렵다고 한다. 그러나 무엇보다 중요한 문제는 차량으로 생계를 유지하는 저소득층과 장애인 차량에 대한 배려이다. 차량으로 생계를 유지하는 저소득층의 경우 이중고의 문제가 발생하지 않도록 지자체에서 공영주차장을 확보하여 저소득층에게 할인 혜택을 부여하는 등 다양한 방안을 모색하고 아울러 장애인들을 배려하는 제도도 법적으로 마련해야 할 것이다.

또 하나의 문제점인 우리나라 대중교통의 운영 실태와 차고지 증명제를 관련하여 살펴보자. 지방자치단체가 지급하는 보조금(준공영제, 적자보조금, 환승보조금)이 수십억(시군급)에서부터 수천억(광역시급)에 달하지만, 정작 농어촌과 중소도시 대부분의 대중교통은 텅 빈 채로 적자 운행 중이다. 차고지 증명제의 전면 시행하면 대중교통을 활성화시키고 나홀로 차량도 줄일 수 있을 것이다. 가계에 큰 비중을 차지하는 차량 구입비나 유지관리비를 최소화한다면 국민 개개인뿐만 아니라 국가적인 차원에서도 큰 손실을 막을 수 있다. 아울러 차를 소유하지 않은 사람들도 일정 기간 또는 일정 시간 동안 자동차를 빌려 쓰는 '카셰어링' 제도를 활성화하여 이용하면 편리할 것이다.

현재 대도시에서 시행하고 있는 거주자우선주차제만으로는 주택가 주차난과 이로 인한 이웃 간의 주차 분쟁, 주택가 이면도로 기능마비 등을 해소하기 어렵다. 국토교통부는 연구용역을 마련해 차고지 증명제의 국내외 사례를 조사하고, 전문가로 태스크포스(TF)를 구성하는 한편 도입 여부를 놓고 전문가 토론회 등을 개최해야 할 것이다. 차고지 증명제가 늦어짐에 따라 발생하고 있는 사회적 비용들은 눈덩이처럼 불어나고 있다. 하지만 이러한 뒤치다꺼리 혈세는 영문도 모르고 늘 바보같이 당하기만 하는 국민들의 주머니에서 나간 돈으로 충당하고 있다. 국민들의 손과 발이 되어야 할 정치인들이 표를 쫓아다니는 노리갯감이 되어 가고 있는 서글픈 현실을 누군가는 바로잡아야 하지 않을까? 모든 국민들의 기본적인 '삶의 질'이 향상되고 국민들이 평안해질 때 비로소 선진국이라 부를 수 있고, 진정한 복지국가라 할 수 있을 것이다. 인기 없는 정책을 용기 있게 펼칠 수 있는 양심적이고 신념 있는 리더가 절실히 필요한 때다. 정부와 정치인들이 합심하여 차고지 증명제 전면 도입을 다시 검토하기를 간절히 기대한다.

3. 불평등한 사회 경제 구조

가난을 벗어날 수 없는 중산층 구조

한때 햇살론이라는 대출상품의 이름이 언론에 오르내렸다. 연 30%가 넘는 대부업체의 고금리에 시달리는 서민들이 연 9%대의 저금리 상품으로 갈아탈 수 있는 이른바 서민형 경제 상품이었다. 언뜻 보면 반가운 이야기로 들리지만, 사실은 그렇지 않았다. 물가상승률에도 못 미치는 초저금리 시대에, 사실상 마이너스 금리라는 이 시대에, 가난하다는 이유만으로 연 30% 이상의 고금리를 물고 있다는 말이기 때문이다. 이런 서민 경제 상품의 혜택도 그나마 좀 더 여유 있는 서민들에게만 집중되었다고 하니, 반가운 마음도 금세 무색해진다.

이런 일들이 그저 사회 한구석에서 벌어지는 특이한 현상이거나 일시적 현상이 아니라 한국 사회 곳곳에서 벌어지고 있다. 경제력은 점점 더 최상위 재벌들에게 집중되고 있으니, 법인세 인하로 가장 많은 혜택을 누리고 있는 집단 역시 바로 재벌들이다. 생산성이 증가하고, 사상 최대의 수출 호황과 기업 이윤이 발생해도, 노동자들의 임금은 증가하지 않는다. 이른바 임금 없는, 고용 없는 성장의 시대이다. 하지만 기업이 위험에 처하면 그 피해는 고스란히 노동자들에게 전가된다. 경영 실패로 노동자들을 대량으로 해고한 CEO들은 여전히 건재하며 막대한 돈(이익)을 챙기고 있다. 개천에서 용이 나오기는커녕, 교육은 불평등한 사회 경제적 구조를 떠받치고 있는 기울어진 운동장이 되어 가고 있다. 교육을 통해 이런 불평등을 해소해야 하지만 부유한 지역에 사는 이들이 가난한 지역에 사는 이들보다 훨씬 많은 경제적 기회와 복지 혜택을 누리고 있다. 중졸 이하 집단의 사망률이 대졸 이상의 사망률보다 무려 8.4배나 높다.

이런 사회에서, 가난은 그저 무언가 부족하고 불편한 일이 아니라, 큰 대가를 치러야 하는 일이 되어 가고 있다. 가난한 사람들은 가난하기에 돈을 더 내야 한다. 가난의 비용, 즉 불평등의 비용마저, 가난한 이들에게 전가되고 있는 것이 한국의 현실이다. 물질적으로만 그런 것이 아니다. 불평등 사회에서는 가난하기에 손가락질을 당해야 하고, 무릎을 꿇어야 하며, '갑'이라는 이유로 '을'은 비인간적인 대우와 막말의 수모를 고스란히 감수해야 한다. 불평등과 가난은 인간의 존엄성마저 위협하고 있다.

이쯤 되면 한번 생각해 봐야 하지 않을까? 우리 사회가 점점 불평등해지는 것이 단순히 일시적인 현상인지 말이다. 아니면 자연스레 해결될 문제일까? 결국 이 문제를 우리가 계속 외면하고 방치한다면, 아주 오랜 기간 동안 한 사회에 참혹하고도 커다란 상처를 남기게 될 것인데, 이것은 사회 체계의 구조적 문제에서 비롯된 것이다. 오늘날 한국 사회는 가난한 자는 계속 가난에 시달리고 부자는 더 많은 부를 쌓는 시대이다.

다가오는 미래는 희망이 있을까?

한국이 살기 어려운 이유로 세계 최고로 비싼 주택 가격과 비싼 임대료, 열악한 노동환경, 허술하고 취약하기 짝이 없는 복지구조 체계 등을 들 수 있을 것이다. 지금 한국에는 '저일자리 - 저성장 - 저복지'의 악순환이 계속되고 있다.

한국 중산층의 위기는 단지 규모의 축소만을 뜻하는 것이 아니다. 중산층이 체감하는 삶의 불안 강도도 훨씬 더 높아졌다. 중상 정도의 소득 수준, 높은 학력, 안정된 직업과 가정생활을 특징으로 하는 이 집단은 우리 사회의 허리에 해당한다. 그런데 이 집단이 비정규직과 조기 퇴직에 내몰리고 있다. 50대에 이르면, 네 명 중 한 명만 중산층에 머물러 있고 나머지는 빈곤층으로 추락한다. 이 중산층의 위기가 곧바로 한국 사회의 위기로 이어지고 있다.

과거에는 상대적으로 평등했던 한국 사회가 최근 들어 불평등 사회로 변화했음을 진단해볼 수 있는데, 그것은 국민 여론조사에서 여실히 드러났다. 1990년대에는 한국인의 70%가 중산층이라고 생각했지만 지금은 자신을 중산층이라고 생각하는 사람이 40%대에 불과하다. 그 원인이 정부 책임이라는 의견에 국민의 60%가 동의하고 있으며, 정부가 불평등을 해결하기 위해 적극적 역할을 수행해야 함을 요구하고 있다.

　특히 1997년 외환위기 이후 한국의 불평등이 가속화하고 있다. 그 주요 원인으로 중국의 등장으로 노동 집약적 산업의 쇠퇴와 고용 증대의 둔화, 영미식 성과주의 모델의 확산, 소득세율의 인하를 들 수 있다. 노동시장 개혁 없이 불평등 문제는 해결될 수 없다. 그 핵심적인 원인은 노동시장의 이중구조 또는 노동 양극화이다. 그리하여 대기업 - 중소기업 간, 정규직 - 비정규직 간 임금격차가 확대되고 있다. 사정이 이런데도 역대 정부는 시장만능주의 원칙에 입각해 기업하기 좋은 나라 만들기 차원의 노동 개혁에 주력해 결국 노동의 양극화 현상을 악화시켰을 뿐이다.

　여성의 입장에서 불평등 문제를 살펴보면, 먼저 임금에서 여성은 남성의 약 70% 수준이다. 저임금노동자의 비중으로 볼 때 남성은 약 20%, 여성은 약 40%에 달하고, 법정 최저임금 노동자도 남성에 비해 여성은 그 두 배가 넘는다. 영국 경제주간지 〈이코노미스트〉가 해마다 발표하는 유리천장지수(Glass Ceiling Index, 고등

교육을 받은 남녀 비율, 여성 경제활동 참여도, 남녀 임금 격차 등 9개 항목을 기준으로 한 지수)를 보면 OECD 국가 중 한국이 매년 최하위를 기록하고 있다. 이것은 우리 사회에서 여성이 충분히 높은 수준의 교육을 받고 있음에도 불구하고, 노동시장에서 평등한 기회를 누리지 못할 뿐만 아니라, 남성보다 낮은 임금을 받고 있다는 사실을 잘 드러내준다. 교육으로 과연 불평등을 치유할 수 있을까? 누구나 정직하게 열심히 살면 가난에서 벗어날 수 있다는 믿음은 여전히 타당한가?

부의 환원, 스웨덴 발렌베리 가문

과거에 한국 경제성장의 견인차 역할을 한 재벌은 점점 더 강해진 권위주의와 위계질서로 인해 효율성을 상실하고 있다. 이에 따라 지나치게 재벌에 의존했던 우리나라는 창의성을 점점 잃어가고 있다. 재벌 개혁이야말로 경제민주화의 출발점이다. 총수 일가의 사익만을 추구하는 후진적 지배구조가 그 폐해를 심화시켰다고 필자는 진단한다. 이런 구조에서는 성장도 분배도 불가능하다. 재벌을 개혁하려면 오랜 기간 동안 일관된 노력이 필요하다. 대한민국의 재벌들은 사회로부터 축적한 부를 사회로 환원하는 대신 재물 독(毒)에 취해 권위적이고 탐욕적인 실태를 보여왔다. 공익을 중시하지 않고 가문을 중시하여 부를 대물림해오고 있다.

스웨덴의 재벌은 우리와 다르다. 북 유럽국가 중에서 경제와 복지 분야 등에서 강국이 된 스웨덴의 비결을 보자. 스웨덴 경제를 좌지우지하는 발렌베리 가문을 언급하지 않을 수 없다. 발렌베리 가문은 무려 160년 동안 세습되어왔는데, 시가 340조 원에 달하는 거대재벌이다. 그런데도 스웨덴에서 가장 존경받는 기업으로 남아있다. 그들은 그 흔한 특권을 누리지도 않고 2대째부터 개인의 전 재산을 발렌베리 재단에 기부했다. 발렌베리 가문의 심장부는 스톡홀름 시내의 낡고 오래된 평범한 건물이다. 재단의 명성이나 지위에 비해 사무실이 소박하지만 효율적이다. 발렌베리 그룹은 재단을 통해 운영된다. 하지만 가문에서 재단을 운영 할뿐 소유하고 있지는 않다. 이 가문의 사람들은 회사의 주식을 전혀 소유하지 않는다. 회사의 지분은 모두 재단의 소유이다. 수익은 재단으로 흘러들어 다시 스웨덴 사회를 위해 투자되는 구조이다. 이익금의 20%는 재단 내부에, 80%는 매년 각종 과학 연구나 교육을 위해 지출한다. 기업을 통해 얻은 부를 개인과 가문을 위해 축적하는 대신 사회에 환원하는 시스템을 만들어낸 것이다.

사회로부터 축적한 부를 사회로 환원하는 것은 단순한 도덕적 책임이 아니라 피할 수 없는 시대적 요구가 아닌가 한다. 우리 사회도 부자들이 결단해야 한다. 우리가 이 시대의 부자들에게 기대하는 것은 그들이 가진 1%의 힘으로 이 세상을 조금 더 좋은 방향으로 변화시켜주는 것이다.

4. 포퓰리즘

페론의 포퓰리즘

포퓰리즘(populism)은 한마디로 정치인이 대중들에게 인기 위주로 정치를 하는 것으로 '대중영합주의'라고도 한다. 국가경제에는 해가 되지만 득표에 도움이 되면 정치적 투쟁에 대중을 앞세워 권력을 유지하는 정치 체제를 말한다. 포퓰리즘은 엘리트주의(소수의 지배층이 통치하는 체제)와 반대되는 개념이다. 포퓰리즘은 우리말로 옮기기가 쉽지 않다. 한때는 '대중주의'라고 옮기기도 했지만, 완전히 잘못된 번역이다. 사회적 약자에 대한 온정적 접근을 추구하는 것처럼 들리지만, 실제로는 대중을 빙자하거나 사칭한 엉터리 이데올로기에 지나지 않기 때문이다.

하지만 민주주의 사회의 진정한 다수란 대중이 아니라 '공중'이다. 공중은 대중과는 달리 이성적인 판단 능력을 가지고 있어 우리 사회의 현실과 우리가 필요로 하는 것 등을 냉철한 시각으로 바라볼 수 있다. 공공성이나 책임성을 염두에 둔 진짜 여론을 만들어낸다는 뜻이다. 감수성에 휩쓸리는 대중과는 다른 개념이다. 공중은 소수의 의견도 존중하기 때문에 독재를 막는 수단이기도 하다. 포퓰리즘과 민주주의의 다른 점이 바로 여기에 있다. 또한 소수의 의견을 묵살하는가, 존중하는가도 중요한 차이점이지만 다수의 의견이 단지 권력을 위한 수단으로 전락될 것인지, 아니면 국가발전과 유지를 위한 여론으로 수렴될 수 있는지의 차이이다.

정치인들은 정치적 위기, 즉 반대파나 지식인 계층의 저항에 직면하게 되면 대중을 끌어들여 정치권력을 유지하려고 한다. 대표적인 사례로 아르헨티나의 페론 정부를 들 수 있다.

"아르헨티나여, 나를 위해 울지 말아요." 영화 〈에비타〉에 나오는 주제곡의 가사이다. '에비타'는 1946년 아르헨티나의 대통령에 당선된 페론의 두 번째 부인인 에바 페론의 애칭이다. 그녀는 국민들로부터 엄청난 사랑을 받았고 대통령인 페론은 영웅 대접을 받았다. 페론은 친노동 정책을 펼쳐 많은 노동자와 농민 등 사회적 약자와 빈곤계층의 열화와 같은 성원을 받으며 노동자들의 임금을 인상(약 20%/년)하고 근로환경을 개선했다. 언론보도를 억제하고 자원의 국유화를 단행하는 등 파행적인 정책도 시행했다. 그러면서 페론은 9년 동안 권좌에 있다 실각하게 된다. 그러나 그에 대한 아르헨티나 국민의 지지는 식지 않아 1973년 다시 권력에 복귀하지만 일 년 뒤 죽음을 맞이하였다.

그러고 나서 페론의 세 번째 부인인 마리아 에스텔라 마르티네스가 대통령직을 승계했다. 하지만 페론의 생존 시부터 조짐이 있었던 페론주의 운동 내부의 분열과 정부의 분열은 마침내 노골화되어 페론 부인은 그 어떤 정치 집단의 지지도 얻지 못했고 결국 가장 충실한 지지세력이었던 노동조합도 등을 돌리고 말았다. 테러 행위와 정치폭력이 난무하는 가운데 인플레이션이 연간 600%에 달했다. 결국 그녀는 1976년 군부의 혁명으로 국외로 추방당했다.

페론의 포퓰리즘은 아직까지도 아르헨티나에 커다란 그늘을 드리우고 있다. 한때 세계 5위의 경제 대국이었던 아르헨티나는 불과 1세기만에 급격하게 몰락하기 시작해 전반적인 소득 감소로 중산층이 무너져 빈곤층이 50%에 달하는 결과를 낳고 말았다.

겉으로 보기에는 '저게 뭐가 잘못되었을까?'라고 생각될 만한 정책들이다. 비록 하층민의 지지를 받았지만, 한 국가를 유지하기 위해서는 거시적 관점, 즉 정치와 경제와 사회 전반에서의 폭넓고 고른 시야가 필요하다. 게다가 개혁을 단행하기 위해서는 확실한 목표 의식과 깨끗한 절차가 동반되어야 한다. 여기서 주목해야 할 것은 페론의 정책이 단지 권력을 유지하기 위한 수단이었다는 것이다. 한때 노동자들의 찬사와 함께 페로니즘이라고까지 불렸던 페론 정권은, 헌법을 개정하여 독재권력을 휘두르기 시작하였고,

물론 노동자들의 환심을 사기 위한 정책은 계속하면서 사회개혁이라는 명목으로 교회까지 탄압해 가톨릭 신자들의 반발을 사기도 하였다.

흥미로운 것은 페론 또는 페론주의에 대한 아르헨티나 국민의 평가가 극단적으로 양분돼 있다는 점이다. 다수 국민, 특히 빈곤계층은 페론시대에 대한 향수를 지우지 못한다. 반면에 지식층을 중심으로 그에 대해 비판적인 사람들은 에비타와 페론, 그리고 그들이 남긴 페론주의를 서슴지 않고 저주하는데, 아르헨티나를 망친 주범이라고 단정한다. 묘하게도 라틴아메리카에는 제2, 제3의 페론이 많다. 이런 정치지도자와 그들의 추종자들이 보여주는 정치 행태를 흔히들 포퓰리즘이라는 개념으로 형상화한다.

정치적 편의주의, 기회주의를 지향하는 포퓰리즘을 주도하는 정치 지도자들은 '언필칭(言必稱)' 개혁을 내세운다. 그러나 말만 개혁일 뿐 실제로는 공허하기 짝이 없다. 권력을 획득하고 대중의 정치적 지지를 얻는 데 필요하다면 이것저것 가리지 않고 닥치는 대로 밀고 나가기 때문이다. 페론은 '정의'니 '제3의 길'이니 하며 화려한 수사를 동원했지만, 실제로는 중심도 원칙도 없는 빈껍데기에 지나지 않았다. 결론적으로 정치적 편의주의, 다시 말하면 기회주의가 바로 포퓰리즘의 본질이다.

남미 대중들이 왜 이런 포퓰리즘에 열광했을까? 대중도 마찬가지였기 때문이다. 산업의 물결 속에 수많은 사람들이 도시로 몰려

들었지만 돈도 없고, 일자리도 없는 가난한 사람들은 하루하루의 생계가 걱정이었다. 이런 극한적 상황에 내몰린 처지에서 길게 볼 여유가 없었으니 사회를 합리적으로 개혁하는 일보다는 즉각적으로 실리를 얻는 것이 더 급선무였던 것이다. '개혁'이라는 명분으로 물량공세가 시작되었다. 가난하고 힘없는 사람을 돕겠다는 데 누가 탓할 것인가. 저소득계층의 임금을 올려주고 복지를 늘리는 각종 정책이 봇물처럼 쏟아져 나왔다. 중산층은 중산층대로 혜택을 보고자 했다. 아무도 손해 보지 않는, 누이도 좋고 매부도 좋게 하는 것, 이것이 포퓰리즘의 지향점이었다.

그렇다면 이러한 마술적 '윈윈 전략'이 어떻게 가능할까? 그 원리는 간단하다. 나라 곳간을 퍼내는 것이다. 에비타는 자신에게 손을 벌리는 사람이면 누구에게나 사랑을 베풀었고 배고프고 불쌍한 사람을 보면 견디지 못했다. 그러니 사람들은 감격하였고, 인기가 하늘 높이 치솟았다. 이런 천사가 없었다. 그러나 노력과 고통 없이 어떻게 밝은 미래를 보장할 수 있겠는가? 주인은 없고 객만 넘쳐나니 나라꼴이 어떻게 되겠는가?

복지 포퓰리즘

우리는 5천 년 역사 동안 외세의 침입으로 편할 날이 없었다. 그러나 오늘날 세계 10위권의 경제대국을 일궈냈으며 세계에서 그

유래를 찾아볼 수 없는 근대화와 산업화 그리고 민주화를 동시에 달성했다. 1997년에는 수평적 권력교체도 이루어졌다. 그러나 이 같은 성과의 이면에는 끊임없는 분열과 갈등이 도사리고 있었다. 포퓰리즘은 이런 분열과 갈등이 있는 곳에 자리를 잡는다.

현재 대한민국에서는 무상급식, 무상의료, 무상보육, 무상교육 등 다양한 복지공약(노인, 청년 등)과 개발, 건설 등에서 공약을 봇물처럼 쏟아내고 있다. 각 정당마다, 심지어 총선과 대선 때마다 예비주자들까지도 복지공약을 경쟁적으로 쏟아내고 있다. 그런데 세출예산을 어떻게 확보할 것인가에 대한 논의도 없이 당장 국민들 귀에 듣기 좋은 복지 확대 또는 개발, 건설 등의 공약을 남발해서 되겠는가.

사회안전망을 구축하여 사각지대를 해소하는 데 집중하는 것이 무엇보다 더 중요하다. 어떤 경제 상황에서도 모든 국민이 인간의 존엄과 가치를 지키며 살아갈 수 있는 선진국형 사회안전망을 구축해야 한다. 탈세를 막고 자산경제에 대한 공정과세 구조만 확립해도 수십조 원의 추가 예산확보를 확보할 수 있다. 또 각종 불요불급한 개발과 건설사업 등을 선별하여 줄이고, 각종 잘못된 정책과 제도를 개혁하면 매년 수십조 원의 예산을 절감할 수 있다. 전국 각지에 개발 포퓰리즘에 의해 건설되어 쓰지도 않고 방 치된 유령 지방공항과 낭비성 시설물들이 넘쳐난다. 선심성 공약과 칸막이 사업에 의한 중복투자 시설과 예상 통행량보다 턱없이 적은 도로들이 계속 건설되고 있다. 이러한 재원들을 절약하면 일반 가계의 세 부담을 늘리지 않으면서도 삶의 질은 얼마든지 끌어올릴 수 있다.

아이들 밥 먹이는 돈이 아까워서 무상급식을 반대하는 것은 아니다. 우리 사회의 진정한 복지는 '복지 재정의 지속가능성을 높인다는 전제 아래 도움이 꼭 필요한 사람들에 대한 수요자 중심의 맞춤형 복지 체계 구축'이라고 본다. 소외된 층을 보듬는 튼실한 사회안전망은 당연히 정부 정책으로 실행되어야 한다.

부양해줄 부모형제가 없거나 있어도 사정상 부득이한 경우의 학생에게는 무상급식이 필요하다. 그러나 더 중요한 것은 부양자에게 일자리를 제공하여 일한 돈으로 자식을 부양해야 건전한 사회의 기반이 형성되는 것이다. 그러므로 서민 경기를 부양하기 위해 필요한 제조업의 부활과 개발이 시급하다. 제조업 부활을 위해서는 외국으로 나간 기업들을 돌아올 수 있도록 정부차원에서 노사간의 문제와 인허가, 세금 감면 등에 적극 협조할 수 있도록 노력해야 가능한 일이다. 여러 가지 문제로 쟁점이 되어온 4대강사업을 정부에서 추진한 것은 지구 온난화와 이상기후현상 등으로 인해 겪게 될 물 부족 문제에 대비한 것이다. 단지 주의해야 할 것은 칸막이 사업에 의한 중복투자나 정치권의 선심성 예산과 지역이기주의, 그리고 무분별한 정치권 공약사업만 막아도 엄청난 예산을 절약할 수 있다.

현재 우리나라도 베이비붐세대가 노년층을 맞고 있다. 1953년부터 1955년 사이의 1차 베이비붐세대와 1968년부터 1974년 사이의 2차 베이비붐세대를 합하면 1,650만 명이나 된다. 대한민국은 2019년에 고령화사회, 2026년에는 초고령화사회로 진입하게 된다. 그렇게 되면 대한민국에는 '복지 쓰나미'가 밀어닥칠 것이다. 공무원연금, 군인연금, 사학연금 등 특수직 연금제도 역시 대규모의 적자가 불가피할 것이다. 그러므로 복지 포퓰리즘이라는 치명적인 유혹에 빠질 때가 아니다. 우리 모두 복지 낭만주의에서 벗어나야 한다. 온갖 미사여구가 난무하는 무책임한 복지 경쟁, 즉흥적인 정책 남발이 안타깝다. 독버섯의 겉모습은 화려하고 아름다워도 인체에 해를 끼치는 독이 있어 먹을 수 없듯이 포퓰리즘도 이와 마찬가지로 당장 보기에는 좋아보여도 영양 가치는 전혀 없다.

지금 세계는 복지 문제로 몸살을 앓고 있다. 복지천국인 유럽이 그러하고 일본도 지금 복지 함정에 빠져있다. 2008년 일본은 개호보험(노인요양보험)을 도입하였으나 재정 부담이 많아 이를 줄여보려고 개혁을 시도했지만, 수혜 계층의 거센 반발로 정권이 바뀌는 상황까지 맞았다. 일본은 표를 잃을까 눈치를 보며 복지개혁을 망설이다 빚의 수렁에 빠지고 말았다.

복지 수요의 특성상 한번 시행한 제도를 축소하거나 폐지하는 것은 불가능에 가깝다. 따라서 섣불리 표를 얻으려고 복지정책을 공약으로 내세웠다간 나라가 빚의 수렁에 빠질 수 있다. 우리는 다른 나라와 다를 것이라고 생각한다면 큰 착각이다. 무엇보다 먼저 국민들이 냉철하게 인지해야 한다. 복지가 공짜로 하늘에서 뚝 떨어지는 것이라는 환상에서 벗어나 내가 낸 세금에서 충당된다는 사실을 말이다.

요즘 정치권에서는 모든 분야에서 선심정책들이 판을 치고 있다. 나라 살림을 개인의 정치생명을 연장하기 위해 공약하여 퍼주고 하는 방식으로 하면 나라의 미래는 어떻게 될 것인가? 국가야 망하든 말든 표를 얻어 정치권력만 유지하면 그뿐인가? 일부에서는 우리 사회가 이대로 주저앉는 것이 아니냐는 우려의 목소리가 높다. 그런데도 우리 사회 전 분야에 포퓰리즘이 마치 죽음의 묵시록처럼 점점 파고들고 있다. 복지 포퓰리즘도 망국적이지만, 교육 포퓰리즘도 무책임하고 망국적이기는 마찬가지다. 최근, 체벌금지 등 교권이 무력해지면서 학생들의 예절과 인성교육은 와해되고 교사와 부모를 우습게 아는 풍조가 만연해 교육현장이 엉망이 되고 있다. 군대도 역시 문제가 많은데 체벌을 금지한 후에 특히 이등병 신참은 아무도 참견하지 않는다. 왜냐하면 '소원수리'를 쓰면 군기교육대나 영창에 가니까. 한 마디로 군기도 없고 상사도 없는 것이다. 윗분들 승진과 자리보전을 위해 윗분이 근무할 때 사고 없이 잘 지나가면 그뿐이라는 것이다.

일부 정치인들을 비롯해 기업인, 노동자에 이르기까지 나라살림은 안중에도 없는 것처럼 행동한다. 포퓰리즘이라는 불길한 느낌의 유령은 이미 우리 옆에 바싹 다가와 있다. 그래서 우리 국민들도 이제는 깨달아야 한다. 나라살림 생각하지 않고 불필요한 공약을 많이 하며 표를 쫓아다니는 정치인들은 국가를 멍들게 하고 국민들의 주머니 털어가는 파렴치한 정치인들이라는 것을. 이러한 정치인들을 걸러낼 줄 아는 성숙한 국민의식으로 거듭나야 부강한 나라가 될 수 있다는 것을 잊지 말아야 한다.

외국인에게 퍼주는 나라

우리나라는 다른 나라와 달리 외국인들에 대한 특혜가 도를 넘어서 국가와 지방자치단체의 재정에 위협을 주고 있는 실정이다. 세상 어느 국가에서 외국인과 결혼하면 돈을 지급하고 혼혈 아이를 낳으면 돈을 지급하고 대학에 장학금 주면서 특례 입학을 시켜주는가? 한때는 외고나 특목고에 저소득층 한국인 아이는 전부 떨어뜨리고 강남의 다문화 아이들(말이 다문화지 실제는 한국에서 군대를 피하기 위해 원정 출산한 외국 국적의 아이들)이 다문화 범위로 특례 입학했다고 한다. 다문화 장학금도 전부 받아간다.

더욱 기가 막히는 것은 외국 여자와 결혼하기 위한 자금을 지방자치제에서 몇백만 원씩 공짜로 지원해준다는 것이다. 즉 한국 여자와 결혼하면 어떠한 혜택과 돈도 받지 못하지만 외국 여자와 한국 남자가 결혼하면 돈을 몇백만 원씩 받고 각종 지원과 혜택에 아이 양육비부터 대학 문제까지 해결해준다. 휴가비, 여행비, 기타 각종 교육, 취업까지, 전부 혜택을 준다니 세상에 이런 이상한 국가는 한국을 제외하고 단 하나도 없다.

동남아, 아프리카 국가들은 자국 국적을 아무에게나 주지 않는다. 외국 어느 국가의 학교에 다녀도 우리처럼 아무에게나 장학금을 주지 않으며 학생들에게 일자리를 안 준다. 태국에서 외국인이 사업을 할 경우, 태국 국적 아닌 사람을 1명의 사원으로 쓰려면, 태국인 4명씩 취직 시켜줘야 쓸 수 있다. 그리고 중국, 태국과 필리핀 등의 국적은 결혼해서 평생 살아도 부동산도 마음대로 살 수 없고 여자든 남자든 국적과 선거권을 주지 않는다. 하지만 우리나라에 들어온 외국인은 모든 것이 가능하다.

세계에서 외국인의 귀화가 가능한 국가는 몇 안 된다. 미국, 캐나다, 호주, 뉴질랜드와 같이 엄청나게 인구밀도가 적고, 이민자들이 세운 국가들의 경우 귀화가 가능하다. 그것도 노동력 부족하여 어쩔 수 없이 극히 일부만 귀화를 허락해주고 있으나 심사규정이 까다로워 쉽지가 않다.

이웃나라 중국은 '귀화' 자체가 없으며 절대로 자국 국적을 주지 않는다. 파키스탄, 인도, 네팔, 부탄, 몽골, 방글라데시 등도 전부 귀화 자체가 안 된다. 중국은 심지어 선거권 이전에 거주 이전의 자유조차 없다. 자국민들 신분증에도 민족을 명시하여 분리 정책까지 쓰는 국가이다. 그런데 이런 나라의 사람들이 한국에 오면 한국 국적을 달라며 온갖 욕을 다하고 있다. 한국에서 국적, 영주권 안 준다고 차별이라고 무시당했다고 한다.

이미 중국인들은 2년 단기 취업비자로 들어와 기한이 끝날 때마다 난동을 부려서 무려 20년 넘게 거주 중이다. 한국으로 유학 온 학생들도 공부는 뒷전이고 직장 다니며 돈을 번다. 자국에서 절대로 돈을 가져오지 않는다. 학교 측은 입학 정원을 채워 지원금 받고 정부로부터 퇴출되지 않으면 그뿐이다. 외국 학생들이 학교에 출석을 하든 말든 관여하지 않는다. 입학정원만 채워 정부로부터 퇴출되지 않으면 그뿐인 것이다(이러한 사실은 추적 60분에서 이미 방영되었다).

다음은 지인인 중국 유학생으로부터 직접 들은 얘기이다. 그 나라에서 성적이 나쁘거나 돈이 없어 대학을 못가는 학생들이 중개사(agency)를 통하여 소개료만 주면 우리나라 대학 입학이 가능하다고 한다. 학생들을 대상으로 한국학교를 연결해주는 중개소가 있다고 한다. 한마디로 한국이 호구인 셈이다. 한국에만 가면 공부 못해도 무조건 장학금 받고 또 일해서 돈을 벌 수 있으니 이건 '꿩 먹고 알 먹고'인 꼴이다.

국제결혼의 피해의 경우를 보더라도 그렇다. 외국 여성의 보호와 지원은 법과 제도가 상상을 초월할 정도로 잘되어 있지만, 자국민인 남성들의 생명과 재산, 그리고 인권은 오히려 사각지대에 있는 게 현실이다. "우리의 거짓말을 다 믿어주고 도와주는 한국은 이상한 나라이다." 국제결혼 피해센터에 접수된 어느 베트남 이주 여성이 한 말이다.

물론 정말 열심히 잘살고 있는 외국인들이 훨씬 많을 것이다. 필자가 짚고 싶은 것은 우리나라 독거노인과 소년소녀가 가장인 가정 등의 어려운 이웃들에게 돌아가야 할 돈이 엉터리 외국인 유학생들과 다문화가정 등에 모두 올인되고 있다는 것이다.

한국은 외국인에게 스스로 굽실거리고 있다. 그런데 도대체 한국은 왜 이렇게 쉽게 모든 것을 다 내주고 다 퍼주고 있을까? 아마 이것도 정치인들의 표심을 향한 포퓰리즘이 아닐까 생각한다. 이것은 정말 나라 망치는 큰일이 아닐 수가 없다. 진정 국가의 미래를 생각하고 걱정한다면 이 문제를 방관하고 방치하지 못할 것이다.

허술한 집시법과 포퓰리즘

2015년 4월 18일과 2016년 1월 1일 서울지하철 안국역 인근에서 벌어진 '세월호 폭력 시위'에서 집회 참가자들은 태극기 방화와 경찰버스, 집기, 비품 등을 훼손하고, 일반 시민과 경찰에 대한 집단폭행 등 각종 위법행위가 공공연하게 일어났지만, 경찰은 집시법 등의 이유로 제대로 대처하지 못했다. 이날 시위 현장에서 폭력을 휘두른 참가자 상당수가 복면으로 얼굴을 가리고 쇠파이프와 흉기를 휘둘렀다.

필자는 허술한 현행 집시법이 유지되면서 폭력 시위를 부추기고 있다고 생각한다. 한마디로 우리 집회문화의 후진성을 증명하는 것이다. 집회는 2인 이상이 같은 목적을 가지고 한 장소에 모여 그들의 의사를 표현하는 행위이다. 시위는 참가자들이 이동하면서 자신들의 주장을 표현하는 것을 말한다. 집회는 법률이 아닌 헌법에서 보장하는 국민의 기본권리이지만, 공동체의 객관적 가치질서를 형성하는 규범적 질서이기도 하다. 따라서 집회는 다른 사람의 기본권을 침해하거나 국가의 질서와 공공의 이익을 훼손하는 행위를 해서는 안 된다.

우리나라 헌법 21조와 다르게 독일은 기본법 8조에서 '집회의 자유'에 일정한 제한을 두고 있다. 특히 독일 헌법은 '무기소지 금지와 평화성'을 집회의 전제조건으로 요구하고 있으며, 옥외집회의 경우 법률로 제한할 수 있다는 점이 명문화되어있다. 이로 볼 때 독일의 경우 집회와 시위는 국민의 중요한 기본권이지만, 무제한으로 보호되는 권리는 아니라고 볼 수 있다. 이에 반해 우리나라의 현행 집시법은 집회 주최자와 참가자에 대한 의무규정이 없어 폭력 시위를 유발하는 흉기 소지에 대한 제재나 처벌 자체가 미약하다.

독일이 집회 주최자와 참가자의 의무를 강조하고, 집회 금지구역 설정, 무기소지 금지, 유사군복과 복면착용 금지 등을 의무로 정하고 있는 것과 달리, 우리나라의 집시법은 너무나 허술하기만 하다. 독일 집시법을 거울로 삼아, 집회의 자유가 무엇인지를 다시 한 번 돌아봐야 할 시점이 되지 않았나 생각한다.

최근 10년 동안 불법 폭력시위는 예전에 비해 줄어들고 있지만, 고질적으로 문제가 되는 시위 유형은 여전히 존재한다. 첫 번째는 2008년 광우병 촛불시위, 2015년 세월호 1주기 시위 등과 같이 불특정 다수가 참여하는 시위이다. 소수의 의도나 돌발 행동으로 쉽게 시위가 폭력화될 수 있다. 두 번째는 공공사업에 반대하는 주민들의 시위이다. 거주지 인근에서 거의 매일 벌어지기 때문에 대응하기 어렵다. 세 번째로 특정 민원을 요구하는 장기농성 시위이다. 대부분 관련기관의 특정 공간을 오랜 시간 불법 점유해 천막을 설치하고 공권력의 무력화를 초래하는 문제가 있다.

이에 대한 대책으로 첫째, 해당 기관은 장소 이용에 엄격한 규제를 둬야 한다. 정파적 접근을 벗어난 합리적 기준으로 상습적인 시위대에게 관용을 베풀지 말고, 강력하게 대응해야 한다. 둘째, 국책사업을 둘러싼 정치권의 무분별한 개입을 억제해야 한다. 국회가 주민시위에 대한 경찰의 대응을 일일이 간섭하는 것은 공권력의 무력화와 갈등의 격화를 초래한다. 마지막으로 과도한 소음과 불법적 공간 점유 등에 대해 법 집행을 엄격하게 해야 한다.

포퓰리즘에 의한 불법행위의 방치는 적당한 수준의 법 위반은 용인된다는 관념을 만들어 공공이익을 해친다. 폭력시위에 대한 처벌과 책임을 강화하자는 의미에서, 국민의 혈세로 마련한 공공시설을 파손한 개인에게 직접 변상을 요구하고, 나아가 개인이 아닌 위법 시위를 주최한 단체와 그 대표자에게도 피해액 변상을 청구해야 한다.

자유는 남의 자유를 침해하지 않는 범위에서 보장받을 수 있기에, 다른 사람의 자유와 권리를 침해하는 집회의 자유는 용인될 수 없는 것이 당연하다. 특히 민주사회에서 집회 과정에 기물 파손이나 타인의 재산권을 침해하는 행위는 어떤 이유로도 용납할 수 없는 후진적 집회 문화의 산물이다.

우리 사회에 선진적 집회문화가 정착되지 못하는 첫 번째 이유는 국회가 대의기관으로서의 기능을 제대로 수행하지 못한다는 것이다. 국민의 대표기관인 국회가 시민사회의 요구와 갈등을 수렴하고 조정해야 하는데, 갈등과 분열만 일으키고 있어 국민의 기대에 제대로 부응하지 못하고 있다. 두 번째 이유는 대의제에 대한 혼란에서 오는 것으로 의사소통이 안 되는 문제가 있다. 국민이 선거를 통해 대표를 선출하여 권한을 위임하는 것이 민주주의의 핵심인데, 우리나라 국민들은 대의제 말고 또 다른 민주주의가 있다고 생각한다. 그래서 시민단체의 활동이나 국민의 참여 행위로 대의제를 대체하려고 하는 태도를 보이고 있다.

마지막으로 선진적 집회문화 정착을 방해하는 중요한 요인으로는 '만장일치제적 사고'가 있다. 대의제는 다수결 원리를 기본으로, 투표를 통해 선출된 대표들로 구성된 국회가 다수결에 따라 사안을 처리하고, 국민들은 결과에 승복해야 한다. 그러나 특정 법안이나 정책이 자신의 이해관계 혹은 생각과 맞지 않는다는 이유로, 투표 결과를 부정하고, 거리로 나가 위법집회를 벌이는 것이 만장일치제적 사고의 가장 큰 문제이자, 대의제를 방해하는 걸림돌이라 할 수 있다.

이런 모습은 국가 이미지에 부정적인 영향을 미칠 뿐만 아니라 그 자체만으로도 많은 사회적 비용을 발생시킨다. 또한 외국인 관광객에게 물론 세계에 한국은 안전하지 않은 나라라는 인식을 심어줄 수 있다.

5. 급격하게 늘어나는 국가부채

국가채무+공공기관 부채+지방공기업 부채

저성장이 장기화되고 있는데 복지 지출은 눈덩이처럼 늘어 국가의 채무율이 GDP의 40%가 넘어섰다. 경제를 살리기 위해 재정을 풀면서 국가채무는 내려갈 줄 모른 채 몇 십 년째 상승 곡선을 그리고 있다. 최근에는 채무 증가 속도가 빨라져 1년 사이에 100조를 오르내리고 있다. 우리나라 국가채무는 2015년 기준 590조 5천억 원이다. 여기에 서민들이 지고 있는 가계부채는 무려 1,200조 원을 넘었으며, 기업이 안고 있는 부채는 약 2,212조 2천억 원이다. 소규모 자영업자들의 부채는 215조 5,000억 원이다. 또 국가채무, 공공기관 부채, 지방공기업 부채를 합하면 부채의 총액은 약 1,200조 원이 넘는다. 불명예스럽게도 OECD 국가 중 가계부채 1위의 나라가 대한민국이다. 우리나라와 같이 자원빈곤 국가, 대미편중 무역국가의 경우 환율의 변동은 국내경기는 물론 채무이자 부담으로 국가 경제가 곤두박질할 수도 있다. 따라서 정부가 부채 문제에 대한 심각성을 이해하고 대처만 제대로 한다면 닥쳐올 수도 있는 위기를 최소화할 수 있다.

미국에서 2016년 1월에 금리를 올렸는데, 앞으로 어떤 일이 벌어질까? 가계가 이자를 내기 위해 허리띠를 졸라매면 소비가 줄어들고, 내수가 위축되면 투자가 다시 위축되는 악순환이 반복된다. 정부가 기업을 살리기 위해 LTV(담보인정비율)와 DTI(총부채상환비율)를 완화해 상환 능력이 없는 서민들에게 미분양 아파트를 분양한다고 위기에서 벗어날 수 있을까? 건설 경기를 살리기 위해 서민들을 쪽박 차게 만들 LTV 완화정책보다는 미국이 금리와 환율을 추가로 인상할 것에 대비해 출구전략부터 세우는 게 순리가 아닐까?

가계부채 급증은 재앙으로 돌아올 수 있다

가계부채란 말 그대로 가계에서 보유한 빚으로 담보대출, 신용대출을 포함한 금융 부채와 임대 보증금을 포함한 것이다. 가계부채의 급격한 증가에 대한 우려와 지적들이 끊이지 않고 있다. 한국은행이 집계한 가계부채는 2015년 약 1,200조 원을 넘었다. 국민 1인당 2,400만 원 가량 빚을 지고 있다는 것이다. 가계소득이 증가해야 부채를 갚을 텐데 소득이 제자리거나 줄어들기 때문에 빚이 줄기는커녕 불어나는 경우가 많다.

2015년 초 국회의원들이 수집한 자료에 따르면, 자기소득대비 원리상환비율이 40%가 넘는 가구가 230만 가구이며, 이들은 월급 100만 원을 받으면 40만 원을 빚 갚는데 쓴다고 한다. 국내총생산(GDP) 대비 가계부채 비율은 아시아에서 가장 높은 92.9%로, 1,000원을 벌어들이는 사람이 빚이 무려 930원이라는 뜻이다. 우리 경제에서 가계부채 문제가 한계 수준까지 왔음을 짐작할 수 있다. 결국 가계부채가 경제 불황의 근본 원인이며 빚을 진 가계뿐만 아니라 전 국민이 가계부채 문제로부터 결코 자유로울 수가 없다. 한국경제가 가계부채, 부동산 시장 침체, 잠재성장률 둔화라는 '트리플 위기'를 맞으면서 일본식 장기 불황에 빠질 수 있다는 경고가 나오고 있다.

빚으로 쌓은 부동산 거품

우리금융그룹은 LTV가 80%를 넘는 주택은 경매에 넘기더라도 다 갚을 수 없는 이른바 '깡통주택'이라고 보고 있다. 금융 당국은 전국적으로 18만 5천 가구가 이런 상황에 처한 것으로 추정한다. 하우스푸어(house poor)란 이자가 연체되어 집을 압류당할 위기에 처했거나, 주택대출 만기가 돌아왔는데 집값이 떨어져 집을 팔아도 대출금을 다 못 갚는 형편에 처한 사람들을 말한다.

2012년 구제금융을 신청한 유럽 5대 경제대국 스페인은 앞서 2010년 11월 구제금융을 신청한 아일랜드와 닮은꼴이다. 두 나라의 살림은 금융위기 직전까지 튼튼했지만, 부동산 거품에서 비롯된 과도한 은행 부채로 결국 나락으로 떨어졌다. 거품 경기에 편승하려는 가계가 너도나도 은행에서 돈을 꾸어 집을 샀으나, 빚 상환 능력이 떨어지면서 은행의 부실을 눈덩이처럼 키웠다. 이들 나라는 2008년 세계금융위기가 터지기 전까지만 해도 꾸준한 성장을 이어갔다. 아일랜드는 켈틱의 호랑이로 칭송됐고, 스페인은 다른 나라들을 금방이라도 추월할 것처럼 보였다. 하지만 부채에 의존해 성장하던 경제는 금융위기로 돈줄이 막히자 부채의 저주에 빠지게 되었고, 민간부채가 순식간에 나라살림까지 거덜냈다. 유럽에서 진행되고 있는 위기가 재정위기가 아닌 부채위기로 불리는 것도 이 때문이다. 재정 파탄이 위기의 원인이라기보다는, 부채로 위기의 불씨를 끄는 과정에서 빚어진 결과란 얘기이다. 세계금융위기의 진원지였던 미국에서도 궤적은 비슷한데 부동산 거품은 가계부채를 키웠고, 서브프라임(비우량 주택담보대출)이란 괴물을 잉태했다. 소득이 뒷받침되지 않던 부채는 결국 폭발했다. 미국을 비롯해 스페인이나 아일랜드 같은 나라들은 2000년대 초반 닷컴버블 이후 불황이 닥쳤을 때 저금리 기조 아래 차입을 많이 했던 나라들이다. 저축률이 낮은 이들 나라는 부채로 소비와 부동산 거품을 키워 성장하다가 결국 비슷한 운명을 겪었다.부채경제의 씨앗은 2000년 전후에 뿌려졌다. 상당수 선진국들은 제조업 기반의 성장 패러다임에서 서비스, 특히 금융 중심의 성장전략을 채택했다. 〈안정적 일자리 → 높은 임금 → 실질 구매력 증대 → 제조업의 안정적 이윤 보장〉이란 선순환 구조는 빚을 내 소비하는 불안정한 패러다임으로 변화했다. 제조업은 임금이 싼 신흥국으로 생산기지를 옮겼고 높은 임금과 안정적인 일자리는 줄어들었다. 대신 파생상품 등 첨단 기법을 동원한 금융 산업의 덩치가 점점 커지면서 가계의 부진한 소득 증가를 부채가 일시적으로 보완해줬다. 그러면서 금융과 실물 경제의 괴리도 커졌고, 2000년대 초반 지속된 미국의 저금리 정책은 전 세계적인 과잉유동성을 낳으며 이를 확산시켰다. 결국 부채경제의 방종은 빚을 갚지 못하는 임계점에 이르러 금융위기를 낳고 말았다. 부채경제는 자산시장, 특히 부동산시장을 키웠다. 스페인과 아일랜드의 집값은 1990년대 이후 무려 4배 가까이 올랐다. 부동산 거품에 힘입은 건설경기가 경제에 활력을 불어넣었지만, 은행에서 돈을 대출받아 집을 산 가계들이 빚을 감당하지 못하자 결국 거품이 터지고 말았다. 북유럽 국가들처럼 부채에 의존하지 않고 성장하고 있는 모델을 찾아 위기에도 꿋꿋하게 버텨내고 있는 독일처럼 제조업 기반을 강화하는 것도 한 방편일 수 있다.

고령화와 연금

국민연금 가입자와 수급자 추세를 살펴보면, 2013년 기준 가입자는 2,074만 명이며, 노령연금 수급자는 284만 명으로 가입자가 수급자보다 월등히 많다. 하지만 출산율 저하와 기대수명연장에 따른 고령화로 가입자는 점차 감소하고 수급자는 꾸준히 증가해 2060년에는 노령연금 수급자는 1,448만 명인데, 가입자는 1,357만 명으로 역전될 것이라고 전망한다.

이에 따라 가입자 수 대비 노령연금 수급자 수를 나타내는 이른바 '제도부양비'는 2013년 13% 수준에서 장기적으로 110% 수준까지 높아진다. 국민연금 가입자 1명이 1.1명의 수급자를 부양해야 하는 꼴이다. 보험료를 내는 가입자가 줄면서 수입은 감소하고 연금급여를 받는 수급자가 늘면서 지출은 증가하고 국민연금 재정수지도 악화될 전망이다. 국민연금 장기재정전망에 따르면, 앞으로 20~30년간은 연금 지급으로 나가는 돈보다는 보험료로 들어오는 수입이 많은 구조를 유지하지만 점차 지출이 증가하면서 2044년에는 지출이 총수입(보험료수입과 기금투자수입을 합한 금액)을 웃돌아 수지적자가 발생할 것이며, 이후 적립기금마저 급격히 감소해 2060년에는 완전히 바닥을 드러낼 것으로 보인다.

통계청이 작성한 고령자 통계자료를 보면, 우리나라는 2000년에 전체인구 중 65세 이상 인구가 차지하는 비율이 7.2%로 고령사회가 되었으며, 2016년 현재 65세 이상 고령인구는 총 인구의 약 13%이다. 2018년은 14.0%로 고령사회에, 2026년에는 고령 인구 비중이 20%로 인구 5명 중 1명이 고령자인 초고령사회에 진입할 것으로 보인다. 2015년에 이미 5가구 중 1가구는 고령가구였다.

2013년 65세 이상 인구의 상대적 빈곤율은 48.1%로 전체 상대적 빈곤율 14.6%에 비해 3.3배나 높은 것으로 나타났다. 2013년 국민연금, 공무원연금, 사학연금의 공적연금을 받은 고령자는 총 230만 5천 명으로 전체 고령인구 중 37.6%를 차지했다. 고령자의 공적연금 수급률은 2005년에는 16.1%에 불과했다. 급여 종류별 비율을 보면 노령연금이 87.5%로 대부분을 차지하고, 유족연금(12.0%), 장애연금(0.6%) 순으로 나타났다.

2014년 고령층(55~79세) 인구 중 연금 수령자는 519만 8천 명(45.7%)으로 남자는 50.1%, 여자는 41.8%가 연금을 수령했다. 월 평균 연금 수령액은 42만 원이었으며, 남자는 60만 원, 여자는 23만 원을 수령했다. 연금 수령액은 '10만~25만 원 미만'이 39.3%로 가장 높았으며, 150만 원 이상 수령자의 비율은 남자가 12.3%, 여자가 2.6%였다.

유럽 등 세계의 선진국들은 국토 면적에 비해 인구가 상대적으로 적어 복지제도가 잘 유지되고 있지만, 우리나라는 경우가 다르다. 1990년대 이후부터 본격적으로 고령화가 시작되어 그 속도가 그 어떤 나라보다 빠르게 진행되고 있다. 국토 면적에 비해 많

고령인구 추이

(단위: 천 명, %)

	총인구	0~14세	구성비	15~64세	구성비	65세 이상	구성비
1990	42,869	10,974	25.6	29,701	69.3	2,195	5.1
2000	47,008	9,911	21.1	33,702	71.7	3,395	7.2
2010	49,410	7,975	16.1	35,983	72.8	5,452	11.0
2014	50,424	7,199	14.3	36,839	73.1	6,386	12.7
2017	50,977	6,840	13.4	37,018	72.6	7,119	14.0
2020	51,435	6,788	13.2	36,563	71.1	8,084	15.7
2026	52,042	6,696	12.9	34,506	66.3	10,840	20.8
2030	52,160	6,575	12.6	32,893	63.1	12,691	24.3
2040	51,091	5,718	11.2	28,873	56.5	16,501	32.3
2050	48,121	4,783	9.9	25,347	52.7	17,991	37.4
2060	43,959	4,473	10.2	21,865	49.7	17,622	40.1

*통계청, 장래인구추계, 2011

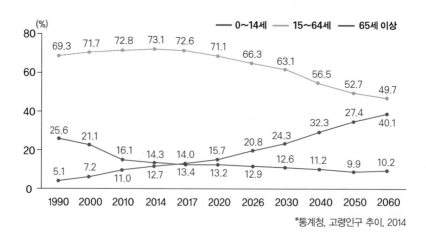

*통계청, 고령인구 추이, 2014

은 사람들에게 복지비를 투입하다 보니 국가가 부도날 지경이고, 저금리시대인지라 연기금의 국민연금 운용도 고전을 면치 못하고 있다. 국민연금이 시행된 1988년 초창기만 해도 은퇴 후 받게 될 국민연금 소득대체율 목표액이 현 소득 대비 70%였다. 당시의 국민연금 수혜자의 납입액에 따른 이자율은 약 29.8%였지만, 현 시점의 이자율은 1~2% 시대이다. 갈수록 수급액이 줄어들 수밖에 없는 근본 원인이다. 인구가 많은 것도 하나의 원인이다.

모든 사람들이 예측하기 힘든 것이 노후 대비 시점이다. 왜냐하면 내 인생의 종점을 알 수 없기 때문이다. 80세까지 살지 100세까지 살 수 있을지는 아무도 알 수 없다. 그래서 함부로 돈을 쓸 수도 없고 일을 하지 않을 수도 없다. 공무원 연금은 평균을 내서 효율적으로 노후에 사용할 금액을 산정하여 지급하고 있다. 공무원이 아닌 일반인들도 노년에 남은 생애 동안 일정한 수익이 발생할 수 있도록 국민연금 외에도 준비를 해야 한다.

물론 주택연금도 이에 해당할 수 있지만 이 또한 장기적으로 보면 이자율이나 주택 가치로 인한 리스크가 발생할 수 있다. 그래도 현재는 자녀들에게 물려줄 재산을 노년을 위한 노후자금(고정적인 수입)으로 전환할 수 있는 방법이라도 있다.

노후에 돈 걱정 없이 살고 싶다면 [국민연금+(주택연금+개인연금)+재취업=노후대비자금] 등을 설계해 두어야 할 것이다. 은행 이자로 월 160만원을 받으려면 얼마를 저축해야 할까? 금리가

10% 시절에는 1억 9,200만 원을 저축하면 가능하지만 금리가 1%
시절에는 약 19억 2,000만 원을 저축해야 160만 원을 수급할 수
있다.

(단위 :만원)

이자율	10%	9%	8%	7%	6%
저축금액	19,200	21,330	24,000	27,430	32,000
이자율	5%	4%	3%	2%	1%
저축금액	34,800	48,000	64,000	126,000	192,000

따라서 지금은 20~30대에 직장생활을 열심히 하면서 다양한
능력을 발휘하여 본인의 가치를 높여야 할 때이다. 직장에서 '퇴
직연금+국민연금'은 자동가입되므로 개인적으로 연금 가입을 추
가로 해야 한다. 건강 리스크는 40대부터 필요하고, 자녀 리스크
에 대비하여 50~60대 가계의 구조조정과 퇴직 후에 할 일을 미리
준비해야 한다.

6. 사회 경제 전반의 개혁 과제

부동산

경제성장에 따른 소득수준 향상과 경제활동, 가족 문화의 변화 등의 이유(결혼, 직장, 학교, 이혼, 고령화)로 과거의 대가족제도를 탈피하고 분가하면서 그동안 많은 집이 필요했다. 그 결과 식량 자급률 54%의 비옥한 농토를 주택을 비롯한 다른 용도로 사용하다 보니 식량 자급률은 20% 이하로 줄어들었다. 그동안 우량농지와 산지 등을 훼손해가며 주택을 많이 지었고 현재도 여기저기서 짓는 중이라 공급은 많지만 집값은 쉽게 떨어지지 않고 있다. 특히 지방의 일부지역에서는 웃돈을 주고 집을 마련하기도 한다. 물론 국민 모두가 집을 소유하면 좋겠지만 세계적으로 가장 잘사는 미국도 불가능하다.

수도권에서 사람들이 전세나 월세를 선호하는 것은 주택가격

하락에 대한 우려 때문이다. 2016년 기준으로 전세와 월세는 1:1 정도의 비율이다. 전문가들도 주택가격 변동에 대한 의견이 서로 다르다. 분명 저성장시대와 고령화가 가속화되면 집값은 떨어진다. 아파트 공급 과잉 또한 집값을 떨어뜨리는 요인이다. 만약 우리나라의 은행금리가 1~2%대 마이너스 금리로 계속 이어질 경우 부동산 거품이 우려될 수밖에 없다. 그 근거로 2014년 이후부터 혁신도시와 신도시 등에 자금이 몰려 토지 낙찰률이 200~300% 이상까지 치솟고 있다. 은행에 저축을 해도 이자가 적거나 거의 없어 주식이나 부동산에 돈이 몰려 부동산 가격이 천정부지로 오르게 되는 것이다. 모두들 대출을 받아서 부동산을 먼저 구입해도 대출비용보다 부동산 상승가격이 턱없이 높다 보니 부동산으로 뛰어들고 있는 것이다.

노후에 가장 걱정되는 것은 주거비가 아니라 생활비이다. 집을 보유하고 있으나 무리한 대출과 이자 부담으로 빈곤한 하우스푸어가 많기 때문이다. 주택을 구입할 경우 대출 원리금이 연소득의 40%를 넘지 않는 선에서 매매를 고려하는 것이 적정하다.

농업과 식량위기

미국, 캐나다, 호주, 프랑스, 독일, 네덜란드, 러시아, 중국 등 선진국은 거의 다 식량을 자급자족하며, 곡물 수출국이기도 하다.

커피 수출로 유명한 브라질은 후진국 중에서는 유일한 식량 수출
국이다. 선진국이라고 하는 국가 중에 우리나라처럼 먹는 것을 다
수입하고 있는 국가는 손꼽을 정도이다.

1950년대부터 60년대에 겪었던 '보릿고개'를 요사이 이삼십 대
젊은이들이 이해할 수 있을까? 1950~60년대 미군부대에서 옥수
수가루, 밀가루를 구호품으로 받아 입에 풀칠하던 것을 기억하는
사람이 몇 명이나 되겠는가? 지금은 조금 잘산다고 난리지만 보
릿고개 시절이 겨우 40~50년 전이라는 사실을 감안하면, 현재 진
행 중인 세계 식량 전쟁, 식량 민족주의, 식량위기를 실감할 수 있
을 것이다.

세계식량위기는 GFC(Global Food Crisis)라고 부른다. 혹자는
GFC라는 말만 들어도 경기가 들지도 모른다. 왜냐하면 세계금
융위기(Global Financial Crisis)도 약어가 같기 때문이다. 2008년 9
월 리먼브라더스가 한방에 주저앉고 자본주의 심장부가 9.11사태
의 건물들처럼 날아가버린 사건을 말하기 때문이다. 그런데 세계
금융위기처럼 무서운 세계식량위기가 찾아올지도 모른다. 그러면
우리나라는 매우 취약할 수밖에 없다. 좁은 국토에 공장과 아파
트, 그리고 SOC사업과 도로 등으로 이미 우량 농토를 잠식하여
식량자급률이 20%를 넘지 않으며, 나머지는 수입에 의존하고 있
다. 1970년대까지만 하여도 식량자급률이 약 60% 정도였다.

한때는 음식문화가 서구화되면서 쌀이 남아 돌아서 떡도 해먹

고 쌀막걸리까지 만들었다. 하지만 많은 국민들이 가격이 저렴한 수입쌀에 의존하다보니 쌀이 남아도는 것처럼 보이지만, 국내산 쌀에만 의존한다면 그때나 지금이나 자급자족이 어려운 현실이다. 우리나라는 동물사료에서부터 사람이 먹는 것은 대부분 수입하고 있는 실정이다. 마시는 물부터 시작하여 배추, 감자, 바나나, 밀가루, 옥수수, 소고기, 닭고기 등등 모든 곡식과 식량을 수입하고 있다.

　동물사료용 옥수수 가격이 천정부지로 솟고 있다. 밀가루 가격은 얼마나 올랐는가? 세계 4대 밀수출국인 러시아는 흉작으로 아예 밀수출을 1년간 금지하기도 하였다. 밀수출국이라고 하면 미국과 호주이다. 밀가루 가격이 폭등하면 누가 가장 좋아하겠는가? 미국의 밀수출은 2013년에 80억 달러나 되었다고 한다. 이렇게 식량 곡식 가격이 폭등하면 누가 가장 피해를 보게 되는가? 빵을 주식으로 하는 가난한 아프리카 나라들과 빵을 주식으로 하는 이슬람 중동국가들이다. 멕시코, 대한민국 등 식량을 수입에 의존하는 나라들도 피해를 보게 된다.

　세계는 기근으로 굶어죽어 가는 인구가 10억이 넘는다. 2016년 출범한 국제협의체 아시아물위원회(AWC)에 따르면 아시아 인구 44억 명 가운데 32%인 14억 명이 먹는 물을 확보할 수 없거나 물 관련 재해로 고통 받고 있고, 수자원과 난개발로 인한 국가 간 분쟁도 날로 심화되고 있다고 한다. 아무튼 식량 문제는 수요가 아무리 크다고 해도 기본적으로 공급 위주의 시장이다. 미국 등 식량 수출국인 소수 선진국이 식량 가격을 통제하고 있다는 것이 시장의 역설이다.

쌀 가격과 고기 가격이 폭등하는데 이를 받아들일 수밖에 없는 것이 바로 대한민국의 슬픈 현실이다. 소득 불평등을 나타내는 지니계수(빈부격차의 정도를 나타내는 지표)와 빈곤율은 각각 24위와 20위를 기록해 소득 양극화 수준도 다른 나라에 비해 심해졌다. 식량소비 비중이 높은 나라는 못사는 나라들이다. 식량소비 비중이 미국은 10% 정도이다. 그래서 식량 곡식 물가 폭등에서 가장 혜택을 보는 나라가 바로 미국인 것이다. 우리 정부가 비상 비축 식량을 방출하든 말든 사재기를 하든지 결국 죽어나가는 것은 서민들이다. 지니계수가 높아서 더욱 그러하다.

선진국의 식량자급률은 높다. 독일은 125%, 미국과 영국은 90%이며, 러시아와 중국은 2020년까지 95%가 목표이다. 농토로서 국토 여건이 불리한 일본도 45%이다. 농업을 살리지 않고는 선진국이 될 수 없고 갈수록 심각해지는 식량난을 해결할 수 없으며, 식량이 무기화되면 무력해지고 만다. 또 미래에 식량부족으로 각국에서 자국민 보호차원에서 수출을 금지하게 되면, 우리나라는 굶주림으로 기아가 발생할 수도 있다.

세계 인구는 기하급수적으로 증가하여 1950년 약 25억 명에서 2000년 60억, 2012년 70억 명을 돌파하였으며, 2050년에는 연평균 9천만 명이 증가하여 90억 명이 예상되며, 그로 인한 식량과 사료는 2배 이상 증가할 것으로 추정한다. 우리나라도 1980년 초반 3천만 명에서 2012년 5천만 명이 넘었다. 출산장려정책과 고령화, 그리고 다문화가정, 산업연수생, 탈북자, 불법체류자가 늘어나면서 인구는 계속 늘고 있다. 이 추세라면 인구 6천만 시대도 머지않아 오게 될 것이다. 이에 대비하려면 농업에 과감히 투자하여 식량자급률을 높일 방안을 지금부터 마련해나가야 한다.

경제 개혁

지금 세계경제는 2008년 세계금융위기 이후 급속히 재편되면서 각국의 생존경쟁이 갈수록 치열해지고 있다. 앞으로 5~10년을 어떻게 대처하느냐에 따라 대한민국의 미래는 달라질 것이다. 책임감 없는 정치와 방만한 공공부문 그리고 경직된 건설시장과 노동시장, 비효율적인 교육시스템과 금융 보신주의 등으로 성장 잠재력이 급속히 낮아지고 있다.

또한 세계적으로 경제성장 엔진이 둔화되면서 저성장의 흐름이 고착화되고 있고, 우리 경제의 고용 창출은 날이 갈수록 악화되고 있다. 이런 고질적이고 구조적인 문제를 근본적으로 해결하고 우리나라가 세계경제의 주역으로 다시 한 번 도약하기 위해서는 정치와 사회 그리고 경제 전반에 걸쳐 대수술이 불가피하다.

정치, 사회, 공공, 노동, 교육, 금융 구조개혁으로 국민들이 화합하고 양보할 수 있도록 국가 전반적인 체질을 개선해야 하고 창조경제와 문화융성 등을 통해 신성장동력을 창출하기 위해 혼신의 노력을 해야 한다. 이러한 개혁을 완수하고 경제 재도약을 이루기 위해서는 깨끗하고 올바른 정치가 무엇보다 중요하다. 그래야 모든 경제 주체들과 국민이 하나 되어 열심히 노력할 수 있기 때문이다.

고령사회를 지나 초고령사회가 되면 일자리는 더욱 줄어들 것이므로 인건비가 저렴한 동남아 등으로 진출했던 크고 작은 기업들이 자국민 보호와 일자리 창출을 위해 국내로 돌아와야 (Reshoring) 할 것이다. 그러기 위해서는 먼저 정부 차원의 세제 혜택과 홍보가 무엇보다 필요하다. 다음으로는 기업과 노동자가 기득권을 서로 조금씩 양보해야 한다. 그렇지 않으면 그들은 영영 국내로 돌아오지 않을 것이고 그 대가는 결국 우리 국민들이 치러야 할 것이다. 미국의 경우, 실제 해외로 나갔던 300여 개의 크고 작은 기업들이 미국으로 돌아와 6만 개 이상의 일자리를 창출하고 있다.

우리도 일자리 문제를 지금 해결하지 못하면 미래에 큰 재앙으로 남게 될지도 모른다. 지금 청년 실업률은 10%를 넘어섰으며, 미래가 불안한 우리 청년들이 연애도, 결혼도, 출산도 기피하는 현상인 이른바 '7포세대'라는 신조어까지 만들어지고 있다. 아무리 효율적인 경제시스템과 앞선 금융, 그리고 첨단기술을 보유했다 하더라도 국민들의 소득기반인 일자리를 늘리지 않고서는 내수를 살릴 수 없다.

예전과 같이 한번 좋은 일자리에 취업하면 일을 잘하든 못하든 고용이 보장되고 근속년수에 따라 임금이 자동으로 올라가는 시스템으로는 기업이 더 많은 일자리를 만들기 어렵다. 따라서 능력과 성과에 따라 채용과 임금이 결정되는 공정하고 유연한 노동시장으로 바뀌어야 하고, 임금 피크제를 도입하여야 고용을 유지하고 더 많은 일자리를 만들 수 있다. 한국의 경제성장을 위해서는 자본과 노동뿐만 아니라 새로운 산업을 일으킬 수 있는 기술혁신이 무엇보다 중요하다.

미국이 새로운 산업의 성장 동력으로 택한 생존법이 제조업의 부활과 부흥이었다면, 내수를 살리는 것이 그들의 목표였다. 또한 중국정부는 절박한 시점에 기술창업이라는 고부가가치 산업으로 전환을 시도했는데, 바로 새로운 산업 육성을 위해 스타트업을 육성했다. 중국은 제조업의 중심지에서 창업의 중심지로 변신하여 체질을 개선하고 있다. 선전을 비롯한 창업특구가 27개나 된다. 하지만 우리나라의 경우, 창업특구 하나 없는 터라 중국이나 미국의 방법을 그대로 적용하는 것은 무리가 될 수 있다.

2014년 세계경제포럼(WEF)에서 대한민국의 국가경쟁력을 144개국 가운데 26위로 평가했지만, 노동시장의 효율성은 86위, 노사

간 협력은 132위로 사실상 우리는 모두 낙제점을 받았다.

독일은 1990년대 높은 실업률과 낮은 경제성장, 높은 복지비용이라는 삼중고 때문에 유럽의 병자로 불렸지만, 노동시장을 개혁해 유럽의 중심국가로 부활했다. 당시 독일 기업들은 노동시장의 경직성을 견디지 못하고 동유럽으로 생산기지를 옮기려 했지만, 정부가 적극적으로 개입하여 노사 간의 협력관계 구축과 노동시장의 유연성 제고 등의 개혁을 이루어 국내 투자와 국내 고용을 늘리는 데 성공하였고, 이제는 유럽 최강의 경제대국으로 우뚝 섰다. 우리도 경제대국으로 도약하기 위해서는 독일이나 미국을 벤치마킹하여야 한다. 한국노총을 비롯한 노사단체들이 노동시장 개혁을 놓고 여러 갈등을 겪고 있지만 이럴 때일수록 노사가 사회적 책임 의식을 갖고, 국민에게 희망을 주는 리더십을 발휘해야 할 것이다.

교육 개혁

미친 경쟁의 사회이다. 잘못된 입시경쟁으로 경쟁 피로사회가 됐다. 우리 사회의 모습을 단면적으로 교실 안에서 확인할 수 있다. 벼랑 끝 사회에 살고 있는 우리는 아이들마저 벼랑 끝으로 내몰고 있다. 아이들에게 쉼이 없다. 쉼이 없는 아이들은 자연스럽게 발휘할 수 있는 창의력을 잃어버렸다. 우리 사회의 문제점이 학생들의 교육에까지 영향을 미치고 있는 악순환 구조이다.

잠이 부족한 아이들은 눈에 생기를 잃었다. 학원에서 배워 이미 수업 내용을 알고 있는 학생이 절반 이상이다. 질문이 없는 교실 안에서 아이들은 가만히 있는 법을 배운다. 말뿐이 아니다. 우리의 공교육은 죽은 지 오래다. 기계적인 지(知)만 있을 뿐 덕(德)은 없어졌고, 체(體)도 사라지고 있다. 유일한 목표인 대학을 가기 위해 암기하는 지(知)만 획득하고, 평가하기 위한 경쟁에서는 위너(winner)와 루저(loser)만 있다. 그러나 승자와 패자가 모두 불행한 사회이다.

좋은 대학에 가면 행복한가? 좋은 기업에 취직하면 행복한가? 좋은 대학에 간다고 좋은 직장에 간다는 보장도 없고, 좋은 직장에 간다고 삶이 윤택하리라는 보장도 없다. 박근혜 대통령이 '비정상의 정상화'라고 하였는데, 교육 영역이야말로 비정상의 정상화가 시급하다.

대학 개혁

학점의 노예만 길러내는 지금의 대학이 과연 필요할 것인가? 역사에서 대학은 지식을 쌓고 생각을 교류하며 시대의 담론을 펼쳐낸 지성의 장이었다. 한 사회를 발전시키고 미래를 변화시키는 위대한 생각과 가치들이 바로 대학으로부터 나왔다. 하지만 우리

대학은 심상치 않은 방향으로 가고 있다. 연구와 비판정신이 실종된 대학은 시장의 논리만이 지배하고 있어 절체절명의 위기에 직면하고 있다. 변화하지 않는다면 대학이 사라질 수도 있다는 충격적인 경고도 들려오고 있다. 우리 앞에 닥친 대학의 문제는 더 이상 외면할 수 없는 중대한 미래 이슈가 되었다. 우리는 대학에서 어떤 능력을 키워나가야 할까? 오늘날 대학은 고등학교만 졸업하면 당연히 가는 곳이 되어버렸다. 언제부터인지 모르지만 우리 사회에서 대학 못 가면 사람구실도 못하는 것처럼 생각하는 이상한 풍조가 생겨 버렸다.

대학 진학률을 보면 1980년 약 27%, 1990년 33%였다. 그러다가 2000년에 82%로 최고치를 보였고 최근에는 조금 낮아진 71% 정도이다. 소통과 교류가 사라진 대학의 현실은 더 이상 특권이 아닌 보편적인 필수 코스가 되어버린 모습이다. 대학의 풍경도 예전과는 많이 달라져 취업준비 장소로 전락했다. 지난 반세기 동안 대학은 우리 사회를 한 단계씩 성장, 발전시키는 중요한 역할을 해왔다. 시대의 변화를 올바르게 읽어내는 비판의 장이자 시대가 묻는 엄중한 질문에 치열하게 고민하는 지성의 공간이었다.

오늘날 청년들은 그 어느 때보다 열심히, 누구보다 치열하게 살고 있는 것처럼 보인다. 특히 졸업을 앞둔 학생들은 더욱 치열한데 취업시즌이 시작되기 때문이다. 요즘에는 취업이 힘들어져 입사고시라는 말까지 유행하고 있다. 대학 곳곳에 청년들의 고단함

이 고스란히 묻어있다.

스펙을 쌓기 위해 토익공부를 하고 차근차근 자격증을 따 능력이 뛰어난 학생들을 먼저 받아주는 사회가 되다보니 직업을 얻기가 굉장히 힘들어졌다. 미래에 대한 목표를 가지고 대학에 진학하여 전공과목을 열심히 공부하여 사회에 공헌하고자 하는 이상이 사라졌다. 결국 대학이 진정한 배움보다 취업을 위한 한 과정이 되어버렸고, 이러다 보니 세계적으로 대학 졸업자가 취업률이 가장 낮은 나라가 되고 말았다. 2014년 기준을 보면 대학 졸업자 평균 취업률은 약 59%로, 부끄럽지만 OECD 국가 중 꼴찌이다(4년제 186개교, 전문대 147개교). 대학 졸업자 중에 인문계 출신이 취업률이 낮은 것을 빗대어 '인문계 출신 90%가 논다'고 하는 '인구론'이라는 신조어도 생겼다. 이 때문에 요즘은 인문학 전공자들이 취업을 위해서 경제, 경영을 필수적으로 복수전공한다.

한 설문조사에 의하면, '대학 진학을 후회한 적 있느냐'는 질문에 무려 75% 정도가 후회한다고 답했다. 더 이상 대학에서 낭만을 찾아보기가 힘든데, 꿈과 낭만을 좇아가기에는 우리 대학의 현실이 너무 각박하기 때문이다. 또 대학 등록금 인상률만 보아도 1975년부터 2010년까지 35년을 기준으로 보면 사립대가 28배, 국립대가 무려 30배나 올랐다. 수천만 원을 쏟아붓고 졸업한 대학의 가치는 과연 무엇인가? 좋은 학점을 받기 위해 열심히 공부하면 할수록 비판적, 창의적인 사고력은 사라지고 수용적 사고력만 생기는 이상한 모순이 발생하고 있다. 여기서 수용적 사고력이란 교수가 가르치는 내용을 비판 없이 받아들이고 이해, 암기한 뒤 시험 칠 때 정확하게 기억해내는 능력을 말한다. 비판적 사고력이란 주어진 내용을 여러 가지 방법으로 생각해보고 자신만의 관점으로 해석하는 능력을 말하며, 창의적 사고력은 주어진 내용을 다르게 생각하는 것을 넘어서 새로운 아이디어을 창조하는 능력을 의미한다. 하지만 서울대학교를 포함한 우리나라 거의 대부분의 대학에서 절대 다수의 학생들이 완벽한 수용적 학습자라고 교육학자 이혜정 소장(교육과 혁신 연구소)은 그의 연구논문에서 언급한 바 있다. '본인의 생각이 교수와 다를 경우 자신의 생각대로 답을 쓰겠는가?'라는 질문을 서울대 학생에게 했더니 46명 중 41명인 90%가 자신의 생각을 포기한다고 답했다고 한다. 심지어 자신의 생각이 교수보다 옳다고 생각하는 경우도 마찬가지였다.

오늘날 대학은 전례 없는 존폐 위기에 놓여있다. 더 이상 큰 배움도 도전도 상실했다. 시대의 정신을 반영하지 못하고 비판적이고 창의적인 인재가 아닌 학점의 노예만 길러내는 대학이 과연 필요한 것인지 의문이 든다.

미래학자 피터 드러커는 2020년에는 대학 캠퍼스가 사라질 것이라고 했고, 다빈치연구소 토마스 프레이 소장은 전 세계 대학의 절반이 20년 안에 문을 닫을 것이라고 예측했다. 대학이 역사 속으로 사라질 것이라는 무서운 경고들이 쏟아지고 있다. 이제 대학은 자신의 존재 이유를 증명해야 하는 거대한 도전 앞에 직면해 있다. 마치 바코드를 찍어내는 것처럼 비슷한 스펙, 비슷한 욕망을 가진 온순한 양을 만들어내는 것이 과연 대학의 역할인지 문제가 제기된다. 이러한 대학에 천문학적인 돈을 투자할 만한 가치가 있는가? 다시 한 번 묻지 않을 수 없다. 본질을 상실한 대학은 이제 아주 중요한 시험대 위에 올랐다. 대학이 이러한 딜레마를 극복하기 위해서 어떤 선택을 해야 할까?

과학기술과 정보화 기술 발달로 시대가 급변하여 하나의 직업으로 평생을 살 수 있는 시대는 끝났다. 미래 세대는 직업을 바꾸는 빈도가 짧아지고 그 횟수가 이 시대보다 3~5배 정도 늘어나 평생 거칠 직무가 많이 늘어나게 될 것이다. 그렇다면 미래의 직업을 위해 우리에게는 어떠한 능력이 필요할까? 우리나라 대학은 전공만 열심히 가르쳐서 취업을 위해 사회에 내보내고 있다. 물론 학점과 스펙을 갖춘 학생들은 첫 직장은 쉽게 얻는다. 대부분의 학생들은 첫 직장을 여는 '열쇠' 하나를 만들기 위해 대학 4년이 모자라 휴학까지 하고 어학연수와 자격증 등의 스펙을 쌓고 있다. 하지만 미래에 다른 일을 찾기 위해서는 이러한 전공 수업만으로 어렵다. 대학문을 나설 때는 이 세상 문을 모두 열 수 있는 마스터키를 가지고 나가야 두 번째, 세 번째의 직장 문을 쉽게 열 수 있을 것이다.

지금 우리 대학은 학과 통폐합으로 몸부림치고 있다. 하지만 대학은 기초학문이 될 수 있는 모든 학과들을 발전시켜야 할 의무가 있다. 교수가 알고 있는 지식을 학생들에게 모두 가르쳐야 한다고 생각하지만, 교육의 효과란 외웠던 것을 다 잊어버리고 '남은 그 무엇'이라고 한다. 내 몸에 구체화된 '남은 그 무엇'은 바로 '사고, 협동, 소통하는 능력'이다. 그것은 외우고 적어서만 되는 것이 아니다. 진정한 배움이 있는 대학을 만드는 노력이야 말로 우리 대학이 나아가야 할 방향이다.

금융시스템 개혁

우리 경제가 다시 도약하려면 경제의 혈맥 역할을 하는 금융 시스템을 개혁해야 한다. 세계 10위권의 경제규모를 가진 우리나라가 아프리카 국가들과 비슷한 80위권의 금융 경쟁력을 갖고 있다는 세계경제포럼(WEF)의 평가는 우리 금융의 현실을 단적으로 보여주고 있다. 세계 금융 질서의 변화의 흐름을 외면하고 낡은 시스템과 관행에 안주해온 탓이다.

세계금융위기 이후 선진국들은 앞다퉈 혁신과 아이디어로 무장한 핀테크(금융과 기술이 결합한 서비스) 시장으로 뛰어들어 세계 금융 질서의 판도를 바꾸고 있다. 우리가 만약 그 흐름을 따라가지 못한다면, 우리 금융산업은 도태될 것이고, 청년들이 선망하는 금융산업에서 더 이상 일자리를 만들어내지 못할 것이다.

금융개혁을 완성하면 기업의 라이프사이클에 맞춰 자본의 공급과 회수가 선순환으로 이뤄지게 되고 이러한 자본시장 생태계는 벤처 창업기업을 제대로 지원할 수 있게 될 것이다. 금융개혁을 통해 크라우드펀딩(crowd funding, 소셜미디어나 인터넷 등의 매체를 활용해 자금을 모으는 투자 방식), 인터넷전문은행(오프라인 점포를 마련하지 않은 채 온라인 네트워크를 통해 영업하는 은행) 같은 새로운 금융 모델을 속도감 있게 도입하면 국내 금융산업의 경쟁과 혁신, 창업의 기운이 우수한 일자리를 창출함으로써 우리는 핀테크 강국으로 발돋움할 수 있다.

서비스산업의 육성

경제 재도약을 이루기 위해서는 무엇보다 서비스산업을 육성해야 한다. 서비스산업 육성은 내수-수출 균형 경제를 달성하는 핵심 과제이다. 21세기는 과학기술의 발전과 산업 생태계의 변화로 과거처럼 제조업이 고용 창출을 대규모로 하기 어렵다.

미국, 일본, 중국 등 선진국들은 이미 지속적으로 산업구조 체질을 개선하여 고부가가치 서비스산업 비중을 GDP 대비 70~80%까지 끌어올렸다. 하지만 우리나라는 서비스업 비중이 59%에 불과하므로 서비스산업 투자와 생산성을 선진국 수준으로 높이면 취업자를 최대로 늘릴 수 있다. 따라서 경제의 성장과 일자리 창출을 위해 서비스산업 육성에 총력을 기울여야 할 것이다. 의료, 관광, 콘텐츠, 금융, 교육같이 우리가 잘할 수 있는 유망한 분야에 더욱 과감하게 투자할 수 있도록 해야 한다. 문화예술과 금융ICT융복합을 적극적으로 추진해 세계시장을 선도할 수 있는 서비스산업 분야를 만들어야 한다. 이것이야말로 우리나라 미래를 좌우할 절체절명(絶體絶命)의 과제이다. 정보통신기술(ICT)의 발전이 가져올 새로운 세상에 어떻게 대응해야 할지 금융업 본업에서 끊임없이 고민해야 한다.

7. 저성장시대의 생존법,
공생하는 미래

저성장시대

어느 시대나 고민거리 1순위는 먹고사는 경제 문제였을 것이다. 하지만 최근의 경제상황은 과거의 경기침체 때와는 사뭇 다르게 느껴지는 상황이다. 여기저기 늘어나고 있는 폐업가게들은 물론이고 최근에는 폐업을 잘할 수 있도록 도와주는 업체까지 등장했다. 이들 업체에 따르면 2015년에는 전년도에 비해 폐업 가게들이 3배 이상 늘었다고 한다. 특히 규모가 작은 중소 상공인들과 지방 사업자들이 많이 늘었다고 한다. 이로 인해 신용불량자와 파탄하는 가정 또한 늘었다.

일선 자영업자들은 IMF와 2008년 금융위기 때 산전수전을 다 겪었지만 지금처럼 많은 자영업자들이 힘들고 폐업하는 사태는 처음이라고 한다. 지금의 경제 상황은 단순한 불황과는 다른 구조적인 변화를 보이고 있다. 이러한 불황은 자영업자뿐만 아니라 불황에도 끄떡없었다는 상위 1% 시장(사치품)인 명품시장에까지 이상신호가 있다.

미국 보스턴의 한 컨설팅사에 의하면, 2004~2013년까지 10년 간 7개 명품 브랜드 가방의 연평균 인상률이 14%에 달했다. 물가 상승률 2.5%의 5.6배로 가격을 올려 호황을 누린 것이다. 그러나 2013~2015년 2년 사이에 한 자리 숫자인 2%대로 주저앉았다. 이제 소비자들은 더 이상 명품을 고집하지 않는다. 한 마디로 세계경제가 고성장시대에서 저성장시대로 접어들었다는 것을 뜻한다.

저성장의 가장 큰 요인은 수출 부진이다. 우리나라는 내수보다 수출로 먹고 산다. 그런데 2015년에 수출은 0.4% 증가하는 데 그쳤다. 2014년만 해도 2.8% 성장하던 것과 비교하면 큰 폭의 하락세이다. 특히 2011년 15.1%를 고점으로 최근 수출 성장률이 뚝뚝 떨어지고 있다. 저성장을 해결하려면 인구, 기술, 자본, 노동 등이 뒷받침되어야 한다고 하지만 이것은 19세기와 20세기 시절의 경제논리 발상이다. 과학기술 정보화기술의 발달 등으로 인력 대신 자동화와 로봇 등으로 대체하면서 전통적인 생산 제조업이 무너지고 있다. 한마디로 일자리가 위협받고 있다.

저성장시대는 언제까지 이어질까?

고성장시대와 저성장시대를 구분할 때 선진국 경제의 경우, 대략 2%는 넘어야 고성장이라고 할 수 있다. 저성장에 대한 논의는 미국뿐만 아니라 전 세계적으로 논의가 되고 있는 문제이다. 인류가 생긴 이래 1%를 넘긴 경제성장률은 20세기에 들어서 시작되어 급격한 변화를 보여 왔다.

과거에도 자본주의 경제이니만큼 경제적 정체 상황을 여러 차례 겪었지만 그럴 때마다 이 상황을 극복할 수 있었던 것은 기술의 혁신이 있었기 때문이다. 철도, 전기, 자동차처럼 놀라운 기술 혁신이 계속해서 일어났기 때문에 이러한 어려움을 극복할 수 있었다. 앞으로는 그렇게 기대하기도 쉽지 않으며 일어나더라도 파급 효과가 과거처럼 크지 않다는 것이다. 지금은 기술혁신의 속도도 정체되고 파급 효과도 줄어들고 있는 상황이기 때문이다.

20세기 사람들의 삶을 가장 크게 바꿔놓은 발명품 중의 하나는 자동차이다. 한때 말을 타고 이동하던 사람들이 자동차의 등장으로 먼 거리를 쉽게 이동하게 되었다. 자동차가 달릴 수 있는 도로를 건설하면서 도로 주변에 집과 건물들이 생겨나고 주유소, 쇼핑센터가 들어서게 되었다. 자동차 기술 하나로 다양한 기술과 산업이 파생된 것이다.

21세기 혁신의 상징은 스마트폰이다. MP3, 녹음기, 디지털카메라, 내비게이션, 지도, 팩스, 비디오카메라 등이 스마트폰 안으로 앱이 되어 들어가 있어 스마트폰 하나로 여러 기능을 편리하게 사용할 수 있다. 우리의 삶은 스마트폰 하나로 아주 편리해졌지만 일부 산업들은 오히려 큰 타격을 입었다. 자동차산업이 등장했을 때는 연관 산업이 동반성장한 것에 비하여, 현재의 기술혁신은 기존 산업을 잡아먹는 제로섬(zero sum, 한쪽이 득을 보면 반드시 다른 한쪽이 그 만큼 손해를 보는 것을 말함) 상태가 일어나고 있다.

2010년부터 전기차를 생산한 테슬라는 2012년 12만 대를 생산했지만, 4년 만인 2015년 43만 대로 여섯 배가 늘어났다. 이 추세대로라면 2020년쯤이면 일반 자동차는 많이 사라지고 연료비와 잔고장이 없는 수소자동차와 전기자동차로 바뀌게 될 것이다. 특히 전기자동차는 모터와 배터리가 전부이므로 복잡한 엔진을 사용하는 기존 자동차 부속품 산업과 정비공들은 실업자로 전락할지도 모른다. 주유소도 많이 사라질 것이다. 결국 경제성장에 필요한 노동, 자본, 기술, 수요가 악화되고 있어 현재와 미래는 과거와 같은 고성장을 기대하기는 어렵다.

변화 1순위는 정치권

성장에서 성숙한 변화로, 일등 밀어주기에서 상생으로, 모두가 함께 잘살 수 있는 방법은 정치에 있다. 정치는 법과 제도를 개혁해 새로운 시스템을 만드는 가장 원천적인 힘을 가진 제도이기 때문이다. 오늘날 세계에서 가장 갈등지수가 낮고 세계인들이 가장 부러워하는 유럽의 복지국가들인 덴마크와 노르웨이, 스웨덴 등을 만든 것은 바로 투명한 정치였다. 그들에게는 그 흔한 면책특권과 자가용, 그리고 비서도 없이 열심히 일하는 국회의원들이 있기 때문이다. 따라서 우리나라 정치인들이 정말 국민을 위한 정치를 한다면 하루빨리 특권을 내려놓고 덴마크와 스웨덴 국회의원 3분의 1일라도 닮으려고 노력해야 한다. 본래 정치란 국민의 신뢰를 바탕으로 갈등을 줄여나가고 새로운 변화의 동력을 만들어내는 것이다. 정치인이 특권을 내려놓는 순간 국민들은 국회의원들을 지금보다 신뢰할 것이며, 새로운 변화를 기대할 것이다.

다시 한 번 말하지만 무엇보다 갈등 해소의 키워드는 '정치'이다. 정치가 성숙해야 기업이 살아나고 고용 창출을 늘려야 나라가 발전할 수 있다. 경제가 어려워지고 사회가 흔들리면 성장시대에 만들어졌던 연금제도가 저성장시대로 넘어가면서 문제가 생긴다. 국가 경제를 이끄는 일꾼은 줄어들고 정부에 의지해야 하는 노인들이 많아지는 고령화와 저출산으로 인해 연금제도에 문제가 생기게 된다. 올바른 사회는 모든 국민이 배고프지 않고 고통 없이 살 수 있어야 한다는 연대정신으로 건설해야 한다. 그러기 위해서는 국민들은 모두가 한발씩 물러나 양보해야 한다. 즉, 기업, 노조, 청년세대, 노년세대, 농촌, 도시 등 사회 전체가 한마음으로 뜻을 모아 변화를 해야 한다는 것이다. 변화의 시작은 일등 밀어주기가 아닌 모두가 잘살 수 있는 상생의 길로 가는 것이다. 그 해답 중 하나가, 국회에서 올바른 법과 제도를 만들어가는 것이다.

대기업과 중소기업이 공생하는 조건

과거에는 고급 인력을 채용해야 회사가 발전하고 미래가 보장되었다. 앞으로는 사업구조 혁신을 통해 정보화기술과 IT기술, 그리고 로봇을 얼마나 빨리 도입하느냐가 기업 승패의 열쇠가 될 것이다. 회사로서는 인력 고용으로 인한 고민도 없어지고 봉급 올려달라는 단체행동이 없으므로 노조설립 걱정도 사라진다. 21세기의 세계경제 흐름에 맞추기 위해 기업은 경제성 논리차원에서 사업구조 혁신을 통해 정보화기술과 IT기술 그리고 로봇 기술을 접목하여 기업이 추구하는 효율성에 도달해야 할 것이다. 로봇은 작업 효율도 사람의 3~5배 빠르고 정확해 회사로서는 도입하지 않을 이유가 없다. 선진외국기업에서는 이미 로봇과 정보화기술을 접목하여 실용화 단계이다. 미국 아마존의 경우, 물류시설의 이동은 로봇이 하고, 배달 등에는 드론을 사용하고 있다.

그러나 미래의 기업은 사회혁신을 통해 사회적 책임까지도 부담해야 한다. 사회혁신사업이란, 단순히 물건을 만들고 파는 것 이상의 가치를 만들어 모두가 함께 운영해나가고 장래에 예상되는 사회 문제를 함께 해결해가는 것이다. 전 세계가 안고 있는 일자리 창출과 에너지 문제, 물, 교통, 환경 등의 문제에 대해서 종합적으로 고민하고 해결책을 찾는 일이다.

대한민국의 산업수도는 울산이다. 우리도 남부럽지 않은 공업도시를 만들어보자는 취지에서 1962년 2월 3일 울산공업지구를 착공했다. 볼품없던 작은 어촌에서 중화학공업을 향한 첫 도전이 시작되었다. 울산은 항구를 끼고 있어 입지조건이 좋지만 부족한 자본과 기술, 곳곳에 널린 수많은 난제들로 막막하기만 했다. 하지만 이를 모두 극복하고 마침내 대한민국 최초 정유공장(1964년 5월), 알루미늄 공장(1969년 7월), 조선소(1972년 3월)를 준공했고 중화학공업까지 확장하여 일인당 지역내 총생산(GRDP), 지역총소득(GRNI), 일인당 개인소득 전국 1위를 달성했다. 수출은 1962년 26만 달러, 1977년 10억 달러를 돌파했으며, 2011년 수출 1천억 달러를 돌파하여 아시아의 경제 기적의 심장부가 되었다. 모래사장에 세계 제1의 조선소를 만든 것이다. 울산공업단지를 집중적으로 건설하여 우리나라 공업 발전이 훨씬 앞당겨지는 계기를 마련하였다.

태화강의 기적 울산공업단지는 50여 년이 지난 지금 그 기적을 뒤로 묻어두고, 대기업이 내린 하나의 결정으로 구미지역 250여 개 업체 중 50여 개 업체가 문을 닫을 위기에 처해있다. 대기업에 의존하는 피라미드식 생산구조가 문제이다. 최근(2015년) 30대 그룹을 보면 투자 11%에 고용은 6.3% 수준이다. 1%의 대기업에 의존하는 허약한 일자리 구조를 갖고 있다. 구조를 바꾸지 않는 한 일자리 문제를 해결하기 어렵다. 대기업을 둘러싼 기업이 사막화되어가는 생태계이다. 사막에서는 살아남을 수가 없다.

공존의 움직임이 없는 것도 아니다. 2015년 SK하이닉스가 시행한 임금공유제가 그것이다. 노사합의로 근로자가 임금인상분의 10%를 양보하고 회사가 10%를 추가로 지급해 총임금인상분 20%를 약 4천 명이나 되는 협력업체 직원들에게 지원하기로 했다. 국내 최초의 사례이다. 지금은 시대의 흐름에 뒤처지면 파산하고 만다. 미래는 공생하는 사회를 만들어야 한다. 한 도시를 이끌어온 기업이 무너지면 그 도시는 위태로워진다.

새롭게 떠오르는 직업

한국은 외교정책 중 안보는 미국, 경제는 중국에 의지해오고 있다. 21세기는 세계경제와 사회 흐름(인구, 경제, 사회, 미래 변화 전망, 없어질 직업과 생겨날 직업)을 파악하지 못하면 뒤처지게 된다. 위기란 기존의 질서가 무너지고 새로운 질서가 만들어지지 않은 상태를 말하는데 앞으로 20년 전후에 직업의 반이 사라질 것으로 보인다. 정보화 기술과 자동화 기계(우체국, 택배 물류시설, 공장), 그리고 로봇이 인력을 대체할 것이다. 뿐만 아니라 3D 프린트 기술로 앞으로는 장인도 없어질 것이다. 법조계도 예외는 아니다. 인공지능 시스템이나 더 간단하고 전문적인 시스템이 변호사를 대신한다. 고령화에 따른 케어 관련 분야와 반려견 관련 직업, 에너지개발, 환경산업(재활용), 항공, 재생에너지 등 자동화 기계 기술, IT와의 융합 복합 기술, 온라인 마케팅(광고, 앱 개발자, SNS 기반), 온라인 평판관리사(인터넷 상에서 왜곡된 정보 수정), 콘텐츠 제작기술(유튜브 등에서 광고나 게임), 미래학자, 수학자, 그리고 기계로 대체할 수 없는 것들이 미래직업으로 떠오르고 있다.

미래의 유망직업 중 가장 규모가 큰 산업 중의 하나가 바로 '생물학'이다. 인류가 농업시대, 산업화시대 그리고 정보화시대, 첨단시대를 거쳐왔듯이, 그 다음으로 '생물학의 시대'가 올 가능성이 크다. 즉 생물학적인 신체 증진이나 신체를 치료하는 개념(줄기세포)이나 그 기술이 여기에 해당한다.

코딩, 미래의 언어

"코딩(coding)은 생각하는 법을 가르쳐 준다. 그러므로 이제 단순히 사용하는 것에 그치지 말고 직접 만들어야 한다." 스티브 잡스(애플 창업자)의 말이다. 오바마 대통령은 "코딩을 배우는 것은 여러분은 물론 조국의 미래를 위해서도 매우 중요하다"고 말했다. 코딩은 21세기의 라틴어라고 할 수 있다. 컴퓨터 프로그램을 설계·작성·유지하는 법을 이해하는 것은 엄청난 경쟁력이다.

프로그램을 짜는 직업이 아니더라도 마찬가지이다. 선진국들이 코딩 조기 교육에 앞다퉈 뛰어든 이유이다. 학교를 떠났어도 늦은 게 아니다. 코딩을 배울 수 있는 자료는 널려 있다. 지금 당장 코딩 책을 펴자.

코딩 교육이란 무엇인가? 컴퓨터 프로그래밍 방법을 배우는 것으로, 레고 블록을 조립하듯이 논리적인 사고를 표현할 수 있는 비주얼 프로그래밍 도구를 활용한다. 우리가 앞으로 살아갈 미래의 언어는 코딩이다. 컴퓨터 코딩만큼 논리적인 사고방식을 요구하는 교육도 이 시대에 없다. 대한민국 역시 IT 선진국으로 코딩 교육의 중요성이 높아지고 있다. 이미 많은 IT 선진국들이 코딩 교육을 필수 이수과목으로 지정해서 가르치고 있다. 2014년부터 영국은 코딩 교육의 중요성을 강조해왔다.

속도의 중요성

척박한 환경에서 태어나 배운 것 없이 자란 칭기즈칸이 무슨 수로 알렉산더와 나폴레옹이 정복했던 땅을 모두 합친 것보다 큰 땅을 정복할 수 있었을까? 그것도 겨우 20만 몽골군으로 말이다. 그 이유는 칭기즈칸이 이끈 몽골군이 당시 최고로 빨랐기 때문이다. 몽골군은 모두 말을 탄 기병으로 속도전과 빠른 네트워크가 있었다. 로버트 그린의 저서 《전쟁의 기술》(2007)에서도 수록되어 있다. 1218년 실크로드 교역을 통해 막대한 부를 축적한 무함마드 2세는 몽골인들의 죽음에 대해 사과를 요구한 칭기즈칸에게 전쟁을 선포했다. 무함마드 2세는 자신만만했다. 호라즘의 병력은 몽골군보다 2배나 많은 40만이었기 때문이다. 그들에게는 난공불락의 진지도 있었다. 하지만 전쟁이 시작되자 호라즘 군사들은 패전에 패전을 거듭했다. 몽골군이 앞에서도 뒤에서도 출몰했기 때문이다. 몽골의 말은 가볍고 빨랐는데 몽골군은 이러한 말 몇 마리를 여분으로 끌고 다니면서 타고 있는 말이 지치면 다른 말로 갈아탔다. 또한 그들은 보급마차에 음식을 넣고 다니면서 먹었고 암말의 젖을 짜서 먹고 약해지면 죽여 양식으로 먹었다.

그래서 칭기즈칸의 군사들은 적보다 두 배는 빠르게 움직일 수 있었다. 그들은 활솜씨 역시 남달라 진격하거나 후퇴할 때에도 호라즘 군사들에게 치명상을 입혔다. 게다가 멀리 떨어진 거리에서는 깃발이나 봉화 등으로 의사소통을 했다. 그들의 기습공격은 정교하고 예측불허였다. 그러니 호라즘의 병력이 아무리 많아도 승산이 없었다. 이처럼 빠른 군대를 거느린 칭기즈칸은 역사상 가장 큰 영토를 점령할 수 있었다.

이런 관점에서 보면 한국인 특유의 빨리빨리 기질은 주목할 만하다. 과거의 한국인은 식사를 10분 안에 마치고 새벽 5~6시에 기상하여 자기개발에 매진했다. 시간 낭비에 질색하며 하나같이 지체되는 것을 보지 못하니 이러한 조급증은 현대사회의 병폐로 여겨지기도 했다. 그러나 무엇이건 빨리빨리 해치우는 속전속결의 정신이 한국이 UN의 원조를 받던 후진국에서 UN을 원조해 주는 선진국으로 발돋움하는 원동력이 되었다. 그뿐인가? 세계 최고의 기업들이 한국에만 진출하면 맥을 못 추는 기현상이 벌어진다.

대표적인 예로 스타벅스가 한국에 처음 들어와 230여 개의 점포를 오픈하며 승승장구할 때 신세계백화점 측은 스타벅스에 좀 더 빠른 매장 증설을 요청했다. 속전속결이 몸에 배인 한국인에게 스타벅스 증설은 너무 느리게 진행되었기 때문이다. 하지만 본사는 검토 중이라는 말만 할 뿐 꾸물거렸다. 그 결과는 뼈아팠다. 개업한 지 2년도 채 안 된 토종시장 카페베네에게 국내시장 1위 자리를 빼앗기고 말았다(2011년 스타벅스 매장은 311개, 카페베네 매장은 467개). 더욱이 롯데의 자회사 앤젤리너스가 2위를 차지하며 스타벅스는 3위로 밀려났다. 이 외에도 세계적인 기업인 구글은 네이버에, 맥도날드는 롯데리아에 밀리고 있다. 월마트는 이마트에 밀려 아예 국내시장에서 철수했다. 우리나라의 본능적인 속전속결 정신이 세계 최고 기업들을 압도하고 있는 증거이다. 속도가 곧 전략인 것이다.

중국에 전략의 대가인 손자가 있다면 미국에는 전략의 아버지인 존 보이드(John Boyd)가 있다. 존 보이드는 한국전쟁과 베트남전쟁에 참여한 미 공군 조종사이자 가장 유명하고 효율적인 제트 전투기 개발자이며 1980년대 미 공군 전략을 완전히 바꾼 전설의 주인공이다. 그는 한국에서 활약한 두 가지의 전투기를 통해 영감을 얻었다. 동일한 성능인데도 붙기만 하면 압승을 하니 분해해보지 않을 수 없었다. 원인은 조종사의 차이도 운의 차이도 아닌 스피드의 차이였다. 빠른 전투기의 유압조절장치가 느린 전투기보다 신속한 방향 전환이 가능해 기동력 면에서 훨씬 우수했던 것이다. 존 보이드는 이런 경험을 통해 스피드야말로 성공의 대전제라는 사실을 깨달았다.

그러니 빠른 의사소통이야말로 승리의 법칙이다. 이러한 법칙을 손자도 알고 있었던 것 같다. 그 역시 속도의 중요성에 대해 역설했다. "전쟁에서 중요한 것은 속도이다. 적이 도달할 수 없는 부분을 찾아내고 예측하지 못하는 길을 이용하며 상대의 약점을 신속하게 공략하는 것이다. 그러므로 군대는 움직일 때는 바람 같고 나타날 때는 번개 같아야 한다." 속도의 차이가 승패를 낳는다는 것이다. 아무리 준비하고 관찰하고 연구한들, 그렇게 해서 완벽한 필승법을 알아낸다 한들, 속도가 뒷받침되지 않는다면 이미 패한 것이나 다름없다.

○빨리 시작하고 빨리 끝내라.

중국 춘추시대의 병법서인 《손자병법》에 이런 말이 있다. "전쟁을 오래 끌면 병기가 무뎌지고 병사들의 사기도 무너지며, 나라

살림이 바닥난다. 나라가 약해지면 이웃나라가 침략해오는 것이 당연지사. 이처럼 질질 끌면 득이 되는 것이 아무것도 없다." 손자의 가르침대로 무언가를 하고자 한다면, 빨리 시작하고 빨리 끝내라. 큰 것이 작은 것을 먹는 것이 아니며 강한 것이 약한 것을 먹는 것도 아니다. 다만 빠른 것이 느린 것을 먹는다. 몽골의 위대한 지배자 칭기즈칸을 보아도 그렇다.

○**성공의 승패는 빠른 도전이 좌우한다.**

우리는 가끔 인내의 의미를 오해하곤 한다. 분명히 기막힌 묘수가 있는데 효과의 극대화를 위해 그 '때'를 기다리는 경우가 많다. 그리고 비장의 수는 꼭꼭 감췄다가 나중에 쓰는 것이 아니냐고들 생각한다. 바둑에서 "장고 끝에 악수를 둔다"는 말이 있는데, 이 말뜻은 '이리저리 생각하다가 둔수는 최악이 되기 쉽다'는 뜻이다. 아무리 좋은 수라도 너무 오래 묵혀두면 나쁜 수로 전락하고 만다. 당장 수를 쓰지 않고 미루어두니 열세에 빠지는 것이 당연하다. 나중에 그 수를 쓴다 한들 방어만 할 수 있을 뿐이지 상황을 호전시키지는 못하기 때문이다. 결국 상대를 막는 데만 열중하다가 지는 것이다.

일본 소프트뱅크의 회장을 보자. 그는 준비도, 학식도 없었던 24살 허름한 창고에서 회사를 창업했다. 그는 직원 2명을 세워놓고 허황된 이야기를 늘어놓았다. 우리 회사는 5년 후에는 100억 엔,

10년 후에는 500억 엔, 그리고 언젠가는 1조 엔대의 수입을 올릴 것이라고 하였다. 그 후 손정의는 승승장구했다. 현재 그의 자산 총액은 70억 달러에 달한다. 그리고 소프트뱅크는 800개의 계열 사를 거느리고 있다. 손정의의 경영은 모든 게 확실해졌을 때 정답을 맞히는 안전한 게임이 아니다. 불확실 속에서 성과를 창출해 내는 도박이다. 그러니 승률을 높이기 위해 기다릴수록 강제적 이익이 줄어들 수밖에 없다. 그는 100프로로 모든 것이 확실해질 때 쯤이면 오히려 모든 것을 잃을 가능성이 커진다고 믿는다. 때문에 그와 소프트뱅크는 오래 고심하는 대신, 적시에 실패를 무릅쓴 과감한 의사결정을 내렸다.

천 가지 발명품을 만든 천재발명가 토마스 에디슨 역시 'JUST DO IT', 즉 '하고 보자 정신'의 소유자였다. 그가 정말 천재였기에 천 개가 넘는 발명품을 만들었다고 믿는다면 그것은 큰 오산이다. 그는 단지 무모할 정도로 발명을 그치지 않았을 뿐이다. 에디슨의 말을 들어보자. "1만 가지의 방법이 효과가 없더라도 나는 실패한 것이 아니다. 잘못된 모든 실패는 전진을 위한 또 다른 전개이다. 그러니 나에게 좌절은 없다." 누구든 도전을 하려면 앞서서 완벽한 준비, 완벽한 기술, 완벽한 시기, 완벽한 조건이 확보되어야 한다고들 말한다. 하지만 정말로 에디슨과 손정의가 오랜 기간에 준비했다면, 아마 그들은 성공하지 못했을 것이다. 모두에게 1년이라는 간극은 무슨 수를 써도 따라잡을 수 없는 엄청난 시간의 장벽이 될 수 있기 때문이다. 이들은 오랜 기간을 준비하는 대신 빨리 바로 부딪쳤다. 그래서 많은 실패는 완벽한 성공확률과 완벽한 기술이 되어 돌아왔다. 애당초 이 세상에는 하늘이 주는 완벽한 때는 있을 수 없다. 그리고 가장 최악의 때도 없다. 노벨상 수상자들도 경제 예측을 실패하는 마당에 평범한 우리가 무슨 수로 어느 때가 최고이며 어느 때가 최악인지 짚어낼 수 있단 말인가. 타이밍은 신의 영역이다. 인간의 영역에는 타이밍보다 중요한 성공의 요소가 하나 있다. 바로 속도이다. 중국의 한비자가 말했듯이, 모든 일은 빨리 결단해야 한다. 5리 길을 걷는 동안 빨리 결단할 수 있는 자는 왕이 될 수 있다. 10리 길을 걷는 동안 결단할 수 있는 자는 왕은 될 수 없지만 강한 자임에는 틀림없다. 하물며 매도 먼저 맞는 사람이 낫다는데, 무엇이 그렇게 두렵단 말인가. 기다리며 준비만 하다가 도전다운 도전도 한번 못한 채 인생을 끝내고 싶은가? 준비하는 기다림보다는 성공을 위해 도전하고 나서 결과를 기다리는 데 사용해도 늦지 않을 것이다. 지금 당장 남들보다 먼저 도전해보라. 그러면 남들보다 먼저 성공하는 길이 될 수 있을 것이라 믿는다.

○ **결단하고 도전하여 노력할 때 하늘도 돕는다.**

대한민국 일인기업의 포문을 연 것은 공명호 대표이다. 그가 공개한 자신의 성공비법은 다음과 같다. "내가 지금처럼 제법 알려진 기업가로 살게 된 것은 정교하게 세운 계획이 있어서가 아니었다. 나는 그저 기회가 왔을 때 나를 마음껏 실험할 자유를 누렸을 뿐이다." 그는 지금도 외친다. 당신의 인생을 실험할 수 있는 자유를 가지라고.

공명호는 기회가 왔을 때 머뭇거리지 않았다. 죽이 되든 밥이 되든 자기 자신을 믿고 한 단계씩 실천한 결과 그는 일인기업가라는 혁신적인 길을 당당히 걸을 수 있었다. 독일의 대문호 요한 볼프강 괴테 역시 이런 말을 남겼다. "기회가 왔을 때 뒤로 물러나는 것은 비겁하고 무능한 일이다. 결심하는 순간 하늘도 움직인다. 결심하지 않았으면 결코 생기지 않았을 모든 사건과 만남과 물질적 원조가 일어나 내일을 돕는 것이다." 그렇게 누구도 꿈꿀 수 없었던 일이 현실이 된다. 내가 무엇을 꿈꾸든 간에 지금 기회를 잡고 시작하라. 그것이야말로 힘이며, 마법이며, 천재성이다. 우리는 천재들의 위대한 재능을 보면 위축되곤 한다. 하지만 천재들도 처음부터 잘한 것은 아니다. 천재들은 모두 엄청난 속도로 정상에 도달한 것처럼 보이지만 실상은 출생 때부터 청소년기에 이르는 동안 무지막지한 훈련을 소화해냈을 뿐이다. 때문에 실존주의 사상가 폴 사르트르는 다음과 같이 정의했다. "천재는 재능이 아니라 절망 속에서 만들어지는 돌파구이다." 그는 천재를 재능의 결정체로 보지 않았다. 그에게 천재란 수천수만 번 남들보다 더 빨리, 더 많이 연습해야 했던 노력의 결정체였다. 결국 천재가 되려면, 남들보다 빨리 시작하고 많이 연습해야 한다는 이야기이다. 분명히 하늘은 노력하는 자를 위하여 기꺼이 문을 열어준다. 먼저 결단을 내리고 빨리 시작하면 모든 일이 잘 되어갈 수 있다.

○가장 큰 실패는 실패하지 않는 것이다.

다음은 벤자민 프랭클린의 말이다. "여러 일을 시도하는 사람은 많은 실수를 한다. 그러나 가장 큰 실수는 아무것도 하지 않는 것이다. 세상의 모든 성공은 공교롭게도 실패의 끝자락에 숨어있다. 실패하지 않는 사람은 멸망을 자처하고 있는 셈이다." 실패하지 않기 위해 세심하게 일하는 사람 역시 마찬가지이다. 성공을 맛볼 수 있는 사람은 오로지 실패의 끝까지 도달해본 사람이다. 위대한 나라 위대한 문명은 모두 실패를 거름 삼아 이룩되었다. 인류 역사상 가장 찬란한 역사를 가진 제국 로마가 풀 한 포기 없는 자갈밭과 역병이 들끓는 황야에서 건설되었다는 사실을 기억하자.

시오노 나나미는 그의 저서 《로마인 이야기》를 통해 이렇게 말했다. "로마를 로마로 만든 것은 시련이다. 전쟁을 졌느냐 이겼느냐 하는 것보다 전쟁의 뒤에 무엇을 어떻게 했느냐에 따라 나라의 장래가 결정된다."

역사학자 토인비 역시 황하문명을 통해 인간의 도전정신을 표현한 적이 있다. "인간이 처음으로 혼탁한 황하 하류지역에 정착했을 때 황하는 계절에 상관없이 건너다니기 어려운 곳이었다. 겨울철엔 얼어붙어 막혔으며 봄여름이면 수로가 정글로 뒤덮인 늪지가 되었다. 우기철에는 오늘날까지 홍수피해가 그치지 않고 있는 지역이었다. 이에 반해 양자강은 겨울철 추위도 황하에 비하면 훨씬 낫다. 이곳은 항상 걸어 다닐 수 있었으며, 황하만큼 홍수가 빈번하지 않았다. 그럼에도 불구하고 중국문명이 발생한 곳은 황하 유역이지 양쯔 강 유역이 아니다. 이 땅의 모든 문명이 혹독한 도전 속에서 꽃피웠다는 사실은 인간이 얼마나 묘한 동물인가를 설명해준다. 역경이 주어져야 성장하는 동물이 인간이기에 역경이야말로 인간이 힘과 지혜를 모을 수 있는 절호의 기회이다."

급변하는 시대의 생존전략

중요한 순간에는 '포커페이스(porker face)'가 되어야 목표를 성취할 수 있다. 누구나 인생을 살면서 때로는 자신의 감정과 속마음을 숨기고 싶을 때가 있을 것이다. 포커페이스는 어떤 상황에도 자신의 속마음이나 마음의 동요를 드러내지 않는 얼굴을 말한다. 포커판에서 아무리 좋거나 나쁜 패가 들어 와도 그 기분을 얼굴에 드러내지 않는다는 데서 유래된 것이다. 운동경기에서는 기술과 체력이 비슷한 상황이면, 정신력이 승패를 가르는 중요한 요소로 작용하는데, 매치포인트까지 몰리는 불리한 입장에 있으면서도 당황하는 기색을 보이지 않고 자신의 마음을 조절하는 선수를 포커페이스를 가진 선수라고 한다.

때로는 사회생활에서 필요한 것을 습득하기 위해 포커페이스의 삶을 사는 것이 중요한 요소가 되기도 한다. 자기의 속마음이 무엇인지 혹은 무엇을 생각하고 있는지를 상대방에게 내색하지 않고 감춰야 할 필요가 있다는 것이다.

얼굴 표정은 살아오면서 환경 변화와 천성적인 성격, 그리고 모든 정신적인 부분을 포함한다. 웃거나 울거나 찡그리는 행위들이 나도 모르게 자연스럽게 표출된다. 포커페이스가 좋은 경우도 있지만 마찬가지로 주변에 비인간적으로 보일수도 있으나 스스로의 자연스러운 감정 표현에 스트레스 받을 필요는 없다. 중요한 것은 최선을 다한 뒤에 주어진 현실에 만족하고 자신이 가지고 있는 것에 감사하는 삶이다.

갈등관리기술

인간의 역사는 갈등 위에 세워졌다고 해도 과언이 아닐 만큼 숱한 갈등의 연속이었다. 갈등은 성장과 발전의 원동력이 되기도 하였다. 왜냐하면 갈등은 발전의 성장통이기 때문이다. 가정과 직장, 사회 등에서의 갈등은 물론이고, 특히 자본주의 사회에서 갈등은 점점 더 극심해지고 있다. 여기서 개인이나 사회, 국가의 승패를 좌우하는 가장 중요한 핵심은 갈등관리이다. 오늘날과 같은 경쟁

사회에서는 작은 대립도 큰 갈등으로 증폭될 수 있으므로 갈등을 관리하는 합의의 기술이 또한 중요하다.

갈등을 키워 분노와 분열을 만들 것인가, 아니면 갈등을 잘 관리하여 재도약의 기회로 바꿀 것인가. 이는 매우 중요한 관건이다. 우리나라의 갈등지수는 과연 어느 정도 수준일까? 부끄럽게도 우리나라 갈등지수는 OECD 국가 중에서 최상위권이고, 반대로 갈등관리기술은 최하위권이다.

물론 정치권의 갈등으로 인한 사회 문제라든지, 선거 기간에 발생하는 갈등 등은 건전한 사회현상으로 볼 수도 있다. 하지만 이러한 갈등이 계속된다면 선거 후에도 권력 다툼으로 이어져 결국 분열의 원인이 되고 말 것이다. 오늘날 고령화에 접어들면서 생기게 된 노인부양의 갈등, 세대 간의 갈등뿐만 아니라, 노사 갈등, 이념 갈등, 지역 갈등, 계층 간의 갈등 등이 심각한 수준에 이르고 있다.

우리나라 노사 간의 갈등은 심각한 수준에 이르고 있다. 개인 이기주의가 극에 달해 자기들 이익만 주장하다 보니 경영자의 경영권이 보호받지 못하고 무너지고 있다. 근로자의 노동인권이 보장되어야 하는 것은 당연하지만 이러한 갈등이 지속된다면 분신이나 폐업 같은 극단적인 결과를 낳을 수도 있다. 따라서 서로의 권리를 보장하면서도 양보하고 배려하여 원만한 해결책을 찾아야 한다.

또 하나 주목해야 할 중요한 점은 갈등으로 인해 지출되어 낭비되는 직접비용과 간접비용 등 사회적 비용이 어마어마하다는 것이다. 일반 회사의 경우를 예로 들면 사소한 의견 충돌로 시작된 갈등이 급기야 회사 운영비, 직원 임금 등 막대한 직접비용 손실까지 발생시켜 회사 측과 노조 측 모두 최악의 상황까지 가게 된다. 상생을 해야 살아남는 상황에서 서로의 이익에 눈이 먼 갈등이 타협을 막아버린 것이다. 2014년에 완공된 밀양 송전탑 건설은 한 작은 마을의 갈등이 국가 전체적 이슈로 번진 대표적인 예이다. 이 송전탑을 둘러싼 갈등이 점점 커지면서 눈덩이처럼 불어난 사회적 비용 때문에 국가적 차원의 경제적 피해도 막대했다.

삼성경제연구소 자료(2015년)에 따르면 우리나라의 경우, 갈등으로 인한 사회적 비용이 1인당 GDP의 27%(약 9백만 원)나 된다고 한다. 이것을 국가 전체로 환산하면, 매년 최소 82조 원에서 최대 246조 원이다. 어마어마한 돈을 낭비하고 있다. 우리나라 2016년도 국가 총예산(약 387조 원)의 60%를 넘는 금액이다.

OECD 27개국의 사회갈등지수(2015년)를 보면, 터키(1.27)가 1위, 한국(0.72)이 2위이고, 그 뒤를 이어 폴란드(0.59), 이탈리아(0.58), 그리스(0.53) 순이다. 여기서 주목할 점은 국가부도 위기를 맞았던 이탈리아와 그리스보다 우리나라 수치가 훨씬 높다는 것이다. 한편, OECD 34개국의 사회갈등관리지수(2015년)를 보면, 덴마크(0.923)가 1위이고, 스웨덴(0.866)이 2위, 핀란드(0.859)가 3

위인 반면에 우리나라는(0.38)는 27위로 거의 꼴찌 수준이다. 우리 사회는 갈등지수는 높은 반면에 갈등 관리가 안 되고 있다는 이야기이다. 이것이 가장 심각한 문제이다. 지금처럼 갈등으로 인한 사회적 낭비가 계속된다면 결국 우리나라는 선진국 대열에서 밀려 후진국으로 밀려날 수밖에 없다.

경제학자 대니 로드릭(Dani Rodrik)은 갈등관리는 사회 발전의 필수 요소라고 말했다. 여러 분야의 연구 결과만 보더라도 갈등관리가 높은 나라가 경제성장이 빨랐다. 한국이 갈등 관리에 계속 실패한다면 일자리와 경제라는 두 마리의 토끼를 놓치게 되고 결국 저성장의 늪에서 헤어나지 못하게 될 것이다.

합의의 기술

초고령사회와 맞물려 사회가 다원화되고, 거기에 전 세계적으로 저성장의 기조가 지속되면서 갈등이 폭발적으로 증가하고 있다. 이로 인한 사회적 비용이 기하급수적으로 증가하고 있는 상황에서 선진 국가들이 집중적으로 연구하고 있는 분야는 바로 합의의 기술이다 .

프랑스는 국책사업으로 인한 갈등을 조정해 합의를 이끌어내는 '국가공공토론위원회'라는 독립기관을 신설하였다(1997년). 갈등의 주요 당사자들이 모여 직접 토론하고 이를 통해 갈등을 해결하고 조정하는 행정기관이다. 갈등 관리를 제도화해 사전에 예방하고 조정하는 최초의 전문기관으로 다른 나라에서 이를 벤치마킹하기도 한다.

유럽의 대표 강국이었던 두 나라 이탈리아와 독일의 예를 보자. 독일은 운명이 엇갈린 제2차 세계대전의 패전국이었지만 제조업을 바탕으로 눈부신 경제 발전을 이룩해 자동차 강국으로 명성을 떨쳤고, 이탈리아 또한 세계 섬유 산업의 메카로 떠올랐다. 하지만 지금 두 나라의 운명은 분명하게 엇갈리고 있다. 이탈리아는 세계금융위기 이후 구제금융을 신청해 지원받을 정도로 경제가 무너지고 파탄에 이르렀다. 반면 독일은 유럽의 구원투수로 급부상했다.

그 비결은 무엇인가. 독일 통일을 만든 힘이 바탕이 되어 독일판 합의의 기술로 만들어낸 것이다. 독일은 통일 직후에 실업률과 국가 부채가 치솟으면서 극심한 경제난에 허덕였다. 유럽의 골칫덩어리로 전락한 독일이 살아남은 방법은 오직 뼈를 깎는 고통을 통한 변화와 재탄생이었고, 그 절박함 속에 선택한 것이 사회적 합의였다. 독일의 정치권에서는 반대파와 서로 대립각을 세우면서도 국가의 장래를 위한 정책은 허심탄회한 대화를 통해 합일점을 찾아 연속성을 유지해왔다. 국가 미래를 좌우하는 중요한 정책은 반드시 연속적으로 추진되고 있는데, 대화와 토론을 좋아하는 독일인들의 높은 국민의식을 실감할 수 있다. 특히 라이벌이었던 전임 총리의 정책까지도 승계하는 멋진 지도자의 모습을 보면 독일의 밝은 미래를 엿볼 수 있다. 그렇다면 우리나라의 경우는 어떠한가. 대통령 단임제 국가이기 때문에 임기 내에 해결할 수 있는 문제에만 집중한다. 장기적인 발전과 비전에 대한 문제는 정책의 연속성을 기대하기 어렵다.

국민의식이 높은 나라일수록 갈등지수가 낮으며, 세금을 많이 내고 복지제도가 잘 갖추어져 있는 나라의 국민들은 낯선 사람에 대한 신뢰도가 높다. 이들 대부분의 국가에서는 큰 재난이 닥칠 경우, 모든 정당들이 합심해 의회에 조사공동위원회를 만들어 신속하고 정확하게 문제를 파악하고, 이에 따라 새로운 법을 만들어 제도를 바꾸는 과정을 거친다. 미국의 9.11테러(2001년)나 허리케인 카타리나 재난(2005년) 때도 그러했다. 그렇다면 우리나라는 어떠한가. 규칙을 정하는 정부를 믿지 못하고, 서로 이해하고 배려하기보다 반목을 일삼기 때문에 갈등을 풀기가 어렵다. 특히 정치권은 국가 전체의 이익보다 사적인 이해관계에 얽매여 책임 소재를 둘러싼 비난의 목소리만 높여 갈등을 증폭시키고 있다.

갈등이 없는 사회가 반드시 좋은 것만은 아니다. 적당한 갈등이 있어야 더 건강한 사회가 될 수 있다. 스트레스 없는 삶이 과연 행복한 삶일까? 이것은 무균실에서 사는 것과 같다. 오히려 스트레스를 적당히 받으며 이를 통해 적응할 수 있는 능력을 키워나간다면 발전의 토대가 될 것이다. 소수의 권리 주장을 통한 갈등 유발은 필요하다. 중요한 것은 이러한 갈등이 모든 이해 당사자가 공평하게 주장하는 것에서 출발해야 한다는 것이다.

미래로 갈수록 갈등은 증가할 것이다. 하지만 갈등은 선도, 악도 아니다. 대립할 것인가? 합의할 것인가? 이것을 결정하는 것은 순전히 우리의 몫이다. 갈등은 분열과 폭력의 도화선이 될 수도 있고, 발전과 통합의 씨앗이 될 수도 있다. 그래서 합의의 기술이 중요하다. 합의의 기술로 갈등을 발전적인 사회 에너지로 바꿀 수 있다면 우리의 미래도, 경제도 충분히 재도약할 수 있을 것이다. 따라서 밝은 미래를 위해서는, 갈등이 유발하기 전에 시스템을 진단하고 개선하는 데 힘써야 한다는 것이다. 갈등관리 역량을 키워야 사회는 발전한다는 말이다. 정책당국은 소통하려고 노력하는 가운데 합의를 이루어나가야 하고, 국민들도 자제하고 양보하면서 전체를 위한 것이 무엇인지 귀를 기울여야 할 것이다.

● 색 인 ●

● 참 고 문 헌 ●

이 책에 인용된 각종 공개 데이터와 출처는 다음과 같다.

*대한민국 통계청
*삼성경제연구소
*중소기업지원청, 보건사회연구원
*한국고용정보원
*OECD 자료, 소상공인 진흥공단, 중소기업 연구원
*대구경북 과학기술원
*세계경제포럼(다보스포럼)
*KBS1 명견만리, KBS1스페셜, KBS1다큐, 신년특별기획
*미래학회에서 발행하는 잡지 〈퓨처리스트〉(The Futurist)
*KOSIS(국가통계포털)
*미국보스턴 컨설팅그룹
*미국 경제 분석국과 미국 노동 통계국
*미국 연방 준비제도 이사회
*동남아시아연합 경제통계
*유럽연합 역내 교역 관련 통계: 유로 통계청
*무역협정, 무역분쟁, 무역관련 통계
*다음 인터넷 위키 백과사전(칭기즈칸의 정복 사업 몽골 통일)
*《전쟁의 기술》, 로버트 그린 지음 역자 안진환 , 이수경 옮김, 웅진지식하우스
*《노동의 종말》, 제레미 리프킨 지음, 이영호 옮김, 민음사
*《제2의 기계시대》, 브린울프슨와 맥아피 지음, 이한음 옮김, 청림출판
*《21세기 자본론》, 토마 피케티 지음, 장경덕 외 옮김, 글항아리
*《사피엔스》, 유발 하라리 지음, 조현욱 옮김, 김영사
*《생각의 속도》, 빌 게이츠 지음, 안진환 옮김, 청림출판